Harriet Goldhor Lerner
Was Frauen verschweigen

W0188927

Harriet Goldhor Lerner

Was Frauen verschweigen

Warum wir täuschen, heucheln, lügen müssen

Aus dem Amerikanischen von Olga Rinne

KREUZ

Die amerikanische Originalausgabe ist 1993 unter dem Titel »The Dance of Deception. Pretending And Truth-Telling In Women's Lives« bei HarperCollins, New York, erschienen.

2   3   4   5   97   96   95   94   93

© Kreuz Verlag AG Zürich 1993
»The Dance of Deception« © Harriet Goldhor Lerner, 1993
Umschlaggestaltung: Jürgen Reichert, Stuttgart
Umschlagbild: René Magritte, »Der verheiratete Priester«
© VG Bild-Kunst, Bonn 1993
Gesamtherstellung: Ebner Ulm
ISBN 3 268 00147 5

Inhalt

»Frauen haben durch Schweigen nichts gewonnen.«
Audre Lorde

1. Kapitel

Tony und die Marsmenschen

Als ich zwölf Jahre alt war, erfand ich eine Lüge, die epische Ausmaße annehmen sollte. Ich erzählte meiner Freundin Marla, die in unserer Straße in Brooklyn gegenüber wohnte, ein Mann namens Tony, ein Außerirdischer von einem anderen Planeten, habe mit mir Kontakt aufgenommen. Marla war seit der ersten Klasse mit Unterbrechungen, aber immer wieder, meine »beste Freundin«.

Ich erzählte Marla, Tony habe mir gesagt, ich müsse mich mit einem Jungen verabreden. Da noch kein Junge mich zu einem Rendezvous aufgefordert hatte – und ich auch nicht glaubte, daß es je einer tun würde –, war es Marlas Aufgabe, eine Verabredung für mich zu arrangieren, denn Tony hatte gesagt, daß mir sonst etwas Schlimmes passieren könnte. Marla, die alles erreichte, was sie sich in den Kopf gesetzt hatte, nahm sich der Sache mit ihrer gewohnten Energie und Begeisterungsfähigkeit an. Die Verabredung wurde arrangiert und ging vorüber. Tony blieb. Ich fügte dem Drama noch einige weitere Außerirdische von demselben Planeten als Nebenfiguren hinzu, während Tonys Persönlichkeit und Präsenz sich kontinuierlich weiterentwickelten und zu einem festen Bestandteil meiner wachsenden Freundschaft mit Marla wurden. Tony entpuppte sich als gutmütiger, verspielter Kerl, der mir lustige Sachen erzählte, die ich Marla weitererzählen konnte, – aber sie durfte sie sonst niemandem weitersagen. In einer Zeit, in der meine anderen Schulkameradinnen eine »beste Freundin« durch die nächste ersetzten, blieb mein Sonderstatus bei Marla gesichert. Tony war der Dritte im Bunde, der unsere Freundschaft stabilisierte und unser Gefühl der Zusammengehörigkeit und der Bindung stärkte. Und ich hatte die

Dinge in der Hand – ich führte aktiv die Regie in dieser Dreier-inszenierung.

Ich erinnere mich nicht mehr, wie häufig Tonys Besuche waren oder wie lange er dablieb, aber ich glaube, es verging mindestens ein Jahr, bis ich ihn allmählich aus unserem Leben verschwinden ließ. Erst als Marla und ich zusammen in Berkeley in Kalifornien studierten, gestand ich ihr unter Tränen, daß ich Tony erfunden hatte. Bis zu diesem Zeitpunkt hatte keine von uns die Tony-Geschichte je wieder erwähnt; wir hatten es nicht für wichtig gehalten, darüber nachzudenken oder uns auch nur daran zu erinnern. Marla hatte mich und unsere Freundschaft damals geschützt, indem sie sich entschloß, dieses interplanetarische Drama keiner allzu genauen Prüfung zu unterziehen. Als wir schließlich darüber sprachen, reagierte Marla so versöhnlich, wie ich es auf dem Hintergrund unserer langen gemeinsamen Geschichte und unserer engen Verbundenheit auch gehofft hatte.

In den frühen siebziger Jahren, während meiner Ausbildung in klinischer Psychologie nach der Promotion, machte ich eine Psychoanalyse und beichtete dort meine Tony-Geschichte. Halb im Scherz drückte ich meine Angst aus, mein Analytiker könnte mich dieser Lügengeschichte wegen in seiner Diagnose herunterstufen, als eine entweder sehr gestörte oder sehr charakterlose Person. Mein Unbehagen war kaum überraschend. Obwohl das Lügen im privaten wie im öffentlichen – besonders im politischen – Leben ein ganz alltägliches Phänomen ist, haftet der Bezeichnung »Lügner« oder »Lügnerin« in unserer Kultur etwas zutiefst Verurteilendes an, das sich sowohl auf das Pathologische als auch auf den Aspekt der Sünde bezieht. Ich kenne Eltern, die ihre Kinder für Lügen härter strafen als für jedes andere Fehlverhalten. Ich hörte, wie Väter und Mütter, die sonst ruhig und gelassen sind, ihre Kinder mit hochrotem Kopf anschrien: »Lüg mich nie wieder an!« Die auf die Absichten und den Charakter bezogenen negativen Assoziationen sind so schwerwiegend, daß es schwierig ist, in liebevoller Weise oder auch nur objektiv über die Rolle nachzudenken, die das Lügen im Leben von Kindern und Erwachsenen spielt.

Mein Analytiker (der zufällig auch Tony hieß) war einfühlsam wie immer und nahm keine Urteilshaltung ein. In der Psychoanalyse – wie im restlichen Leben auch – gedeihen Einsicht und Selbsterkenntnis nicht in einer von Selbstverachtung oder Vorwürfen durchtränkten Atmosphäre. Gemeinsam erkundeten wir, was »Tony« im Zusammenhang mit meiner distanzierten und schwierigen Beziehung zu meinem Vater bedeutete, und meinem damit verbundenen verzweifelten Bedürfnis nach einer Verabredung mit einem Jungen, die Marla für mich arrangieren sollte – denn dafür hatte ich Tony zum ersten Mal eingesetzt.

Viele Jahre später, 1979, nach der Geburt meines zweiten Sohnes, mußte ich um meine Gesundheit fürchten und ging durch eine schwere Krise, die mich dazu trieb, mehr über die Krebserkrankung meiner Mutter in Erfahrung zu bringen; als ich zwölf Jahre alt war, hatte man bei ihr Gebärmutterkrebs in fortgeschrittenem Stadium diagnostiziert. Im Gespräch mit meinen Eltern wurde mir klar, daß ich Tony erfunden hatte, als die Ärzte meiner Mutter, die damals achtundvierzig war, noch ein Jahr zu leben gegeben hatten. Obwohl ich zu der Zeit, als Kind, auf der bewußten Ebene nichts über die Krebsdiagnose und die Prognose meiner Mutter wußte, bin ich sicher, daß ich mir in meinem Unbewußten über die Lage völlig im klaren war.

Als ich jenes Jahr rekonstruierte, kam ein ganzes Netz von Lügen zutage, angefangen mit den qualvollen Erfahrungen meiner Mutter mit einem medizinischen System, das ihr die Kenntnis der Tatsachen verweigerte. Nachdem die vaginalen Blutungen meiner Mutter über einen langen Zeitraum hinweg falsch diagnostiziert worden waren, erlitt sie einen schweren Blutverlust und wurde zu einer Notfall-Ausschabung ins Krankenhaus eingewiesen. Dieser Vorgang führte zu der unerwarteten Entdeckung einer bisher unerkannten invasiven Krebserkrankung. Der Arzt meiner Mutter (der wegen der langen Phase der Fehldiagnosen und der Vernachlässigung vielleicht selbst Schuldgefühle hatte) informierte meinen Vater, beschwor ihn aber, die Diagnose geheimzuhalten. Nach dem ersten Eingriff packte meine Mutter ihre Sachen und wollte nach Hause zurückkehren, als man ihr plötzlich mitteilte, sie müsse im Krankenhaus bleiben und sich einer zweiten Operation unterziehen, bei dem ihr Uterus »gedehnt« werden sollte. Nach dieser unglaubwürdigen, vernebelnden Erklärung führte ihr Arzt ohne ihr Wissen und ihr Einverständnis eine komplette Hysterektomie durch. Sie erwachte aus der Narkose, verwirrt und desorientiert, und wunderte sich über die unerklärlich starken Schmerzen, unter denen sie litt. Meine Mutter sprach ihren Arzt nicht direkt auf diese Unklarheiten an; erst kurz vor ihrer Entlassung aus dem Krankenhaus, als er sie zur Strahlenbehandlung überwies, verlangte sie von ihm, daß er sie über ihre Diagnose informiere. Er antwortete ihr nicht, sondern nahm ihre Hand und sagte ihr, sie solle in den kommenden Jahren ihr Leben genießen und versuchen, Freude an ihrem Sexualleben zu haben. Er erwähnte die Krebserkrankung mit keinem Wort, und sie bedrängte ihn nicht weiter. Auch in ihr gab es offenbar einen Teil, der das Wort »Krebs« nicht laut ausgesprochen hören wollte. Da eine umfassende Strahlenbehandlung angeordnet war, kannte meine Mutter den Namen ihrer Krankheit jedoch, obwohl das medizinische Establishment ihn nicht offen nannte.

In dem Jahr, das darauf folgte, wurde das Wort »Krebs« in meiner Familie nie ausgesprochen. Nicht einmal der Gesundheitszustand meiner Mutter war ein Gesprächsgegenstand. Wunderbarerweise starb sie nicht wie vorausgesagt; also hatten wir die Möglichkeit, als Erwachsene über jenes traumatische Jahr nach ihrer Diagnose zu sprechen. Durch unsere Gespräche wurde mir noch deutlicher bewußt, wie hilflos und machtlos ich mich gefühlt haben mußte, als ich Tony, den Außerirdischen, in mein Leben hineinbrachte.

Meine Mutter, der emotionale Mittelpunkt der Familie, schien dem Tod entgegenzugehen. Susan, meine einzige Schwester, hatte angefangen, am Barnard-College zu studieren, und war dabei, sich nach einer Wohnung in der Stadt umzusehen. Sie war im Aufbruch und verließ mich, um ihr eigenes erwachsenes Leben zu beginnen. Meine Mutter machte insgeheim Pläne, mich für den Fall ihres Todes bei ihrem Bruder und ihrer Schwägerin, die in einem anderen Teil Brooklyns lebten, unterzubringen, denn sie glaubte nicht, daß mein Vater es schaffen würde, allein für mich zu sorgen. Ich stand kurz davor, alle Menschen, die mir nahe waren, zu verlieren. In diese unsichere Welt, die aus den Fugen zu gehen drohte, brachte ich Tony hinein.

In dem Jahr, das auf die Diagnose der Krebserkrankung meiner Mutter folgte, wurden meine engsten Beziehungen durch eine Lüge zusammengehalten. In meiner Familie hatte die Lüge die Form des Schweigens. Es ging in meiner Familie um ein Problem von Leben und Tod, und niemand sprach darüber. Nur einmal brach bei mir die Realität, die Wahrheit durch, bei einem Vorfall, an den ich mich selbst nicht erinnere. Meine Mutter erzählte mir, daß sie kurze Zeit nach der Beendigung ihrer Strahlenbehandlung, nachdem sie ihre Energie und ihren Lebensmut wiedergefunden hatte, eine schwere Erkältung bekam und das Bett hüten mußte – für sie ein äußerst seltenes Vorkommnis. Ich stürmte ins Schlafzimmer und schrie sie an, weil sie sich hingelegt hatte. »Steh auf!« brüllte ich mit der vollen Kraft pubertärer Wut. »Laß dir bloß nicht einfallen zu sterben, hörst du?! Das würde ich dir nie verzeihen!« Meine Mutter erinnert sich, daß dieser Ausbruch, der so plötzlich vorüber war wie er begann, in unserer Familie die einzige direkte Gefühlsäußerung, der einzige offene Ausdruck der drohenden Gefahr war.

Abgesehen von diesem einmaligen Vorfall schirmte ich mich durch Verleugnung ab, verdrängte die Krankheit meiner Mutter und unterdrückte die bohrende Frage, wer sich im Fall ihres Todes um mich kümmern würde. Beim Nachlesen in meinem alten Tagebuch aus dieser Zeit – meiner einzigen Möglichkeit, die Wahrheit auszudrücken – stellte ich fest, daß ich die Krankheit meiner Mutter oder meine Ängste mit keinem Wort erwähnt hatte. Ich betäubte mein Bewußtsein, in der Sprache und im Gefühl. Aber da das Unbewußte nach Wahrheit strebt, agierte ich meine inneren Spannungen aus, sooft ich konnte: In der Schule war ich ständig in Schwierigkeiten, und zu Hause spielte ich verrückt. In meiner Beziehung zu Marla, meiner besten Freundin, wurde die Lüge in Worten geäußert, nicht durch Schweigen. Ich konstruierte eine Geschichte, schmückte sie aus und erhielt sie am Leben, indem ich so tief in das Drama eintauchte, daß ich mich nicht als außerhalb davon stehend wahrnahm. Erst viel später wurden mir die Zusammenhänge so weit klar, daß ich meinem Verhalten Sinn entnehmen und seine Bedeutung objektiver betrachten konnte. Vielleicht wollte ich ertappt werden. Eines Abends saß ich bei meiner Schwester Susan im Zimmer und erzählte ihr spontan, daß ich mich mit einem Außerirdischen angefreundet hätte. Wenn Susan diese Enthüllung ernst genommen hätte, wäre eine Auseinandersetzung über »Tony« vielleicht für uns alle der Anlaß gewesen, das tieferliegende Problem anzusprechen. Jedenfalls hörte Susan sich meine Geschichte einfach an und verschwendete keinen weiteren Gedanken darauf.

In welchem Zusammenhang steht diese Lüge?

Wenn mein Verhalten Marla gegenüber aus dem Zusammenhang herausgenommen betrachtet würde, könnte ein außenstehender Beobachter vielleicht sagen: »Sie lügt, weil das in ihrem Charakter liegt. Sie lügt aus Jux, weil es ihr Spaß macht; solche Kinder gibt es.« Oder es wäre eine psychologische Interpretation denkbar, die auf einer bestimmten Vorstellung vom menschlichen Verhalten beruht: »Sie ist unsicher; daher hat sie das Bedürfnis, andere zu manipulieren und zu steuern; das ist der Grund, warum sie lügt.«

Wenn wir den weiteren Kontext nicht kennen, tendieren wir also dahin, bestimmte Verhaltensweisen als festgelegte »Charakterzüge« oder »Persönlichkeitsmerkmale« zu betrachten, die in uns liegen, statt als Teil einer Interaktion, die sich zwischen uns und anderen abspielt. Daß ich mir Tony ausdachte, könnte zum Beispiel als Beweis für meine Manipulations-, Kontroll- und Täuschungsabsichten gewertet werden – Begriffe, die zu der in unserer Kultur üblichen Beschreibung der Art, wie Frauen Macht ausüben, passen. Natürlich waren das auch meine Absichten. Mir lag tatsächlich daran, zu manipulieren, zu steuern und zu täuschen, ebenso wie mir daran lag, zu lieben, Verbindung zu schaffen, zu stärken, zu beschützen und zu überleben. Es ist der weitere Zusammenhang, der es uns erlaubt, Lügen – oder jede andere Verhaltensweise – ins Verhältnis zu rücken. Wenn wir unseren Blickwinkel erweitern, sind wir gefordert, eine komplexere Realität in Betracht zu ziehen und Fragen zu stellen (statt mit fertigen Antworten aufzuwarten) darüber, wo die Lüge beginnt.

Begann die Lüge in meinem Fall bei einer verängstigten Jugendlichen, die verzweifelt versuchte, jede weitere Drohung von Verlust zu vermeiden, indem sie ihre beste Freundin mit allen verfügbaren – sogar magischen – Mitteln an sich band?

Begann die Lüge bei meinen Eltern, die unfähig waren, sogar als Paar untereinander, über das Problem einer lebensbedrohenden Krankheit zu sprechen, und die das Todesurteil durch ihr Schweigen an mich weiterreichten? Oder hatten die Lügen schon bei den Eltern meiner Eltern begonnen, russisch-jüdische Emigranten, die überhaupt nicht in der Lage waren, die massiven Verluste und die Trennungen, die sie durchmachen mußten, zu artikulieren?

Begann die Lüge im Herrschaftsbereich des Patriarchats mit seinem männlich dominierten medizinischen System, das meiner Mutter die Fakten vorenthielt, sie irreführte und ihre Erfahrungen verfälschte, indem es in Abrede stellte, was ihre tiefsten Instinkte ihr sagten? Sie »zu ihrem eigenen Besten« vor grundlegend wichtigem Wissen »schützte« und sie damit in eine Situation unsagbarer Einsamkeit brachte? Als die Ärzte meinen Vater auf Geheimhaltung einschworen – was meine Mutter ihm nicht leicht vergeben konnte – und damit einen Keil in eine ohnehin distanzierte Ehe trieben, wurde es da immer weniger möglich, die Wahrheit zu sagen? Und wie steht es mit den geheimen Plänen meiner Mutter, mich im Fall ihres Todes in die Obhut von Verwandten zu geben? War das Patriarchat (und seine damals unausgesprochenen, verdeckten und verleugneten Konsequenzen) der Kern der gefühlsmäßigen Erkenntnis oder Überzeugung meiner Mutter, daß es unklug sein könnte, eine heranwachsende Tochter mit einem emotional isolierten Vater allein zu lassen? Ich war über dreißig, als ich Tony mit der Krebserkrankung meiner Mutter in Verbindung brachte – eine Verbindung, die ein neues Licht auf mein zwanzig Jahre zurückliegendes Verhalten warf. Und ebenso erhellend waren in diesem Licht die Fakten über die Krankenhauserfahrung meiner Mutter und das kulturell erzwungene Schweigen, das damals jede Krebsdiagnose umgab. Täuschung ist umfassender als das Verhalten der einzelnen Person, die die Lüge ausspricht; Täuschung geht sogar über den Bereich der einzelnen Familie hinaus. Wir können nie mit Sicherheit wissen, wo der Ursprung einer Lüge liegt, wo und bei wem sie beginnt, und wir kennen die vielen Faktoren nicht, die zur Aufrechterhaltung der Täuschung beitragen. Wir können uns jedoch zu einem genaueren und komplexeren Verständnis unseres eigenen Selbst hin bewegen, wenn wir unsere Betrachtungsweise des Lügens, Geheimhaltens, Verschweigens – oder jedes anderen täuschenden Verhaltens – erweitern.

Meine Tony-Geschichte habe ich hier unter anderem deshalb erzählt, weil sie sehr gut illustriert, wie wichtig der Zusammenhang ist, in dem eine solche Geschichte steht, und wieviel mehr Empathie und Verständnis möglich wird, wenn wir das breitere Bild der Familie und der Kultur dazunehmen und eine größere Zahl von Fakten kennenlernen. Außerdem zeigt die Tony-Geschichte, daß besonders farbige und phantasievolle Lügen, Lügen, die wir nur geheimhalten oder beichten können, nicht notwendigerweise im Zentrum unseres emotionalen Lebens liegen und nicht dort, wohin wir unsere primäre Aufmerksamkeit richten müßten. Daß ich Marla belog, war ein Symptom des lähmenden Schweigens in meiner Familie, das die Krankkeit meiner Mutter umgab. Das Schweigen in meiner Familie war symptomatisch für eine Kultur, die Krebs, wie alle anderen schwierigen und schmerzlichen Themen, in den Bereich des Unaussprechlichen verwies. Es ist das Unausgesprochene, das, was wir nicht benennen und konstruktiv angehen können, das uns in Schwierigkeiten bringt; Lügen ist lediglich ein Ausdruck dieser Schwierigkeiten.

In Wahrheit erlebte ich mich nicht als Lügnerin. Oder, genauer gesagt, ich wußte sehr wohl, daß ich Marla mit der Tony-Geschichte belog, aber ich sagte mir selbst, daß ich nur »so tat als ob . . .« Vielleicht taten wir damals alle nur so »als ob« – die Ärzte, die meiner Mutter das Wissen um ihren Zustand vorenthielten (zu ihrem Besten), meine Eltern, die uns Kindern die Wahrheit vorenthielten (zu unserem Besten), und wir, die Kinder, die aufhörten, Fragen zu stellen (zum Besten unserer Familie). Wir waren eine Familie wie jede andere, mit ihren Stärken und Schwächen, und wir taten unser Bestes, uns über Wasser zu halten angesichts der massiven Ängste um das Überleben meiner Mutter – und unser eigenes Überleben.

2. Kapitel

Täuschung und Wahrheit

Täuschung ist ein Bestandteil unserer alltäglichen Existenz, ob unsere Motive nun bewußt oder unbewußt, unschuldig oder ruchlos sind. Täuschung hat im Alltagsleben unendlich viele Gesichter und tritt in unendlich vielfältigen Verkleidungen, Formen und Funktionen auf. In unserer Sprache selbst drückt sich die Mannigfaltigkeit der Formen aus, die wir wählen, um von der Wahrheit abzuweichen und Zuflucht zur Täuschung zu nehmen:

Wir sagen: Sie flunkert, schwindelt, übertreibt, untertreibt, hält mit der Wahrheit hinter dem Berg.

Wir sagen: Sie gebrauchte eine Notlüge, es war eine Halbwahrheit, die Unwahrheit, ein Märchen.

Wir sagen: Sie hat ihr Garn gesponnen, sie hat mich hinters Licht geführt.

Wir sagen: Sie hat Geheimnisse (oder: Sie kann kein Geheimnis hüten).

Wir sagen: Sie verheimlicht etwas, sie vertuscht, verbirgt, führt mich in die Irre, unterrichtet mich falsch, verdreht, verzerrt, verfälscht, entstellt die Fakten.

Wir sagen: Sie ist falsch, betrügerisch, gerissen, verschlagen, ausweichend, raffiniert, verräterisch, unzuverlässig, unaufrichtig, hinterlistig, intrigant, berechnend, heuchlerisch, korrupt.

Wir sagen: Sie schmiedet Ränke, ist doppelzüngig, unehrlich, eine Heuchlerin, eine Schwindlerin, ein Scharlatan, eine notorische Lügnerin, eine Hochstaplerin.

Wir sagen: Sie hat sich einen schlauen Trick ausgedacht, einen Schwindel, einen Kniff, einen Vorwand, ein Ammenmärchen; sie bindet dir einen Bären auf.

Wir sagen: Sie ist schleimig, unecht, sie schauspielert.

Wir sagen: Sie errichtet eine Fassade, konstruiert eine Farce, gibt etwas vor, verstellt sich, rückt nicht mit der Sprache heraus, macht uns etwas vor, spielt Theater.

Wir sagen: Sie gibt es nicht zu, schenkt mir keinen reinen Wein ein, ist nicht offen zu mir.

Wir sagen: Sie führte mich hinters Licht, hielt mich im unklaren, verdrehte die Tatsachen, trieb ein falsches Spiel mit mir.

Wir sagen: Sie ist nicht eindeutig, sie spricht mit gespaltener Zunge.

Wir sagen: Sie redet falsch.

Wir sagen: Sie kann die Realität nicht ertragen, sie kann die Wahrheit nicht ertragen, sie gibt sich der Selbsttäuschung hin.

Wir sagen: Wie tapfer von ihr, nichts preiszugeben; wie klug von ihr, ihre Spuren zu verwischen.

Wir sagen: Sie war diskret.

Wir sagen: Sie log aus der Notwendigkeit heraus, sie log für einen höheren Zweck.

Wir sagen: Sie sprach eine ehrenvolle Lüge aus.

Unsere Sprache enthält unglaublich reichhaltige Ausdrucksvarianten, um das Abweichen von der Wahrheit zu beschreiben. Unterschiedliche Wörter und Redewendungen vermitteln unterschiedliche Bilder von Täuschung, die jeweils einen bestimmten Beiklang haben und ein gewisses Spektrum von Folgerungen zulassen in bezug auf die Absichten und Motivationen und auf die Folgenschwere der Täuschung. Wir haben vermutlich gelernt, einige Wörter und Redewendungen eher mit Frauen, andere eher mit Männern zu assoziieren. In jedem Fall haben wir mehr Wörter und Ausdrucksnuancen zur Verfügung, um zu beschreiben, wie wir einander täuschen, als um zu schildern, wie wir einander lieben.

Täuschung ist kein »Frauenproblem«, ja, wenn man es genau nimmt, nicht einmal ein spezifisch menschliches Phänomen. Von den Mikroorganismen bis zu den höheren Säugetieren, von Viren und Mikroben bis zu Schimpansen und Pavianen – überall in der Natur ist Täuschung im Spiel. Ein afrikanischer Käfer tötet Ameisen und klebt ihre Kadaver an seinen Körper an, um mit diesem Schutzschild versehen unentdeckt in eine Ameisenkolonie einzudringen und dort sein Festmahl zu halten. Ein Schimpansenweibchen führt ihre Gruppe in die Irre, von einer Nahrungsquelle fort, verwischt ihre eigenen Spuren, so daß die Stelle nicht entdeckt werden kann, und kehrt später heimlich zurück, um allein zu speisen. Viele Säugetiere erscheinen größer als sie sind, um Raubtiere zu täuschen. Täuschung hat in der Evolution der Spezies Mensch eine bedeutende Rolle gespielt. Es ist ein spannender Gedanke, daß Täuschung, »Schwindel« und »Hochstapelei« im Leben jeder Art und in der gesamten Natur vorkommen. Organismen, die ihre Fähigkeit zu täuschen – und Täuschung zu entdecken – nicht weiterentwickeln, haben schlechtere Überlebenschancen.

Greifen nur Menschen zu bewußt kalkulierter Täuschung? Erfahrene Tiertrainer beantworten diese Frage mit Nein; sie schreiben einer Reihe von Gattungen außer unserer eigenen die Fähigkeit zu moralischem Verständnis zu. Pferdetrainer, merkt Vicky Hearne an, unterscheiden zwischen ehrlichen, zuverlässigen Pferden (»Keine Bange, dieses Pferd hat keine Tricks drauf«), solchen, die etwas Hinterhältiges an sich haben (»Den kriegen wir schon hin; er ist kein wirklicher Krimineller, nur ein jugendlicher Delinquent«), und »unverbesserlichen Schlitzohren«. Obwohl diese anthropomorphisierende, moralisch beladene Sprache als naiv kritisiert wird, sind die wissenschaftlich denkenden Kritiker den Trainern hoffnungslos unterlegen, wenn es um konkretes Handeln in der realen Welt der Begegnungen zwischen Mensch und Tier geht.

Obwohl das Thema Täuschung und Wahrheit uns alle angeht, spricht dieses Buch direkt zu Frauen und zweifellos zu manchen Frauen mehr als zu anderen. Ich lade aber auch Männer ein, dieses Buch zu lesen, nicht nur, um mehr über die Frauen in ihrem Leben zu erfahren, sondern auch, um sich selbst auf diesen Seiten wiederzufinden. Vieles von dem, was folgt, ist allgemein menschlich, und wo es das nicht ist, kann es der Leserin und dem Leser dazu dienen, Unterschiede und Gemeinsamkeiten festzustellen. Wir können alle davon profitieren, zu überprüfen, wie wir das Echte verbergen und das Falsche zeigen. Täuschung, die nicht wahrgenommen wird, bedroht unser Leben weitaus mehr als sie es schützt.

Wie gehen wir eigentlich vor, wenn wir zur Täuschung greifen? Wir lügen direkt, wie ich es Marla gegenüber tat, mit der

Absicht, andere von Dingen zu überzeugen, die wir selbst nicht glauben und von denen wir wissen, daß sie nicht wahr sind. In unserer Sprache zeigt sich, daß Wörter und Redewendungen, die absichtliche Täuschung bezeichnen, verurteilenden Charakter haben, wenn sie die Gefühle jener spiegeln, gegen die die Täuschung gerichtet ist. Wenn wir selbst jedoch die aktiv Täuschenden sind, erleben (und bezeichnen) wir unsere Unehrlichkeiten eher als notwendige Mittel, Schaden zu vermeiden, und nicht, Zerstörung anzurichten.

Wir weichen von der Wahrheit auch durch Schweigen ab, wie es meine Familie tat, durch das Vermeiden des offenen Wortes. Wir unterlassen es, eine zentrale Frage zu stellen oder einen Kommentar zu geben, der die Fakten klarstellt. Wir enthalten anderen Informationen vor, die ihr Leben entscheidend verändern würden. Wir sagen nicht einmal: »Es gibt da einige Dinge, die ich dir nicht erzähle.«

Im Unterschied zu unseren Reaktionen auf ausgesprochene Lügen zögern wir, das Zurückhalten von Informationen negativ zu beurteilen. Schließlich kann niemand permanent »die ganze Wahrheit und nichts als die Wahrheit« sagen. (Eine Freundin, die auf Ehrlichkeit allerhöchsten Wert legt, machte kürzlich einmal die Bemerkung: »Kannst du dir vorstellen, wie grauenhaft es wäre, wenn wir alle Gedanken lesen könnten?!«) Täuschung durch Schweigen oder Zurückhalten von Informationen wird oft entschuldigt, ja sogar gepriesen: »Meine Tochter kann sich glücklich schätzen, daß ich ihr nie etwas über ihren Vater erzählt habe«; »Der Arzt war mitfühlend genug, ihr die Wahrheit über ihren Zustand zu ersparen«; »Ist es nicht bewundernswert, wie fröhlich sie immer mit ihren Kindern ist, obwohl sie sich so elend fühlt?«

Wenn wir darüber schweigen oder zurückhalten, was in uns selbst vorgeht, sagen wir vielleicht: »Das ist meine Privatangelegenheit«, womit wir ausdrücken, daß unsere Verschlossenheit natürlich oder harmlos ist. Wir sind zweifellos alle der Meinung, daß wir nicht genötigt sind, jedem alles zu erzählen, aber je intimer die Beziehung ist, desto größer werden die Möglichkeiten und auch das Verlangen, sich zu öffnen, und desto schwerwiegender sind auch die Konsequenzen des Verschweigens. Wahrung der eigenen Privatsphäre und Täuschung sind nicht dasselbe. Aber wenn wir sagen: »Das geht außer mir niemanden etwas an«, vernebeln wir vielleicht die volle Bedeutung und die Konsequenzen des Verschweigens und Geheimhaltens, führen ein Leben im Verborgenen und lassen es nicht zu, von anderen gekannt und gesehen zu werden, so wie wir sind.

Dann gibt es Verschwiegenes, Lügen und Geheimnisse, die das eigene Selbst betreffen. Wir sind uns im unklaren darüber, was wir denken, fühlen und glauben. Unsere Prioritäten und Lebensziele sind nicht wirklich unsere eigenen, unser Verhalten stimmt nicht mit unseren bewußt geäußerten Wertvorstellungen und Überzeugungen überein. Wir geben in entscheidenden Fragen nach, passen uns an, verraten uns selbst. Wir empfinden uns vielleicht selbst nicht als echt oder authentisch. Wir sind nicht »zentriert«, haben »keinen Boden unter den Füßen«, sind nicht mit uns selbst in Kontakt. Als Folge davon sind wir in unseren wichtigsten Beziehungen nicht völlig präsent.

Aufgrund der enorm ausgeprägten menschlichen Fähigkeit zur Selbsttäuschung erkennen wir vielleicht gar nicht, daß wir lügen oder wann wir nicht authentisch und wahrhaftig leben. Jedenfalls können wir anderen gegenüber nicht ehrlicher sein, als wir es uns selbst gegenüber sind.

Lügen und die Wahrheit sagen

Beim Nachdenken über das weibliche Leben bin ich auf die Worte »Lügen und die Wahrheit sagen« besonders aufmerksam geworden – Worte, die sich auf unser gesamtes Handeln und unsere menschlichen Verbindungen beziehen, und auch darauf, wer wir sind und was wir werden könnten.

»Vorgeben« ist ein Wort, das uns helfen kann, unser moralisches Urteil über gut und schlecht, besser oder schlimmer außer Kraft zu setzen, so daß wir leichter in der Lage sind, über ein schwieriges Problem objektiver nachzudenken. Das Wort paßt auch besser auf die Struktur des weiblichen Lebens. Unsere Unfähigkeit, authentisch zu leben oder die Wahrheit zu sagen, hat im allgemeinen wenig mit üblen oder ausbeuterischen Absichten zu tun. Im Gegenteil, im Vorgeben, in der Täuschung, drückt sich viel häufiger der – wie auch immer fehlgeleitete – Wunsch aus, andere zu schützen und die Lebensfähigkeit des eigenen

Selbst und der eigenen Beziehungen zu sichern. Im Vorgeben spiegeln sich tiefe Verbote, wirkliche und phantasierte, die sich gegen eine direkte und unmittelbare Selbstbehauptung richten. Das Täuschen oder Vorgeben ist eine natürliche Folge der eingeschränkten Selbstdefinitionen, die Frauen so oft in sich aufnehmen, ohne sie zu hinterfragen. Vortäuschen ist so eng mit »Weiblichkeit« assoziiert, daß es für Frauen quasi normal ist; es ist das, was die Gesellschaft sie zu tun lehrt.

In manchen Fällen betrachten wir Wörter wie »vorgeben« oder »vortäuschen« jedoch gerechtfertigterweise mit Argwohn, eben weil ihre neutralen und gutartigen Mitbedeutungen (ähnlich wie bei »privat«) uns dazu bringen, Dinge, die unsere Aufmerksamkeit – wenn nicht unser moralisches Urteil – verlangen, zu trivialisieren oder zu übergehen. Es bringt uns nicht weiter, die Tatsache zu beschönigen, daß Frauen unter dem Patriarchat permanent belogen werden und daß wir Frauen in unserem Bemühen um Liebe, geistige Klarheit und Überleben immer weiterlügen. Manchmal stellt nur ein hartes, eindeutiges Wort wie »lügen« die Dinge wirklich klar.

»Die Wahrheit sagen« – das Kernthema meines Buches – ist im Leben von Frauen eine zentrale Herausforderung. »Die Wahrheit sagen« erscheint mir als sprachliche Formulierung umfassender, mutiger und im Bedeutungsgehalt reichhaltiger strukturiert als »ehrlich sein« oder »Ehrlichkeit«. Wenn ich von der Wahrheit spreche, denke ich an kühne Pioniertaten und auch an lebendige Gespräche über das spannendste Thema, das ich mir vorstellen kann. Zum Beispiel: »Was ist die Wahrheit?«, »Wer definiert, was wahr ist und was für jede von uns real ist?«, »Gibt es für Frauen tatsächlich ein wahres Selbst zu entdecken, ans Licht zu bringen oder vielleicht auch zu erfinden?«, »Wessen Wahrheit zählt?« Unter dem Patriarchat sind Frauen im Vorgeben und Täuschen hervorragend geschult. Zudem haben Frauen aber eine außerordentliche Fähigkeit entwickelt, die Wahrheit zu sagen, oder sie zumindest zu flüstern.

Beim Nachdenken über dieses Thema fällt mir die Tendenz unserer Kultur ein, die Welt in Dichotomien aufzuteilen: gut und schlecht, männlich und weiblich. Yin und Yang, schwul und hetero, Lüge und Wahrheit. Natürlich sind Menschen weitaus komplexer und facettenreicher als diese Polaritäten oder »Gegensätze«, die wir schaffen.

Einerseits ist die Wahrheit eng mit allem verbunden, was in unserem Leben wesentlich oder grundlegend wichtig ist. Sie ist die Quelle der Authentizität, der Selbstachtung, der Intimität, der Integrität und der Freude. Wir wissen, daß Nähe Aufrichtigkeit verlangt, daß Lügen Vertrauen unterminiert, daß die grausamsten Lügen oft im Verschweigen liegen.

Dennoch ist diese Betrachtungsweise nur ein Ausschnitt aus dem Gesamtbild. Im Namen der »Wahrheit« verletzen wir Freunde und Familienmitglieder, eskalieren Ängste in unproduktiver Weise, mißachten wir die andersgeartete Realität der anderen Person und sorgen generell dafür, daß eine ganze Situation vom Regen in die Traufe gerät. Ich konnte bei meinen Klientinnen – und bei mir selbst – beobachten, daß jeder Fehler, der überhaupt möglich ist, in bezug darauf, wem wir die Wahrheit sagen, wann wir sie sagen, wie wir sie sagen, wieviel wir davon sagen, auch tatsächlich gemacht wird. Und natürlich gibt es Situationen, in denen es klüger ist, strategisch vorzugehen statt spontan. In meinen frühen Jahren an der Menninger-Klinik war ich zum Beispiel die einzige »offene« Feministin im Mitarbeiterstab; folglich machte ich es mir zur Aufgabe, jede Ungerechtigkeit anzuprangern und bei meinen Kollegen das Problembewußtsein zu fördern. Mein Bemühen, andere von der »Wahrheit« zu überzeugen, führte sehr bald dahin, daß ich auf eine Rolle festgelegt wurde, die es anderen unmöglich machte, anzuhören, was ich zu sagen hatte.

Im wirklichen Leben sind die scheinbar antithetischen Akte des Vortäuschens und Wahrheit-Sagens nicht immer »Gegensätze« oder klar voneinander geschieden. Das Vortäuschen zum Beispiel muß nicht grundsätzlich ein Ausweichen oder eine Flucht vor der Wahrheit sein, es kann ein indirekter Weg sein, der zu ihr hinführt. Wenn wir Liebe oder Mut vortäuschen, entdecken wir vielleicht, daß sie tatsächlich da sind oder daß wir unsere Fähigkeit dazu steigern können. Manchmal ist das Vorgeben eine Form des Experimentierens oder der Imitation, die unseren Erfahrungsspielraum und unsere Vorstellungen vom Möglichen erweitert. Im Vorgeben kann sich der Wunsch spiegeln, zu uns selbst zu finden, um wir selbst zu sein. Zu bestimmten Zeiten kann das Vorgeben oder Vortäuschen außerdem für unser Überleben notwendig sein, oder wir haben das Gefühl, daß uns keine andere Wahl bleibt.

Mein Ziel ist es also nicht, eine weitere falsche Polarität zu erzeugen oder die Leserin zu drängen, auf einem linearen, nicht hinterfragten Weg von der Täuschung zur »Wahrheit« fortzuschreiten. Ich werde auch nicht mit fertigen Antworten, »Wie-werde-ich«-Ratschlägen oder schlichten Leitfäden aufwarten. Was nun folgt, sind meine Reflexionen über Aspekte der Täuschung und der Wahrheit, die für unser Leben von grundlegender Bedeutung sind. Mein zentrales Anliegen dabei sind Beziehungen, die Beziehung zum eigenen Selbst eingeschlossen. Ich hoffe, Sie werden mir dabei folgen, zu untersuchen, wie wir alle uns der Täuschung hingeben und wie wir nach Wahrheit streben – ein zentrales Thema im Hinblick darauf, wer wir in dieser Welt sind und in welcher Art von Welt wir leben.

3. Kapitel

Das Richtige tun

Dr. Robert Wolk und Arthur Henley veröffentlichten 1970 ein Buch mit dem Titel *The Right to Lie* (Das Recht zu lügen) – das erste Anleitungsbuch, wie man Betrug und Täuschung im täglichen Leben einsetzt. Die Autoren geben zahlreiche Beispiele für »konstruktive« und »lohnende« Lügen, die angeblich zur Stärkung von Beziehungen dienen.

Da ist der Fall von Evelyn G., die gemeinsam mit ihrem Mann einen Arzt aufsucht, nachdem sie ein Jahr lang vergeblich versucht hat, schwanger zu werden. Nach dem Abschluß der Fruchtbarkeitstests ruft der Arzt Evelyn an und bittet sie zu einem persönlichen Gespräch. In diesem Gespräch klärt er sie darüber auf, daß ihr Mann unfruchtbar ist, und er bittet sie, zu überdenken, ob ihrem Mann das mitgeteilt werden sollte. Die Autoren:

»Evelyn ist tief enttäuscht. Ihr erster Impuls ist, ihrem Mann zu sagen: ›Da siehst du es, an mir liegt es nicht! Es ist alles deine Schuld!‹ Aber sie weiß, daß sie seinem Selbstwertgefühl damit einen schweren Schlag versetzen würde. Der Arzt ist derselben Meinung, und er fügt noch hinzu, daß ein solcher Vorwurf Paul sogar impotent machen könnte.

Um ihr Sexualleben intakt zu halten und die Gefühle ihres Mannes nicht zu verletzen, beschließt Evelyn, zu einer Lüge zu greifen. Sie gibt vor, selbst unfruchtbar zu sein, und nimmt die gesamte Verantwortung dafür, daß sie nicht schwanger werden kann, auf sich. Es ist eine ›Liebeslüge‹, durch die sie ihre Ehe schützt. Wie Evelyn erwartet hatte, reagiert ihr Mann verständnisvoll und sagt ihr, sie solle sich nichts daraus machen. Er werde genausogern ein Baby adoptieren. Das ist *seine* Liebeslüge. Hier fand also sogar eine wechselseitige Täuschung statt, die zur Stärkung der Beziehung dient.«

Den Autoren zufolge sind die »konstruktiven Lügen«, die Paul und Evelyn austauschen, aus Notwendigkeit und aus Güte geboren und dienen dazu, die liebende Bindung zwischen ihnen zu stärken. Glücklicherweise gehören die Voraussetzungen dieser Geschichte der Vergangenheit an, wie die Krankenhauserfahrung meiner Mutter zur Zeit ihrer ersten Krebserkrankung. Heute müßte ein Arzt, der sich mit einem Ehepartner verbündet, um vor dem anderen medizinische Fakten falsch darzustellen, mindestens mit einem Verfahren wegen Vernachlässigung seiner Berufspflichten – wenn nicht mit Schlimmerem – rechnen. Lügen werden jedoch auch heute noch gerechtfertigt, wenn sie angeblich eine schützende Funktion erfüllen oder einem höheren Zweck dienen. Was sich mittlerweile geändert hat, sind die kulturellen Normen, und wir haben uns mit ihnen verändert. Da wir gesellschaftliche Wesen und von gesellschaftlichen Zusammenhängen geprägt sind, verändern sich unsere Auffassungen von »konstruktiven Lügen« mit dem politischen Klima der Zeit.

Die Frage der Beeinflussung durch gesellschaftliche Voraussetzungen und Zusammenhänge beschäftigte mich besonders, als ich 1991 die Fernsehübertragung des öffentlichen Hearings zur Klärung der Vorwürfe wegen sexueller Belästigung sah, die Anita Hill gegen den Kandidaten für das Amt des Richters am obersten Gerichtshof, Clarence Thomas, erhoben hatte. Das Hearing verwandelte sich in eine empörende Hexenjagd gegen Anita Hill, als sie versuchte, die Wahrheit über den Richter zu sagen. Inmitten der moralischen Empörung, die ich ihretwegen fühlte, erinnerte ich mich plötzlich an ein Erlebnis, das ich 1962, also vor mehr als einem Vierteljahrhundert, hatte:

Ich verbrachte mein Junior-Collegejahr in Delhi im Rahmen eines studentischen Austauschprogramms mit Indien, das von der Universität von Wisconsin, an der ich zu studieren begonnen hatte, gefördert wurde. Nachdem ich ein halbes Jahr lang im Miranda-House, einem Studentinnenwohnheim in Alt-Delhi, gewohnt hatte, zog ich in ein nahegelegenes Hotel um. In diesem Hotel wohnte auch ein vornehmer Amerikaner, ein pensionierter Regierungsbeamter, der früher eine hohe Position innegehabt hatte und der fünfundvierzig Jahre älter war als ich.

Er war seinen eigenen Worten nach »ein sehr bedeutender Mann«. Tatsächlich war er der bedeutendste Mann, den ich je aus der Nähe gesehen hatte.

Monatelang belästigte er mich in aggressiver und unangemessener Weise mit seinen sexuellen Nachstellungen. Später, als ich an Malaria erkrankte, stellte er meiner Freundin nach, einer Amerikanerin, die ebenfalls mit diesem Austauschprogramm nach Indien gekommen war und die mich in dieser Zeit pflegte. Nach meiner Genesung stellte ich erleichtert fest, daß er weiterhin sie verfolgte und mich in Ruhe ließ.

Ich empfand die Nachstellungen dieses Mannes immer als unangenehm und peinlich. Und dennoch kam ich keinen Augenblick lang auf die Idee, das »Recht« eines so prominenten Mannes, eines wahren »Monuments« der Weltgeschichte, beharrlich zu verfolgen, was er wollte, in Frage zu stellen. Ich war stets mehr darum bemüht, seine Gefühle wahrzunehmen und wachsam zu beschützen, als meine eigenen. Meine Freundin und ich sprachen nur unter vier Augen über seine Avancen. Dem Leiter unseres Programms, einem früheren Missionar, sagten wir nichts davon. Im Jahr darauf, zurück in Wisconsin, saßen meine Freundin und ich mit dem Leiter des Austauschprogramms in der Cafeteria der Studentenunion. Er war nur auf einem kurzen Urlaub in Amerika und stand kurz vor seiner Rückkehr nach Delhi. Nachdem wir eine Weile über belanglose Dinge geplaudert hatten, sagte er uns plötzlich, es habe Beschwerden über diesen Mann gegeben; eine Studentin habe sich bei ihm beklagt, daß er sie sexuell belästige. Rasch fügte er hinzu, dieser ehrenwerte Gentleman würde so etwas zweifellos nie tun. Die Sache müsse auf einem Irrtum beruhen. »Nicht wahr?« fragte er in unsere Richtung. Vielleicht war es wirklich als Frage gemeint, aber es klang wie eine Kampfansage. Meine Freundin und ich nickten bestätigend, und damit war das Thema beendet. Erst 1991, als ich die Angriffe gegen Anita Hill beobachtete, fiel mir mein Nicken und mein darauffolgendes Schweigen wieder ein, und ich war fassungslos und bekümmert über mich selbst. Warum hatte ich diese mutige Studentin am anderen Ende der Welt in ihrer Isolation und Verletzlichkeit allein gelassen? Wie war wohl ihr Name? Welchen Preis hatte sie dafür zahlen müssen, daß sie die Wahrheit gesagt hatte?

Warum hatte ich nicht gesagt, was ich wußte? Ich schämte mich insbesondere deshalb, weil ich damals keine Spur von Scham über mein Schweigen empfunden hatte.

Warum hatte ich gelogen? Zweifellos vor allem aus denselben Gründen, aus denen die meisten Leute lügen: Weil es so am bequemsten war, weil ich Mißbilligung und Kritik vermeiden, Komplikationen und Schwierigkeiten aus dem Weg gehen wollte, weil ich die mit meiner eigenen Erfahrung verbundenen Gefühle nicht aufbrechen lassen wollte. Meine Freundin und ich glaubten – vielleicht sogar zu Recht –, daß auch unsere Aussagen abgewertet und gegen uns verwendet werden würden. Aber das Entscheidende ist, daß ich damals glaubte, das Richtige zu tun. Ich meinte, es liege in meiner Verantwortung, den Ruf dieses »großen Mannes« zu schützen. Ich stellte mir vor, daß die Studentin, wer sie auch war, es schon schaffen würde, mit der Situation fertig zu werden. Aber das öffentliche Image (und die Gefühle) eines älteren Mannes von hohem Status – das war etwas anderes. Wie Evelyn G., die log, um ihren Mann vor Kränkung und Impotenz zu schützen, glaubte ich, daß meine Lüge »konstruktiv«, ja sogar ehrbar sei.

Wie kam ich dazu, so zu denken? Oder, wenn ich es einmal als gegeben annehme, *daß* ich so dachte – warum weicht meine gegenwärtige Einstellung so radikal davon ab? Eine großzügige Freundin antwortete mir darauf: »Wahrscheinlich bist du jetzt einfach mutiger.« Ich stimme ihr zu, daß Mut, wie guter Geschmack, sich erst mit zunehmender Reife entwickelt. Aber andererseits war ich in meiner Studienzeit durchaus couragiert und habe mich überhaupt nie Verboten unterworfen, die gegen mein Gewissen gingen. Nein, um meinen Mut ging es hier nicht. Es waren die Kühnheit und die Tapferkeit anderer Frauen, die eine Wandlung der gesellschaftlichen Normen auslösten.

Die ersten, die Machtmißbrauch öffentlich anprangern, müssen besonders mutig oder dickfellig sein. Als ich studierte, waren Begriffe wie »sexuelle Diskriminierung«, »sexuelle Belästigung«, »sexueller Mißbrauch« oder »Sexismus« noch gar nicht erfunden. Das Wort »Patriarchat« gehörte nicht zu meinem Vokabular. Wir nannten diese Dinge »das Leben«, und die Notwendigkeit oder auch nur die Möglichkeit neuer, von Frauen geschaffener Sprachcodes kam uns nie in den Sinn. Ohne das angemessene Vokabular war ich jedoch unfähig, zu benennen, was mit mir und um mich herum geschah, geschweige denn, dagegen zu protestieren. Als mehr und mehr Frauen die Wahrheit sagten, änderten sich meine Vorstellungen davon, was eine »ehrenwerte« Lüge ist, und ich begann neu zu überdenken, wer vor wem geschützt werden muß. Als ich die Vorgänge um Anita Hill beobachtete, wurde mir klar, wie viel – und wie wenig – sich in der Welt seit meiner Studienzeit geändert hatte.

Wenn wenigstens einer der männlichen Senatoren aufgestanden wäre und seiner Empörung über den Mißbrauch, der an Anita Hill geschah, laut Ausdruck verliehen hätte, wäre es den »einfachen Leuten« an den Fernsehschirmen vielleicht leichter gefallen, ihre Augen für die Gewalttaten unserer patriarchalen Väter zu öffnen. Aber wenn es darum geht, die Motive anderer zu interpretieren, bleiben wir zum großen Teil auf Spekulationen angewiesen. In ihrem Bemühen, den vom Präsidenten ernannten Kandidaten für das Richteramt zu schützen, redeten diese Politiker sich vielleicht auch ein, daß ihr Lügen oder Schweigen »ehrbar« sei. Vielleicht glaubten sie auch, daß sie einem »höheren Zweck« dienten, wenn sie einen »sehr bedeutenden Mann« – und den kollektiven männlichen Kodex – schützten. Sie meinten vielleicht, ihr Handeln stehe im Dienst höherer Prinzipien, wie »Loyalität« oder »Solidarität«.

Macht das unter »ehrenwerten Männern« – den Vätern dieses Landes – epidemisch verbreitete Lügen, Vorspiegeln und Vertuschen es uns leichter, Rationalisierungen für unser eigenes Abweichen von der Wahrheit zu finden? Die meisten von uns sehen ihre Lügen tatsächlich in einem vorteilhaften Licht. Wie können wir in unserem täglichen Leben also entscheiden, wann Täuschung in ihren zahllosen Manifestationen richtig, harmlos, gerechtfertigt, notwendig oder gut für jemanden ist? Wie objektiv sehen wir uns selbst? Nehmen wir überhaupt Notiz davon, wie oft wir im Laufe eines einzigen Tages nicht ganz ehrlich oder aufrichtig sind?

Wie hoch ist Ihr E. Q.?

Kürzlich entdeckte ich in einer Frauenzeitschrift einen Test, der die Leserinnen dazu einlud, ihren E. Q. (Ehrlichkeitsquotienten) zu ermitteln, indem sie sich auf einer von eins bis zehn gehenden Aufrichtigkeits-Skala einordneten. Offensichtlich kann eine solche Bewertungsskala – oder andere ihrer Art – der menschlichen Erfahrung oder auch nur der Komplexität der Erfahrungen eines einzigen Tages im Leben realer Menschen niemals gerecht werden. Das wirkliche Leben ist unordentlich, von vielfältigen Konstellationen abhängig, unquantifizierbar und voller Paradoxien und Widersprüche. Im Laufe eines einzigen Gesprächs können wir abwechselnd ehrlich, unehrlich und halbwegs ehrlich sein, ohne daß wir diese Diskrepanzen überhaupt wahrnehmen.

Betrachten wir dazu eine Szene zwischen mir und meinem jüngeren Sohn Ben, die sich kurz nach einem Gespräch über die Bedeutung des Ehrlichseins ereignete. Wir verlassen gerade die Einkaufspassage und passieren eine offene Arkade mit Videospielen; Ben will an einem der Apparate spielen. Ich sage Ben, daß ich kein Kleingeld habe, und ziehe ihn zum Ausgang. Wahrscheinlich habe ich Kleingeld, aber wir sind beide in einer furchtbaren Stimmung, und es erscheint mir einfacher, die Sache so zu lösen, als einen Streit zu riskieren. Als wir heimkommen, klingelt das Telefon. Ben nimmt ab, und ich höre seine ungeduldige Antwort: »Hör doch auf, mich zu nerven! Ich will nicht, daß du rüberkommst!« Ich bin wütend auf Ben wegen seiner Taktlosigkeit und flüstere ihm zu: »Warum sagst du nicht einfach, daß du zu tun hast und heute keine Freunde zu dir einladen kannst?«

An meinen besseren Tagen verhalte ich mich eindeutiger. Ich erläre Ben, warum ich ihm kein Geld für ein Videospiel gebe, und stelle mich seiner Reaktion direkt. Ich spreche die Frage seiner Telefonmanieren an, ohne ihn dazu anzuleiten, einen Freund zu beschwindeln. Vielleicht erscheinen die Unterschiede geringfügig, aber sind sie es wirklich? Sicherlich wird eine einzige triviale Lüge meine Integrität oder meine Beziehung zu meinem Sohn nicht unterminieren. Aber das Schwindeln, »Notlügen« und »Höflichkeitslügen« eingeschlossen, kann zu einem

Bestandteil des alltäglichen Lebensgefüges werden, zu einer Form der Vermeidung von Konflikten und Komplikationen, die uns so sehr zur Gewohnheit wird, daß wir sie gar nicht mehr wahrnehmen und nicht bemerken, wie sie unsere Integrität und unsere Beziehungen allmählich zersetzt.

Im Prinzip sind Menschen fast einhellig für Ehrlichkeit, die, wie der Volksmund sagt, »die beste Politik« ist. Wenn wir den »E.Q.« tatsächlich messen könnten, würden wir alle danach streben, eine möglichst hohe Punktzahl zu erreichen, und uns mit Menschen umgeben, die auf der Ehrlichkeits-Skala ebenfalls ganz oben rangieren. Ehrlichkeit und Authentizität gehören zu den höchsten Werten unserer Kultur. Über jemanden zu sagen »Sie ist verlogen« oder »Er sagt nicht die Wahrheit«, ist immer eine Schmähung. Jemandem Ehrlichkeit oder Wahrheitsliebe nachzusagen, ist immer ein Kompliment.

Aber wie sieht es aus, wenn wir das Reich der hehren Prinzipien verlassen und uns auf bestimmte Ereignisse im wirklichen Leben realer Menschen konzentrieren? Dann haben wir Evelyn und Paul, die ihre »Liebeslügen« über das Unfruchtbarkeitsproblem austauschen, und dann haben wir mich, damals in meiner Studienzeit, mit meinem Kopfnicken in die falsche Richtung, zum Schutz eines »sehr bedeutenden Mannes«. Oder wir haben in jüngerer Zeit vierzehn weiße männliche Senatoren, die den Kandidaten des Präsidenten für das Amt des obersten Richters beschützen. Innerhalb meines eigenen Berufsfeldes, der Psychologie, vertreten die Fachleute sehr divergierende Auffassungen darüber, ob Lügen sich zum Schutz oder zum Schaden des belogenen Teils auswirken.

Nehmen wir zum Beispiel eine Nachricht aus dem *San Francisco Chronical*: »Ein bleicher, geschwächter elfjähriger Junge wurde gestern verletzt, aber lebend aus den Trümmern eines kleinen Sportflugzeugs geborgen, das am letzten Sonntag in den Bergen des Yosemite-Nationalparks abstürzte. Der Junge hatte tagelang tobende Blizzards und Nächte mit Temperaturen unter dem Nullpunkt auf der in rund dreitausend Metern Höhe gelegenen Absturzstelle überlebt, indem er in einen Daunenschlafsack eingewickelt auf dem Rücksitz des schneebedeckten Wracks zusammengekauert lag. ›Was ist mit meiner Mutter und meinem Vater?‹ fragte er benommen, als man ihn aus dem

Wrack herauszog. ›Sind sie o.k.?‹ Die Männer der Rettungsmannschaft sagten dem Jungen nicht, daß sein Stiefvater und
seine Mutter tot waren, immer noch in ihren Sitzen im zer-
schmetterten Cockpit des Flugzeugs angeschnallt, nur wenige
Handbreit von dem Ort entfernt, an dem er lag.«

Dr. Paul Ekman, ein Psychologieprofessor und bekannter
Experte in bezug auf das Lügen, wählte dieses Beispiel aus, um
eine »altruistische Lüge« zu zeigen, »die nur dem belogenen
Teil zugute kam und den Rettern keine wie auch immer gearte-
ten Vorteile einbrachte«. Seiner Auffassung nach würde kaum
jemand diese Tatsache leugnen. Aber als mein Mann (ebenfalls
Psychologe und Familientherapeut) und ich über diese Nachricht diskutierten, kamen wir beide zu dem Schluß, daß diese
Lüge den Rettern wahrscheinlich ein besseres Gefühl gab und
auf Kosten des Jungen ging. Wir versuchten uns vorzustellen,
was die Männer der Rettungsmannschaft dem Jungen tatsächlich sagten, der zweifellos das Schlimmste fürchtete (oder
wußte), was seine Eltern anging, und der direkt um Informationen bat.

Noch wochenlang, nachdem ich die Nachricht gelesen hatte,
ging mir dieser Angriff auf die Lebenswirklichkeit des Jungen
und auf seine zukünftige Fähigkeit, darauf zu vertrauen, daß
Erwachsene ihm die Wahrheit sagten, nicht aus dem Kopf. Obwohl ich weiß, daß eine genauere Kenntnis der Einzelheiten
meinen Blickwinkel verändern könnte, ist mir die Lüge zuwider,
die meine Berufskollegen gutheißen. Das ist nicht ungewöhnlich.

Für mich war es immer faszinierend zu hören, wie Frauen
moralisch urteilen, wenn es um verschiedene Beispiele von Täuschung und Aufrichtigkeit geht. Manchmal gibt es eine voraussehbare Übereinstimmung in den Reaktionen, zum Beispiel als
eine Kollegin erzählte, wie ihre Eltern logen und ein Netz von
Täuschungsmanövern erfanden, als sie eine jüdische Familie in
ihrer Wohnung vor den Nazis versteckten. Ihre Geschichte ist
ein unbestreitbares Beispiel für mutiges und ehrenhaftes Lügen
im Dienst eines höheren Ideals.

Interessant ist aber, daß wir uns gewöhnlich in unseren Reaktionen auf die unendlich vielfältigen Weisen, in denen Leute die
Wahrheit absichtlich verzerren oder verbergen – und übrigens

auch, wie sie die Wahrheit aufdecken –, sehr stark unterscheiden. Was eine Frau für eine notwendige Aufklärung hält, ist für die andere eine überflüssige oder unangemessene Enthüllung. Während die eine sagt: »Man darf ihm die Fakten nicht vorenthalten«, besteht die andere darauf: »Das muß man ihm ersparen.« Was eine Frau als »gesunde Entladung echter Gefühle« bezeichnet, nennt eine andere einen »unkontrollierten aggressiven Ausbruch«.

Wir unterscheiden uns auch darin, wie weit wir Täuschung tolerieren oder ausdrücklich billigen. Die Philosophin Sissela Bok erklärt in ihrem Buch *Lying* (»Lügen«), daß niemand – Lügnerinnen und Lügner eingeschlossen – getäuscht werden möchte. Dennoch fordern einige von uns beharrlich die Wahrheit, während andere es lieber haben, wenn sie ihnen »erspart bleibt«. Hier sind einige Beispiele für die letztere Haltung:

Die Frau eines Universitätsprofessors sagt zu mir: »Wenn mein Mann mit einer anderen Frau schläft, möchte ich das nie erfahren.« Während einer familientherapeutischen Sitzung schaut die Mutter ihrer Tochter direkt in die Augen und sagt: »Wenn du Drogen nimmst, sag es mir bloß nicht! Das halte ich nicht aus!« Eine Frau, die von zwei Brüdern ihrer Mutter sexuell mißbraucht wurde, schaut sich gemeinsam mit ihrer Mutter einen Film an, in dem es unter anderem um das Thema Inzest geht. Als sie das Kino verlassen, sagt die Mutter: »Wenn in unserer Familie so etwas passiert wäre, würde ich nichts darüber wissen wollen!«

Eine Frau, die bei mir in Therapie ist, erzählt mir, sie mache sich Sorgen um ihren suizidal wirkenden Bruder, fügt dann aber hinzu: »Im Grunde will ich nichts davon wissen. Ich könnte ohnehin nichts tun.«

Niemand hat den bewußten Wunsch, übertölpelt, manipuliert oder betrogen zu werden. Aber zu bestimmten Zeitpunkten haben wir vielleicht das Gefühl, daß wir die direkte Konfrontation mit dem, was wir bereits vermuten oder wissen, nicht aushalten können. Es ist unwahrscheinlich, daß wir »nach Wahrheit streben«, wenn wir uns nicht in der Lage fühlen, die Wahrheit zu bewältigen, oder wenn wir nicht darauf vertrauen, daß ein potentiell schmerzhaftes Wissen uns letztlich Kraft gibt und uns zu konstruktiveren Problemlösungen, klügeren Entscheidungen und einem realeren, authentischeren und klareren Selbst in Beziehungen führen kann. Wir unterscheiden uns stark darin, bis zu welchem Grad wir mit unserer Kompetenz, schmerzhafte Fakten zu bewältigen, in Kontakt sind, und wie weit wir bereit und fähig sind, uns diesen Fakten zu nähern.

Wir unterscheiden uns auch in unseren Fähigkeiten, Täuschung zu entdecken, oder, allgemeiner ausgedrückt, in unseren Fähigkeiten, die Realität zu beobachten und zu benennen. Wir alle verdrängen, verleugnen, projizieren, verdrehen die Tatsachen, werden unaufmerksam, schalten ab. Unser Wissen um die Wahrheit und unsere Interpretation der Wahrheit ist bestenfalls partiell, subjektiv und unvollständig. Wir sind jedoch in unterschiedlichem Maß zu Empathie, Intuition, Reflexion, Autonomie, Objektivität, Integrität, Reife, Klarheit und Mut fähig – alles Qualitäten, die unsere Fähigkeit steigern, Täuschung zu entdecken und Ungereimtheiten und Widersprüche in uns selbst und anderen zu erkennen.

Wir unterscheiden uns auch in unseren subjektiven Erfahrungen des Lügens. Eine Freundin sagt mir: »Wenn ich nicht die Wahrheit sage, fühle ich das in meinem Körper. Ich beende ein Telefongespräch zum Beispiel nie, indem ich Ausreden gebrauche, daß es an der Tür klingelt oder daß ich verabredet und schon spät dran bin. In wichtigen Dingen zu lügen, zum Beispiel sexuelles Lustempfinden vorzutäuschen, würde mich physisch krank machen. Mein Körper sorgt dafür, daß ich ehrlich bin, selbst wenn mein Kopf den Dingen lieber ausweichen möchte.«

Diese Freundin sagt von sich, sie sei »auf der zellulären Ebene« an das Prinzip der Wahrheit gebunden. Sie strebt immer nach authentischen Formen, sich selbst auszudrücken, unabhängig davon, wie belanglos das Problem oder wie bedeutungslos die Interaktion ist. Im Unterschied dazu erzählt mir eine andere Frau, daß es ihr nicht das mindeste ausmacht, alle Arten von »Höflichkeitslügen« und Ausreden »der Form halber« zu gebrauchen. Sie sagt, sie fühle sich mit diesem Verhalten sehr wohl, »solange niemand dadurch verletzt wird«.

Unsere kulturelle Überbewertung der Geschlechterunterschiede (denken Sie nur an den Begriff »gegengeschlechtlich«) verstellt uns nicht nur den Blick auf menschliche Gemeinsamkeiten, sondern vernebelt auch die Tatsache, daß es innerhalb unseres eigenen Geschlechts ein weites Spektrum von Unterschieden gibt. Natürlich unterscheiden Frauen sich voneinander. Wir unterscheiden uns nicht nur im Hinblick auf unser Bewußtsein und unser moralisches Urteil, sondern auch in unserer Grundeinstellung zur Wahrheit und in unseren Überzeugungen darüber, was in Beziehungen produktiv und entwicklungsfördernd ist. Wir unterscheiden uns in unseren Fähigkeiten, Informationen präzise zu erfassen und zu verarbeiten und Täuschung in uns selbst und in anderen zu entdecken. Und unsere Vorstellungen vom Lügen und Wahrheit-Sagen sind von Geburt an durch unsere ethnische Bindung und unsere Klassenzugehörigkeit, unseren kulturellen und persönlichen Hintergrund eingefärbt. Alle unsere Lebenserfahrungen vereinigen sich in der Gestaltung unserer Philosophie, was die Wahrheit ist und was nicht, wann und wie wir die Wahrheit sagen sollten.

Wie oft artikulieren wir unsere voneinander abweichenden Philosophien über die vielfältigen und komplexen Dimensionen der Täuschung und der Wahrheit, der Offenheit und der Verschwiegenheit? Seit dem Beginn der Zeitrechnung diskutierten Philosophen und Gelehrte aus den verschiedensten Disziplinen über das Wesen der Wahrheit, die moralischen, ethischen, rechtlichen, psychologischen und evolutionären Aspekte der Täuschung und die Kräfte, die dahinterstehen. Aber trotz der profunden, zentralen und unmittelbaren Bedeutung dieses Themas im öffentlichen und privaten Alltagsleben vermeiden wir es in der Regel eher, unsere persönliche Einstellung dazu mit anderen zu diskutieren. Vielleicht sollten wir mehr Gespräche darüber führen und anregen. Der Austausch über unsere Gemeinsamkeiten und Unterschiede hilft uns zu klären, wie wir unser eigenes Leben gestalten und wie wir Entscheidungen über das »richtige Handeln« treffen.

Ein Leben verbergen

Schauen wir uns den folgenden Vorfall an: Lena, eine Rechtsanwältin, kam auf dem Flug von Miami nach Boston mit ihrer Sitznachbarin, einer freundlichen älteren Frau, ins Gespräch. Sie unterhielten sich über ihre jeweiligen Berufe, und dann zeigte die Frau Lena ein Foto ihrer Familie; sie war gerade

Großmutter geworden und war auf dem Weg, sich ihren neuen Enkel anzuschauen. Sie hatten etwa die Hälfte des Fluges hinter sich, als sie Lena fragte: »Sind Sie verheiratet?« – »Nein«, sagte Lena und fuhr in sachlichem Ton fort: »Aber ich lebe seit fünf Jahren mit einer Frau zusammen, und wir betrachten uns als verheiratet.« Die Frau starrte sie verblüfft an, also erklärte Lena weiter: »Ich bin Lesbierin. Meine Partnerin, Maria, ist eine Frau.« Ihre Sitznachbarin sagte kein weiteres Wort und hielt für den Rest des Fluges ihre Augen fest auf eine Zeitschrift gerichtet.

Lena hatte sich aus einer distanzierten, unbefriedigenden Ehe gelöst, in der sie neun Jahre lang gelebt hatte. Drei Jahre später, nach ihrem Coming-out als Lesbierin, beschloß sie, daß sie nie wieder »ein Leben der Lüge« führen würde. Von diesem Zeitpunkt an hatte sie sich offen zu ihrer lesbischen Lebensweise bekannt und allen Versuchungen widerstanden, als heterosexuelle Frau »durchzugehen«. Einige von Lenas Freundinnen fanden, daß sie sich dadurch in unnötiger Weise exponiere, aber Lena hatte sich für diesen Weg entschieden. Lena erklärt ihre Entscheidung so: »Wenn ich über Maria schweige, in einer Situation, in der ich sonst meinen Mann oder meinen Sohn erwähnt hätte, verhalte ich mich so, als seien mein Leben und meine Liebesbeziehung etwas Schändliches und Unrechtes.« Lena ist absolut dagegen, ihr Leben zu verheimlichen oder sich durch Schweigen als etwas darzustellen, das sie nicht ist.

Lenas Familie erklärte kollektiv »Wir lieben dich trotzdem«, was unter den homophoben Reaktionen, denen sie im Lauf der Jahre begegnete, eine relativ milde Form ist. Ihre Wahrheitsliebe hatte auch schon dramatischere Konsequenzen: Schüler beschmierten und beschädigten ihr Auto, in ihrem Wohnviertel war sie sexueller Diskriminierung ausgesetzt, und sie mußte hart darum kämpfen, das Sorgerecht für ihren jetzt elfjährigen Sohn zu behalten. Aber die Ignoranz und der Haß, mit denen sie konfrontiert war, haben sie in ihrem Entschluß, offen zu sich selbst zu stehen, nur bestärkt. Obwohl es schmerzhaft ist, permanent mit Vorurteilen konfrontiert zu sein, würde Lena, wie sie selbst sagt, ihr Leben ebensowenig verbergen, wie ein schwarzer Bürgerrechtler vorgeben würde, ein Weißer zu sein. Diese tiefverwurzelte Wertvorstellung eines Lebens ohne Lüge erlaubt es Lena nicht, die ehrlichen Empfindungen ihres warmen Herzens zu verbergen.

Lena glaubt, daß Schweigen über ihre sexuelle Orientierung mit Lügen gleichzusetzen sei. »Es ist eine Lüge«, argumentiert sie, »weil Heterosexuelle nicht nur unser Recht, offen zu lieben, negieren, sondern sogar die bloße Tatsache unserer Existenz.« Natürlich hätte Lena ihrer Sitznachbarin im Flugzeug antworten können: »Nein, ich bin nicht verheiratet.« Aber in dieser faktisch wahren Aussage hätte in Lenas Sicht eine irreführende Absicht gelegen. »Schweigen heißt lügen«, insistiert sie, »wenn du mit deinem Schweigen absichtlich den Irrtum einer anderen Person unterstützt. In diesem Fall eliminiert und degradiert der Irrtum die Lebenswirklichkeit von zehn Prozent der Bevölkerung.« Außerdem beinhaltet falsche Selbstdarstellung immer mehr als eine einzelne Lüge, führt Lena mir vor Augen. Bekanntlich ist es einfach, eine Lüge auszusprechen, aber es ist fast unmöglich, bei einer einzigen Lüge zu bleiben. Die erste Lüge muß durch immer weitere Lügen abgestützt werden. Wenn man etwas Wichtiges verbirgt, nimmt das Aufmerksamkeit und emotionale Energie in Anspruch, die sonst kreativeren Zwecken dienen könnten. Wenn wir uns »vorsehen müssen«, selbst wenn wir das automatisch und scheinbar mühelos tun, verzetteln wir unsere Energien und unterminieren unsere Integrität. »Es schafft auch eine atmosphärische Störung«, sagt Lena. »Bevor ich mich offen zu meinem Lesbischsein bekannte, nahm ich Maria manchmal zu Partys im Büro mit, und ich wußte, daß hinter meinem Rücken getuschelt wurde: ›Sind sie nun Lesben oder sind sie es nicht?‹ Nun wissen es alle. Und sie wissen, daß ich weiß, daß sie es wissen. So ist die Atmosphäre weniger geladen.«

Während wir über das Gespräch im Flugzeug diskutieren, erzählt Lena davon, wie triviale Dinge akkumulieren: »Du sagst nicht: ›Oh, meine Partnerin ist in derselben Sparte tätig wie Ihr Mann.‹ Du ziehst nicht auch ein Foto aus der Tasche und zeigst es. Du erwähnst mit keinem Wort, selbst wenn du gefragt wirst, daß du die Flugreise machst, um an einem Benefizkonzert für die Rechte der Lesbierinnen und der Schwulen teilzunehmen. Wenn du aus dem Flugzeug steigst, fällst du deiner Geliebten nicht offen in die Arme. Du wartest nicht Hand in Hand mit ihr auf dein Gepäck. Jede einzelne dieser Formen des Zurückhaltens, Nicht-Aussprechens, Nicht-Handelns mag trivial erscheinen. Aber wenn das akkumuliert, kommt dabei ein nur halb gelebtes Leben heraus.«

Ist sie ehrlich oder verrückt?

Ich fragte einige von Lenas Freundinnen und Freunden – alle lesbisch beziehungsweise schwul, alle aus der Heimlichkeit herausgetreten und alle im Kampf gegen die Homophobie engagiert –, was sie von diesem Vorfall im Flugzeug hielten. Betrachten wir die Unterschiede in den Meinungsäußerungen von Freundinnen und Freunden, die durch gemeinsame Wertvorstellungen und politische Überzeugungen miteinander verbunden sind:

HELENE: »Wenn wir uns alle so verhielten wie Lena, wäre das unsere stärkste Waffe gegen die Homophobie. Lena ist unerschütterlich aufrichtig und tapfer, und ich liebe sie dafür. Und ich bin dankbar. Ich denke an den Ausspruch von Adrienne Rich: ›Wenn eine Frau die Wahrheit sagt, schafft sie Möglichkeiten für mehr Wahrheit in ihrer Umwelt.‹ Stellt euch nur unsere kollektive Macht vor, wenn zehn Prozent der Bevölkerung sich in jedem Augenblick offen zu ihrer Lebensweise bekennen würden!«

CLARA: »Ich finde, du romantisierst Lenas Verhalten. Ich erzähle Fremden in Flugzeugen nicht, daß ich Lesbierin bin. Es geht sie überhaupt nichts an. Ich glaube, daß Lena es teilweise um der Schockwirkung willen tut. Ein gewisses Maß an Diskretion und Privatheit ist auch ein gerechtfertigtes Bedürfnis!«

ROGER: »Was Lena ›Ehrlichkeit‹ nennt, ist eigentlich ihre Unfähigkeit, sich selbst zu schützen. Ich finde es regelrecht irrsinnig, daß sie sich so verhält. Ich mache mir oft Sorgen um sie. Sie könnte es so weit treiben, daß irgendein Arschloch sie umbringt. Ich fände es ehrenhafter, wenn sie sich ihre Gegner besser aussuchen würde.«

ROSA: »Ich bin mit Lenas Verhalten nicht einverstanden, weil nichts Konstruktives dabei herauskommt. Es bringt nichts. Ich gehe ziemlich offen mit meinem Schwulsein um, aber ich gebe den Leuten erst Zeit, mich kennenzulernen. Wenn Leute erstmal eine Beziehung zu dir haben, reißt die Wahrheit eine Lücke in ihre Klischeevorstellungen. Wenn sie dich mögen, öffnen sie sich vielleicht, oder sie setzen sich zumindest mit ihren eigenen Vorurteilen auseinander. Aber wenn du ihnen einfach so vor den Kopf sagst, daß du schwul oder lesbisch bist, treibst du sie in die Enge. Dann geben sie dir nie eine Chance. Sie sehen dich überhaupt nicht als Person. Es ist keine gute Strategie.«

HELENE: »Strategie? Das Leben ist kein Schachspiel. In jedem Leben kommt irgendwann der Moment, in dem du aufhören mußt, strategisch zu denken und dir zu überlegen, was funktionieren könnte und wer was denken könnte. Dann mußt du sagen: ›Das nehme ich nicht mehr hin!‹ Du mußt du selbst sein, hier und jetzt. Das ist Lenas Standort. Über das Versteckspiel ist sie hinaus. Sie ist darüber hinaus, auf das Kommen einer hypothetisch ›gerechten‹ Welt zu warten, in der wir alle frei sein können. Sie *erschafft* diese Welt, indem sie sie jetzt lebt.«

MIKE: »Ich finde, wir sollten über Lenas Verhalten keine Werturteile abgeben. Das steht uns nicht zu. Was sie tut, ist richtig für sie – es könnte für Lena keinen anderen Weg geben. Aber für mich wäre es zweifellos nicht das Richtige. Dieses Werten ist das Schlimmste, was wir einander antun können. Wir müssen die Unterschiede zwischen uns respektieren und würdigen. Wir müssen akzeptieren, daß wir alle woanders stehen in bezug darauf, was wir mitteilen und bewältigen können.«

HELENE: »Ich bin anderer Meinung. Wenn wir nicht urteilen, sind wir moralisch bankrott. Es gibt Dinge in dieser Welt, bei denen man zwischen richtig und falsch, gut und schlecht unterscheiden muß. Es ist falsch, sich zu verstecken. Es ist schlecht, hinter verschlossenen Türen zu leben. Wir müssen uns nicht gegenseitig verdammen und verurteilen. Wir können liebevoll und solidarisch sein. Aber wir müssen uns dennoch gegenseitig antreiben, mit dem Versteckspiel und der Geheimhaltung aufzuhören, die für uns selbst und für die Welt so destruktiv sind.«

Ehrlichkeit – die Frage, wem wir wann was erzählen und warum –, das ist eine komplexe Angelegenheit. Selbst innerhalb einer kleinen Gruppe von Freundinnen und Freunden, die generell ähnliche Auffassungen vertreten, kommen bedeutsame Unterschiede zutage. Clara zieht die Motive in Zweifel, die hinter Lenas Verhalten stehen, während Helene für Lenas Weigerung, sich zu verstecken, die größte Achtung empfindet. Roger meint, Selbstschutz müsse Vorrang vor offener Selbstdarstellung haben, insbesondere wenn man die realen Risiken in Betracht zieht. Rosa legt großen Wert auf Strategie und meint, daß Geduld und die Wahl des richtigen Zeitpunkts die besten Methoden sind, die emotionalen Gewohnheiten und das Denken anderer zu verändern. Helene findet es wichtig, der Ungerechtigkeit direkt, energisch und unmittelbar entgegenzutreten. Mike betont die Bedeutung des Respektierens von Unterschieden. Helene tut »Respekt für Unterschiede« dagegen ungeduldig als Ausrede für Passivität, als Unentschlossenheit oder Mangel an Zvilcourage und Überzeugung ab.

Vielleicht wären Lenas Freundinnen und Freunde einhellig der Meinung, daß Lena am oberen Ende der E.Q.-Skala rangiert (vorausgesetzt, sie sind sich alle darüber einig, daß Ehrlichkeit als »Treue zu sich selbst« zu definieren ist). Aber selbst dann schätzen sie ihre Offenheit möglicherweise nicht allzu günstig ein. Sicher, Lena ist in kühner und couragierter Weise sie selbst, wenn sie sich weigert, ihre Neigungen und ihr frauenzentriertes Leben zu verbergen. Lena neigt aber andererseits dazu, zu ihren Freunden und ihrer Familie Distanz zu halten, und sie läßt vieles unausgesprochen. Sie hat Schwierigkeiten, Menschen, die ihr nahestehen, ihre verletzlichen Seiten zu zeigen, und sie gesteht sich ihre eigene Hilflosigkeit und ihren Wunsch nach Unterstützung selten ein. Sie beschreibt sich als eine Frau, die am liebsten »alles selbst in die Hand nimmt«, und nicht als eine, die an die heilende Kraft des Sich-Mitteilens und des Vertrauens in andere glaubt. Selbst Helene, Lenas beste Freundin, schätzt Lena nicht als eine der »offenherzigsten« Personen innerhalb des Freundeskreises ein.

Glücklicherweise müssen wir uns (oder andere) nicht an einer E.Q.-Skala messen, denn selbst engverbundene Freundinnen und Freunde oder Kollegen sehen einen speziellen Fall von Enthüllung oder Verschweigen nicht notwendigerweise alle in demselben Licht. Wir sind uns vielleicht nicht einmal darüber einig, was Begriffe wie »Wahrheit« oder »Authentizität« bedeuten.

Angesichts der schier unerfüllbaren Aufgabe, die verschlungenen Fäden von Täuschung und Wahrheit zu entwirren, war mir manchmal danach zumute, die Hände über dem Kopf zusammenzuschlagen. Dennoch glaube ich nicht wirklich, oder, genauer gesagt, ich lebe nicht so, als ob Entscheidungen über Wahrhaftigkeit und Täuschung hoffnungslos subjektiv, unendlich komplex und letztlich unquantifizierbar wären. Statt dessen vertraue ich auf mein Unterscheidungsvermögen, das mir sagt, welche Menschen und welche Informationsquellen zuverlässiger sind als andere. Ich wähle aus Überzeugung Menschen zu Freunden, von denen ich annehme, daß sie offen, authentisch und wahrhaftig sind. Ich treffe meine Entscheidungen darüber, in welchen öffentlichen oder privaten Zusammenhängen Menschen mehr – oder weniger – Gelegenheit haben, ihre eigenen Wahrheiten zu entdecken, zu erfinden und mitzuteilen. Ich beobachte die Macht dieser Zusammenhänge, die Geschichten, die wir erzählen, einzuengen und in eine bestimmte Form zu pressen. Aber ich beobachte auch die Macht von Individuen, den Kontext zu übertragen und umzugestalten, neue Geschichten zu erfinden und selbst unter den repressivsten Bedingungen zu neuen Sinnzusammenhängen vorzudringen. In meiner Arbeit als klinische Psychologin und Psychotherapeutin lasse ich mich von diesen Überzeugungen leiten.

Und manchmal – zum Beispiel wenn ich Anita Hill und Clarence Thomas im Fernsehen sehe – erscheint mir die Frage, was richtig und was wahr und was real ist, letzten Endes ganz einfach zu beantworten.

4. Kapitel

Im Namen der Privatsphäre

Meine Freundin kann ihre großen, weichen Brüste nicht leiden. Sie geniert sich deswegen so sehr, daß sie sich nie entspannen kann, wenn sie nackt mit ihrem Mann zusammen ist. Er liebt ihren Körper und hat offenbar nicht die mindeste Ahnung von den Schamgefühlen und der Befangenheit, die sie wegen ihrer Brüste empfindet. Meine Freundin erzählt mir: »Im Bett, auch wenn wir uns nur umarmen, achte ich immer darauf, daß meine Brüste nicht pendeln oder zur Seite wegrutschen. Wenn wir miteinander schlafen, presse ich meine Oberarme eng an den Körper, um ihnen Form zu geben. Ich mache das schon so lange, daß ich gar nicht mehr darüber nachdenke, aber trotzdem weiß ich, daß es meine Erfahrung des körperlichen Zusammenseins mit ihm beeinträchtigt.«

Ihr Mann weiß nichts von ihren Gefühlen. »Es hat keinen Sinn, ihm das alles zu erzählen«, erklärt meine Freundin, »denn dann wäre ich im Bett nur noch angespannter und gehemmter und noch weniger spontan.« Dann spricht sie von einer anderen Angst, die sie selbst als irrational einschätzt. »Wenn ich es ihm sagte, würde er vielleicht überhaupt erst merken, wie formlos und wabbelig meine Brüste wirklich sind. Ich habe Angst, wenn ich ihn darauf aufmerksam machte, könnte er sich abgestoßen fühlen.« Ich sage meiner Freundin, daß sie und ich in dieser Hinsicht sehr unterschiedlich sind, daß ich etwas so Wichtiges nicht vor meinem Mann geheimhalten könnte. Meine Freundin reagiert gereizt auf das Wort »geheimhalten«, denn sie ist davon überzeugt daß es in einer Ehe keine Geheimnisse geben sollte. »Nein«, korrigiert sie mich, »ich habe keine Geheimnisse vor meinem Mann. Wir sprechen hier von persönlichen, privaten Dingen. Ich bin viel introvertierter als du.« Der Meinung bin ich auch, aber ich denke trotzdem, daß sie ein großes Geheimnis vor ihrem Mann hat.

Unser Gespräch regt mich dazu an, den Unterschied zwischen dem Privaten und dem Geheimen für mich selbst zu klären. In der Alltagssprache scheint der Unterschied zwischen beiden Kategorien offensichtlich. Ein Privatweg ist kein Geheimweg. Die bevorstehende Überraschungsparty, die ich für einen Freund plane, ist eine private Veranstaltung und, was den Ehrengast angeht, ein Geheimnis. Im Zusammensein mit Menschen, die wir lieben, ist die Wahrung des persönlichen Spielraums oder der Privatsphäre etwas anderes als das Hüten von Geheimnissen. Aber was meine Freundin als »Privatangelegenheit« bezeichnet, ist für mich eine Sache der Geheimhaltung. Wie unterscheide ich in meinem Privatleben (nicht in meinem Geheimleben) zwischen diesen ineinander verwobenen und sich überschneidenden Vorstellungen?

Privat oder geheim?

Privatheit ist ein Menschenrecht. Mein Recht auf meine Privatsphäre beinhaltet das Recht, den Zugang zu einem emotionalen oder physischen Raum, den ich – ob gerechtfertigterweise sei dahingestellt – als »meinen« betrachte, zu begrenzen. Die Wahrung meiner Privatsphäre schützt mich vor Einmischung von außen und sichert meine Unabhängigkeit als Mensch unter Menschen. Ich will nicht, daß meine Post geöffnet, meine Zeitung gelesen, mein Telefon angezapft, mein Verhalten überwacht, mein Eigentum durchsucht wird, daß meine medizinischen Unterlagen oder mein Sexualleben in der Lokalzeitung veröffentlicht werden. Ich schließe meine Haustür, die Tür zu meinem Arbeitszimmer, die Badezimmertür; in die Wahlkabine gehe ich allein. Ich brauche jeden Tag gewisse Zeitspannen, in denen ich nicht angesprochen, angeschaut oder in irgendeiner Weise beansprucht werde.

Ich schütze meine Privatsphäre nicht, um andere zum Narren zu halten oder zu betrügen. Vielmehr brauche ich meine Privatsphäre in erster Linie, um meine Würde und meine grundlegende Unabhängigkeit als Mensch zu bewahren. Also verteidige ich mein Recht auf meine Privatsphäre, wenn es sein muß auch öffentlich. Andererseits kann ich mich nicht entsinnen, je die Redewendung »mein Recht auf Geheimhaltung« gebraucht zu haben, obwohl ich zweifellos das Recht habe, gewisse Geheimnisse zu wahren – meine eigenen und die anderer Menschen. Man braucht eine Rechtfertigung, um etwas geheimzuhalten, nicht immer – wie bei Lügen –, aber häufig. Im Unterschied dazu ist es die Verletzung der Privatsphäre, nicht ihre Wahrung, die Rechtfertigung verlangt.

Mein Recht auf Privatsphäre beinhaltet auch das Recht, meinen Körper zu schützen, mir alle auf ihn bezogenen Entscheidungen vorzubehalten und ihn vor unerwünschter Kontrolle durch andere oder vor Übergriffen zu bewahren. Die Vorstellung, daß die Regierung mich zwingen könnte, einen Fötus abzutreiben, ist für mich zum Beispiel genauso entsetzlich wie die Vorstellung, sie könnte verfügen, daß mir ein Fötus aus dem Leib gerissen wird. Ich will über meine Fortpflanzung, mein Lieben und mein Sterben frei entscheiden können, ohne die Einmischung des Staates. Wenn ich nicht die Macht über meinen eigenen Körper habe, habe ich nicht die Macht über mein eigenes Leben, und ich bin nicht in der Lage, meine eigenen Wahrheiten zu suchen oder zu definieren.

Es gibt auch einen gewissen physischen Raum um meinen Körper herum, der »mein« Raum ist oder den ich meiner Privatsphäre zurechne. Wenn ich mit jemandem zusammenstehe, der diesen Raum verletzt, trete ich einen Schritt zurück. Als ich einmal zusammen mit einer elegant gekleideten Frau einen leeren, geräumigen Fahrstuhl betrat und sie sich Schulter an Schulter mit mir hinstellte, schrak ich zusammen. Ich trat impulsiv einen Schritt zurück und dachte an eine ältere Frau, die ich in meiner Schulzeit in New York beobachtet hatte. Diese Frau, die vermutlich psychotisch war, wanderte, mit einem geschlossenen Regenschirm bewaffnet, in einer ritualisierten Weise durch die Straßen um den Broadway, in der Nähe der Columbia-Universität. Wenn jemand in den fast greifbar erscheinenden Umkreis ihrer Körpersphäre hineintrat, fuchtelte sie mit ihrem Schirm und vertrieb die Person aus ihrem Territorium, indem sie schrie: »Sie dringen in meinen Lebensraum ein!« Ich erinnerte mich an diese Frau mit zärtlicher Wehmut und identifizierte mich einen Augenblick lang mit ihr, als ich in diesem Fahrstuhl stand, obwohl ich meinen Lebensraum nicht so dramatisch verteidigte.

Dieses Schützen der eigenen Körpersphäre gibt es zwischen den Arten und innerhalb der Arten. Eine Spezies flieht zum Beispiel, wenn eine andere auf eine bestimmte »Fluchtdistanz« nahe kommt; bei einer Eidechse sind das etwa 1,80 m. Innerhalb einer Spezies postieren die einzelnen Tiere sich beim Wachen und beim Schlafen in einer gewissen Entfernung voneinander. »Genug Raum zu haben« ist ein zentraler Aspekt der Privatheit und der Selbsterhaltung. Dafür zu sorgen, daß andere diesen Raum respektieren, ist ebenso ausschlaggebend.

Alida Brill, die ein hervorragendes Buch über das Recht auf Privatsphäre bei Frauen, Homosexuellen und älteren Menschen geschrieben hat, führt uns vor Augen, daß Privatheit ein *Gewährungsrecht* ist, das die einzelnen nur in Anspruch nehmen können, wenn andere es zulassen. Auch wenn wir anderen mit großer Heftigkeit sagen: »Bleib draußen!«, kommt es vor, daß sie unsere Wünsche oder sogar unsere legalen Rechte nicht respektieren. Die Fähigkeit, die eigene Privatsphäre zu schützen, beruht also weitgehend auf Privilegien. Brill spekuliert darüber, daß der Grund, warum ehemalige Sowjetbürger solche Schwierigkeiten damit hatten, das Wort »Privatsphäre« zu übersetzen, nicht nur in der räumlichen Beengtheit, sondern ebensosehr in der politischen Ideologie lag. Die Autorin macht uns darauf aufmerksam, daß Obdachlose bei ihrer Morgentoilette auf öffentlichen Plätzen der Gnade von Fremden ausgeliefert sind, die sie entweder neugierig anstarren oder ihre Augen abwenden, um ihnen zumindest die dünnste Schicht von Privatheit nicht zu nehmen.

Die verletzlichen Gruppen unserer Gesellschaft – die Armen, die Kinder und Alten, die Lesbierinnen und Schwulen, die Farbigen, die Mädchen und Frauen, die Kranken und Behinderten – brauchen das Recht auf ihre Privatsphäre am dringendsten und sind gleichzeitig am meisten durch Übergriffe gefährdet.

Entmachtete Gruppen können nur so viel Recht auf Privatsphäre in Anspruch nehmen, wie jene, die an der Macht sind – das heißt diejenigen, die nicht von ihrer Art sind –, ihnen gewähren. Zum Beispiel werden die bedeutsamsten Entscheidungen darüber, was im Leben von Frauen der Privatsphäre angehören sollte oder nicht, letztlich in rechtlichen und politischen Gremien getroffen, zu denen Frauen als Entscheidungsträgerinnen über ihr eigenes Leben und über die Rechte des Landes keinen Zugang haben.

Da ich die Wahrung meiner Privatsphäre als *mein* Recht betrachte, bin ich, wenn es darum geht, dieses Recht einzufordern oder zu verteidigen, weder zurückhaltend noch auf Geheimhaltung bedacht. Ich artikuliere meine Bedürfnisse nach Privatheit anderen gegenüber offen und direkt. Ich sage: »Klopf bitte an, bevor du hereinkommst«, oder: »Lies nicht meine Post.« Ich sage: »Rück beiseite, ich brauche mehr Platz«, oder: »Das ist meine Privatangelegenheit.« Ich schließe mich einer Demo für das Recht auf Selbstbestimmung an. Oder, das größte Paradoxon: Ich tue öffentlich kund, daß ich abgetrieben habe (eine reine Privatangelegenheit), um dieses grundlegende Recht auf Privatsphäre im Leben von Frauen zu verteidigen. Im Gegensatz dazu hüte ich nicht nur meine Geheimnisse, ich verberge auch die Tatsache, daß ich überhaupt welche habe.

Geheimhaltung beinhaltet immer die Absicht, Informationen vor einer anderen Person zurückzuhalten oder zu verbergen, ebenso wie Lügen immer die Absicht beinhaltet, andere von Dingen zu überzeugen, die wir selbst nicht glauben. Ein Geheimnis über einen langen Zeitraum hinweg zu bewahren kann viel Energie und intensive, aktive Aufmerksamkeit erfordern. Geheimnisse werden durch Schweigen bewahrt, oder sie erfordern permanente Wachsamkeit und ein komplexes Gewebe neuer Täuschungen, mit denen die erste Täuschung gestützt werden muß. Geheimnisse festigen Grenzen, schaffen Bindungen, isolieren, führen zusammen, entfremden. Geheimnisse schaffen Koalitionen, Dreieckskonstellationen, Komplizen und Außenseiter. Ein Geheimnis, das wir hüten, kann uns das Gefühl der Macht, der Überlegenheit, der Besonderheit und der Loyalität geben – oder der Angst, der Schuld, der Belastung und der Scham. Geheimnisse können den liebevollsten und den böswilligsten Absichten dienen. Die Dinge, die wir geheimhalten, können trivial oder lebenswichtig sein, aber wir alle haben schon Geheimnisse bewahrt, unsere eigenen und die anderer, und wir alle wurden schon von den Geheimnissen anderer beeinträchtigt.

Privatheit und Geheimhaltung überschneiden sich in unserem Leben. Wir nehmen unsere Zuflucht zu beiden, um den Fluß von Unabhängigkeit und Zusammengehörigkeit in Beziehungen zu steuern und um uns einen Schutzschild gegen Einmischungen, Reaktionen und Übergriffe zu schaffen. In persönlichen Beziehungen spiegeln sowohl Privatheit als auch Geheimhaltung das Bedürfnis, sichernde Grenzen um das Selbst zu schaffen, indem wir ein gewisses Maß an Kontrolle darüber ausüben, was wir vor anderen verbergen oder offenlegen. Beide geben uns Luft zum Atmen.

Privatheit und Geheimhaltung haben im öffentlichen und im privaten Leben so viele Nuancen und Bedeutungsschichten, daß keine einzelne Definition diesen beiden Begriffen vollkommen gerecht werden oder in allen Fällen zwischen ihnen unterscheiden könnte. Beide Begriffe werden herangezogen, um das Verbergen von Informationen oder Tatbeständen zu rechtfertigen. In meiner Sicht wandelt sich das Private jedoch zum Geheimen, wenn ein Akt absichtlichen Verbergens oder vorsätzlicher Täuschung bedeutsame Auswirkungen auf einen Beziehungsprozeß hat. Für mich ist dies das unterscheidende Merkmal, das »Geheimhaltung« in unserem intimen Leben charakterisiert. Geheimhaltung, wie ich sie hier definiere, ist absichtliches Verbergen, das einen Unterschied ausmacht.

Wenn meine Freundin sich also entschließt, ihre Gefühle über ihre Brüste für sich zu behalten – einer neugierigen Nachbarin oder ihrem Ehemann gegenüber –, schützt sie ihre Privatsphäre, oder sie hütet ein Geheimnis, je nachdem. In der Beziehung zu ihrem Mann, dem Menschen, mit dem sie die größte emotionale und physische Intimität lebt, macht es einen Unterschied aus, ob sie emotional heikle Informationen verbirgt oder offenlegt.

Welchen Unterschied macht es aus, wenn sie ihm vorenthält, daß sie ihre Brüste haßt, daß sie im Bett eine Haltung einnimmt, die ihre Brüste fest erscheinen läßt, daß sie sich dabei nicht entspannen kann, daß sie das vage Gefühl hat, ihn zu täuschen, daß sie fürchtet, er könnte »etwas merken« oder sie weniger lieben, wenn sie losließe und ihm ihre Brüste in ihrer natürlichen Form zeigte? Wenn sie es ihm sagte, würde sie sich zunächst verletzlicher und machtloser fühlen. Ihr Mann könnte so reagieren, wie sie es in ihren schlimmsten Alpträumen vor sich sieht. Aber selbst wenn er wie von Furien gehetzt aus dem Bett spränge mit dem schrillen Aufschrei: »Großer Gott! Schaff mir diese wabbligen Hängebrüste aus den Augen!« – wohin würde der Prozeß der Offenheit und der Wahrheit zwischen ihnen führen, im Lauf der Monate, der Jahre oder eines Lebens, im Vergleich zu, sagen wir, einer Entscheidung von ihrer Seite, nichts zu sagen?

Geheimhaltung schützt meine Freundin davor, sich mit dem vollen Spektrum der Antworten und Reaktionen ihres Mannes auf ihr wahres Selbst zu konzentrieren. Das ist tatsächlich der Sinn der Geheimhaltung. Aber letztendlich verschlimmert Geheimhaltung die schmerzhaften Gefühle, die sie eigentlich abwenden soll. In letzter Konsequenz blockiert sie Entwicklungsmöglichkeiten. Wenn meine Freundin ihre Gefühle nicht offen zum Ausdruck bringen kann, gibt es keine Möglichkeit der Heilung oder der Lösung des Problems, keine Möglichkeit zur Selbst-Akzeptanz und zur tieferen Intimität. Sie wird schließlich aus den Augen verlieren, welchen Spielraum von sexueller Entfaltung sie eigentlich hätte und ausleben könnte. Solange sie ihre Gefühle geheimhält, hat meine Freundin nicht die Chance, von ihrem Mann Trost, Weisheit und Verständnis zu empfangen, sich in den physischen Kontakt mit ihm entspannt hineinzugeben, in dem Wissen, daß sie um ihrer selbst willen geliebt und begehrt wird, und zusammen mit ihm über ihre wabbligen Brüste zu witzeln und zu lachen.

Erst wenn sie ihr Geheimnis aufdeckt, kann sie anfangen, seine Bedeutungsinhalte zu verstehen und zu assimilieren; erst dann kann sie dem Problem ins Auge sehen, es auf ein handhabbares Maß zurückstutzen, es neutralisieren und ihm seine destruktive Macht nehmen.

Mit dem Hüten von Geheimnissen ist immer auch Selbsttäuschung verbunden, weil wir uns nur gestatten, die positiven oder schützenden Funktionen unserer Geheimhaltung wahrzunehmen. Gewöhnlich halten wir Dinge mit der bewußten Absicht geheim, das, was uns lieb und teuer ist, zu bewahren und nicht etwa zu zerstören. Wir haben »unsere Gründe«, ein bestimmtes Geheimnis zu hüten, und vielleicht sind das tatsächlich triftige Gründe. Aber den emotionalen Preis, den ein Geheimnis fordert, erkennen wir immer erst dann, wenn wir es offengelegt haben. Die Auswirkungen der Geheimhaltung oder jeder anderen Form der Täuschung bleiben so lange unklar, bis der Prozeß der Offenlegung und der Wahrheit eingesetzt hat.

Daß meine Freundin ihre Gefühle über ihren Körper geheimhielt, war etwas sehr Bedenkliches, denn der Inhalt ihres Geheimnisses war in emotionaler Hinsicht für sie von großer Bedeutung. Es gibt aber auch Geheimnisse, die über eine Person oder ein Paar hinaus auf ganze Beziehungssysteme ausstrahlen, obwohl die verborgene Information so trivial ist, daß Außenstehende sich fragen würden: »Wozu um einer Bagatelle willen solch einen Aufwand treiben?«

Komplizen und Außenseiter

Vicki kam zu mir, kurz nachdem sie zum zweiten Mal geheiratet hatte. Sam, ihren neuen Partner, einen liebevollen, aufmerksamen Mann, hatte sie durch eine Kleinanzeige kennengelernt, die sie im privaten Anzeigenteil einer Lokalzeitung von Kansas City plaziert hatte. Ein Jahr zuvor hatte Vicki sich aus einer fast zwei Jahrzehnte andauernden unglücklichen Ehe gelöst. Sie beschrieb ihren ersten Mann, Jim, als ironischen, herablassenden und arroganten Typ, der sie pausenlos abwertete. Vicki hatte sich schließlich dazu durchgerungen, ihn zu verlassen, aber sie konnte sich nicht gegen ihn behaupten, weder vor noch nach der Scheidung.

Das Sorgerecht für die beiden Töchter aus der ersten Ehe, die achtzehnjährige Betty und die sechzehnjährige Joey, hatte Vicki. Sie schilderte Joey als »ihre beste Freundin«, während sie Betty als unreif und problematisch betrachtete. Bei unserem ersten Gespräch machte Vicki Witze über die unorthodoxe Weise, auf die sie Sam kennengelernt hatte. Um die Arroganz und die herablassende Haltung ihres ersten Mannes zu charakterisieren, fügte sie hinzu: »Jim würde frohlocken, wenn er davon hörte! Wenn er wüßte, daß ich meinen Mann durch eine Partnerschaftsannonce kennengelernt habe, würde er den ganzen Strom seines Zynismus und seiner Verachtung über mich ergießen.«

Jim würde es jedoch nicht erfahren. Während Joey die wahre Geschichte der Begegnung zwischen Sam und Vicky kannte, wußte Betty nichts davon. »Ich habe Joey gesagt, daß es unter uns bleiben muß«, erklärte Vicki, »und ihr das Versprechen abgenommen, ihrer Schwester oder ihrem Vater nichts davon zu erzählen. Betty kann ich es nicht sagen, denn ich kann mich nicht darauf verlassen, daß sie ihrem Vater gegenüber dichthält.«

»Was werden Sie Betty sagen, wenn sie fragt, wie Sie und Sam sich kennengelernt haben?« fragte ich.

»Sie wird nicht fragen«, antwortete Vicki. »Sie stellt mir nie Fragen.«

Ich insistierte: »Und wenn sie es doch täte?«

»Keine Ahnung«, sagte Vicki schlicht. »Ich würde mir etwas einfallen lassen.«

Manche Geheimnisse sind dramatisch. In vielen Familien werden Dinge geheimgehalten, die für die Identität und den Realitätssinn von Familienmitgliedern von grundlegender Bedeutung sind: Vater ist Alkoholiker, Mutter hatte vor der Ehe schon ein Kind, das sie zur Adoption freigab, die kleine Susie wurde adoptiert, Großmutter liegt im Sterben, Onkel Charlies Tod war gar kein Unfall, ein Kind wird sexuell mißbraucht. Das Aufdecken oder Nicht-Aufdecken so bedeutungsschwerer Geheimnisse kann auf jeden Aspekt des Familienlebens tiefgreifende Auswirkungen haben, für die gegenwärtige Generation und für nachfolgende Generationen.

Im Verhältnis zu den essentiellen Dingen, die in manchen Familien geheimgehalten werden, erscheint Vickis Geheimnis – daß sie ihren zweiten Mann durch eine Partnerschaftsannonce kennenlernte – kaum der Rede wert. Auf die größeren Zusammenhänge bezogen ist die Information, die Vicki so selektiv behandelte, indem sie sie einer Tochter mitteilte, der anderen Tochter und ihrem Exmann jedoch vorenthielt, ziemlich unbedeutend. Dennoch kann das Geheimhalten auch der »alltäglichsten« Informationen in Familien weitreichende Konsequenzen haben, weil das *selektive* Mitteilen und Verbergen der Stoff ist, aus dem in sozialen Gruppen Komplizen und Außenseiter gemacht werden. Der Beziehungsprozeß, der sich durch die Geheimhaltung entwickelt, kann weitaus bedeutsamer sein als der Inhalt des Geheimnisses.

So war es auch in Vickis Familie: Joeys Rolle als »Mutters beste Freundin« ist für jedes junge Mädchen unwiderstehlich. Obwohl Joey die jüngere der Schwestern war, wurde ihr nicht nur das Geheimnis mit der Anzeige anvertraut, sondern sie wußte auch andere kleine Details aus dem Leben ihrer Mutter, die sie »unter vier Augen« erfuhr und die sie ihrer Schwester Betty und ihrem Vater Jim gegenüber nicht erwähnen sollte. Obwohl keines dieser Geheimnisse von großer Bedeutung war, forderte der Prozeß der Geheimniskrämerei seinen Preis.

Zu dem Zeitpunkt, an dem ich mit Vicki zu arbeiten begann, und dann mit Sam und den Kindern, war der emotionale Preis, den Betty zahlte, bereits offensichtlich. Betty war die »Außenseiterin« der Familie, diejenige, die nicht Bescheid wußte. Sie lernte, nicht zu fragen, den Blick abzuwenden, ihre eigene Neugier und ihren Realitätssinn zu unterdrücken. Für Betty wurde es auch zunehmend schwieriger, ihre Fähigkeiten zu zeigen, da die Familie sie nicht einbezog und somit als inkompetent behandelte.

Natürlich spürte Betty, daß Joey bei der Mutter eine Sonderstellung einnahm, und sie machte ihre Schwester für ihre eigenen verletzten Gefühle verantwortlich. Joey vertiefte durch ihr Einverständnis, Informationen vor ihrer Schwester zurückzuhalten, die emotionale Kluft, die zwischen ihnen bestand.

Auch Joeys Verbindung zu Jim, ihrem Vater, war schwer beeinträchtigt. Die vielen »Sag's-deinem-Vater-nicht«-Botschaften luden Joey dazu ein, sich konsequent auf die Seite ihrer Mutter zu stellen auf Kosten der Beziehung zu ihrem Vater. Joey hatte das Gefühl, »für Mutter« sein zu müssen, und konnte sich nicht frei fühlen, in allen Beziehungen sie selbst zu sein.

Vickis Persönlichkeitsentwicklung war ebenfalls gefährdet. Indem sie ihre Tochter Joey zwischen sich und ihre Probleme mit ihrem Exmann stellte (»Sag deinem Vater *nichts*, was er gegen mich verwenden könnte«), wich sie der Herausforderung aus, sich direkt mit Jim auseinanderzusetzen. Ihre Reaktivität und ihr hilfloses Verhalten in der Konfrontation mit Jims überkritischer Haltung hatten sich nach der Scheidung nicht verändert. Also gab sie ihm immer noch zuviel Macht über sich und machte ihn im emotionalen Leben ihrer neuen Familie zu bedeutend. Vicki verhielt sich so, als könnte sie keinen Weg finden, Jim die Stirn zu bieten, ihm gegenüber wahrhaftig zu sein, ihre Schlagfertigkeit und ihren wundervollen Humor einzusetzen, um direkt auf jede mögliche arrogante Bemerkung, die er über die Partnerschaftsanzeige oder andere Dinge machen könnte, zu antworten. Solange Vickie nicht lernte, Jim gegenüber ihren Standort zu behaupten – was ihr dann schließlich doch gelang –, blieb sie emotional an ihn fixiert.

Sams Eintritt in die Familie war durch das Geheimnis um die Anzeige, das ihn auch betraf, ebenfalls vergiftet. Zuerst konnte Sam seine Gefühle nicht artikulieren, sondern spürte nur, daß er sich mit der Forderung, seinerseits selektiv zu verheimlichen, wie er seine Frau kennengelernt hatte, unbehaglich fühlte. Er hatte gar nicht den Drang, diese Information zu verbreiten, und verschwendete keinen Gedanken darauf. Aber tief in seinem Inneren wußte Sam, daß Jims Schatten durch die Geheimniskrämerei über der neuen Ehe hing und daß seine Beziehung zu seinen beiden Stieftöchtern Joey (zu der er offen sein konnte) und Betty (der er nichts sagen durfte) eine merkwürdige Schieflage bekam. Obwohl es um etwas Unbedeutendes ging, hatte Sam durch seine Beteiligung an der Geheimniskrämerei das Gefühl, daß er sein neues Familienleben nicht in ganz ehrlicher und korrekter Weise begann. Es spricht für Sam, daß er Vicki schließlich deutlich sagte, was er davon hielt. Er drückte seinen Wunsch und später seine feste Absicht aus, bei der Geheimniskrämerei nicht mehr mitzumachen.

Niemand in dieser Familie hatte die bewußte Absicht, zu verletzen, Fronten zu schaffen oder jemanden auszuschließen. Aber als sie zu mir in die Beratung kamen, waren sie alle tief verunsichert, und jede Beziehung innerhalb der Familie war gefährdet. Das Geheimnis brachte einige Familienmitglieder einander näher, aber auf Kosten anderer Familienmitglieder und anderer familiärer Beziehungen. Wenn unser Handeln auf Kosten anderer geht, gefährden wir auch unser eigenes Selbst.

Das Private und das Patriarchale

Ich habe Geheimhaltung von Privatheit unterschieden und als absichtliches Verbergen definiert, das im Beziehungsprozeß etwas bewirkt. Wenn ich für mich selbst einzuschätzen versuche, ob etwas »meine Privatangelegenheit« ist, oder ob ich etwas geheimhalte, sagen wir vor meinem Mann, ist dies das Kriterium, das ich anlege. Wenn wir es aber mit der Komplexität des wirklichen Lebens zu tun haben, bricht diese saubere Unterscheidung zwischen Privatheit und Geheimhaltung zusammen. Auch Privatheit kann ein Verbergen beinhalten, das die Dinge verändert. Vielleicht berufen wir uns auf den Begriff des Privaten, um Geheimhaltung zu rechtfertigen und so zu tun, als verändere sich dadurch nichts.

Selbst wenn wir ein »eindeutiges« Beispiel für eine Privatangelegenheit vor uns haben, kann das Verbergen dennoch etwas bewirken. In unserer so sehr von der Scham bestimmten Kultur üben Frauen (wie meine Freundin mit den wabbligen Brüsten) ihr Recht auf Wahrung der Privatsphäre nicht nur aus freier Entscheidung und um ihrer selbst willen aus. Wenn wir untereinander sagen oder uns selbst sagen, »das ist meine Privatangelegenheit« oder »das ist meine Sache«, drücken wir damit ein grundlegendes Menschenrecht aus. Aber gleichzeitig erhalten wir damit vielleicht auch Lügen am Leben, die ein Teil unserer Unterdrückung sind, statt unsere individuelle Freiheit einzufordern. Unter dem Deckmantel der Privatheit enthalten wir einander unsere wahren Erfahrungen vor. Wir versagen es uns, das Persönliche oder Private in einer Weise zu durchleuchten, die uns herausfordern würde, neue Wahrheiten zu suchen und unsere alten Wahrheiten zu revidieren.

Unter dem Patriarchat – der einzigen Gesellschaftsform, die wir aus eigener Erfahrung kennen – ist das Wahren der Privatsphäre (eine legitimierte Form des Schweigens) sowohl notwendig als auch gefährlich. Privatheit ist nicht nur deshalb notwendig, weil sie ein menschliches Bedürfnis ist, sondern auch, weil das offene Wort und das offene Sich-Zeigen für einige von uns ein emotionales und physisches Risiko darstellen kann. Privatheit ist jedoch auch gefährlich, denn wenn wir es unterlassen, unsere privatesten und persönlichsten Erfahrungen auszutauschen, isoliert und beschämt uns das und hält uns in den engstirnigen und falschen Mythen über die weibliche Erfahrung gefangen. Die Frauenbewegung lehrte uns: Das Beschämendste und Privateste stellt sich plötzlich als universell und allgemein heraus, wenn wir den Schritt tun, es offen auszusprechen. Die allgemeine Vergleichbarkeit der weiblichen Erfahrung erlaubt uns, alte Lügen zu entlarven und Raum für Wahrheit zu schaffen.

Sehen wir uns meine Unterhaltung mit meiner Freundin, die ihre Brüste haßt, noch einmal genauer an. In diesem Gespräch offenbarte sie Gefühle, die sie noch nie zuvor jemandem anvertraut hatte. Sie hatte sich oft über ihren Körper beklagt, aber in einer komischen, selbstironischen Weise, die ihre Scham maskierte. Nun zeigte sie authentische Gefühle, Bestimmtheit und Ernst.

Ein besonderer Vorfall hatte diesen Schritt in Richtung größerer Wahrhaftigkeit ausgelöst. Zuvor, an demselben Abend, hatte ich in der Stadt, in der sie lebte, einen Vortrag gehalten, und sie war gekommen, um ihn zu hören. Mein Thema lautete: »Die Ratgeber-Industrie für Frauen – gefährdet sie Ihre Gesundheit?« Während des Vortrags mokierte ich mich darüber, daß Ratgeber-Bücher für Frauen uns so wundervolle Tips geben wie: »Pressen Sie beim Sex die Arme fest an den Körper, so daß Ihre Brüste nicht verschwinden oder in die Achselhöhlen rutschen.« Bei diesen Worten gab es hie und da kleine Lachsalven im Saal. Innerhalb von Sekunden hallte das ungehemmte Lachen der Frauen von den Wänden wider, und es gab spontanen Applaus.

Meine Freundin erzählte mir später, schon dieses Erlebnis allein sei für sie den Eintrittspreis wert gewesen. Es war nicht einmal der Witz, der ihr so sehr gefallen hatte, sondern die Erfahrung, zwischen Hunderten von Frauen aller Altersstufen, Größen und Körperformen zu sitzen und Teil der gemeinsamen Reaktion zu sein, die wie eine Welle durch den Raum ging. In diesem Augenblick des unwiderstehlich ansteckenden Gelächters wußte jede Frau, daß sie nicht die einzige war, die ihre Brüste »in Position brachte« oder sich Sorgen über ihr Aussehen machte, wenn sie mit einem Liebhaber im Bett lag.

Meine Freundin empfand Freude und Erleichterung dabei, daß das Private zum Öffentlichen, das Beschämende zum Albernen, das Persönliche zum Politischen gemacht wurde. Sie war nicht die einzige und sicherlich nicht die erste, die in einer besonderen Art mit besonderen Gefühlen kämpfte. Das Nachlassen der Schamgefühle, das eine solche Erkenntnis immer begleitet, brachte sie an diesem Abend dazu, sich offen auszusprechen. Ihrem Mann hatte sie nichts darüber gesagt, weil sie dazu noch nicht bereit war. Aber daß sie mit mir offen über dieses Thema sprach, war vielleicht schon ein Schritt in diese Richtung. Der nächste Schritt könnte meine Freundin – und alle Frauen – dahin bringen, den Kontext zu erweitern. Warum sind wir – so viele von uns jedenfalls – so unzufrieden mit unseren Brüsten? Die Erkenntnis der Gemeinsamkeit in unseren Erfahrungen hilft uns dabei, uns nicht mehr selbst zu pathologisieren. Statt in der Vereinzelung zu bleiben, unseren Blick auf einen kleinen Teilaspekt zu richten und zu fragen: »Was stimmt nicht mit mir?«, können wir anfangen, andere Fragen zu stellen wie: »Wer behauptet das eigentlich?« – »Welche Gruppe von Menschen hat diese Realität für uns geschaffen?« – »Was will diese Gruppe damit erreichen?« – »Was würde sich ändern, wenn wir aufhörten, diese Botschaften ernst zu nehmen?«

Fragen wie diese schaffen allmählich einen neuen Kontext, in dem jede Frau anfangen kann, die Wahrheit über sich selbst zu entdecken und sie laut zu äußern. Dieser Prozeß verläuft zyklisch und geht immer weiter. Wenn eine Frau die Wahrheit ausspricht – aus ihrem privaten oder geheimen Selbst heraus –, schafft sie Raum für mehr Wahrheit in ihrer Umwelt.

5. Kapitel

Die seltsame Sache mit der geheimen Körperöffnung

Im Sommer 1970 saß ich in Berkeley in Kalifornien mit etwa zwanzig Frauen zusammen. Wir waren dabei, Diskussions- und Selbsterfahrungsgruppen für Frauen zu begründen. Eine der anwesenden Frauen fragte, wer von uns noch nie einen Orgasmus vorgespielt habe. Ich weiß nicht, ob sie eine Erhebung durchführte oder einfach neugierig war.

Nur wenige Frauen hoben die Hände. Damals erschien mir das Vortäuschen von Orgasmen nicht als ein besonders bemerkenswertes Problem. Wenn Frauen das machten, taten sie nur, was die Kultur ihnen beigebracht hatte: Um einen Mann zu bekommen und zu halten, mußte eine Frau das männliche Ego aufbauen und in doppelter Größe widerspiegeln, mußte die Geschichten, die der Mann erzählte, mit großen, glänzenden Augen anhören, ganz gleich, wie sterbenslangweilig sie waren.

Ich wurde dazu erzogen, Männern etwas vorzuspielen. Dieses Vorspielen war so natürlich wie das Atmen und so normal wie gute Manieren. In meinen Jugendjahren in Brooklyn nahm ich diese Aufgabe sehr ernst. Als ich in der sechsten Klasse war, machte eine Lehrerin uns Mädchen gegenüber einmal die Bemerkung, daß Jungen es niedlich fänden, wenn Mädchen in Briefen oder Zettelchen mit Botschaften an sie schwierige Wörter falsch schrieben. Also zog ich fortan immer ein Lexikon zu Rate, wenn ich einem Jungen eine Botschaft zukommen ließ, um sicher zu sein, daß ich in schwierigen Wörtern Fehler eingebaut hatte. Der Rat meiner Lehrerin, so idiotisch er sich heute anhört, spiegelte nur die typische präfeministische weibliche Erziehung dieser Zeit; Mädchen und Frauen wurden dazu angeleitet, klug genug zu sein, um einen Mann »einzufangen«, aber nie klüger zu sein als er und sich nie als die Überlegene zu erweisen. Frauen wurden dazu angehalten, Schwäche, Hilflosigkeit und Abhängigkeit vorzutäuschen, sofern sie nicht in der glücklichen Lage waren, ohnehin über diese Eigenschaften zu verfügen. Dazu ein Zitat von einer Expertin in Sachen weiblicher Popularität, Arlene Dahl, deren Buch *Always Ask a Man* (Frag immer einen Mann) den Weg in meine Privatbibliothek fand:

»Die erfolgreiche feminine Frau läßt ihre Kompetenz nie in Konkurrenz mit ihrer Weiblichkeit treten. Stehlen Sie einem Mann nie die Show! Überbieten Sie seine Witze nicht, selbst wenn Sie sich auf die Zunge beißen müssen. Geben Sie nie laut Ihre Meinung über ein Thema kund ... Locken Sie statt dessen seine Ansichten aus ihm hervor, zu denen Sie von Zeit zu Zeit kleine anmutige Fußnoten anbringen können. Wenn Sie rauchen, nehmen Sie grundsätzlich keine Streichhölzer mit. Im Restaurant überlassen Sie am besten Ihrem Partner die Bestellung. Vielleicht wissen Sie mehr über gute Weine als der Weinkellner, aber wenn Sie klug sind, lassen Sie den Mann den Wein aussuchen und zeigen helle Begeisterung über seine Wahl, selbst wenn der Wein wie Shampoo schmeckt.«

So wie ich die Dinge 1970 sah, war das Vorspiegeln von Orgasmen nichts anderes und kaum alarmierender als sich auf die Zunge zu beißen (die Formulierung vermittelt einen Eindruck von der qualvollen Aktivität, die hinter der »weiblichen Passivität« steht) oder mit Begeisterung Wein zu schlucken, der wie Shampoo schmeckt. Diese Verhaltensweisen waren aus meiner Sicht nichts anderes als die vorgeschriebene Etikette für Mittelschicht-Frauen, wie ich es war, Manöver, die wir wie eine falsche Haut abstreifen konnten, sobald wir den Weg in eine gute Beziehung gefunden hatten.

Ich war nicht in der Lage, die enorme unbewußte Macht der paradoxen Regel, die hinter diesen kulturellen Lehren steht, zu erkennen: Der Regel, daß wir Frauen Männer oder unsere Beziehung zu Männern stärken sollten, indem wir auf unsere eigene Stärke verzichten, daß jedes andere Handeln oder Handeln in Übereinstimmung mit uns selbst unweiblich, unschön, kastrierend, destruktiv, ja für Männer sogar lebensbedrohlich wäre. Ich begriff nicht, bis zu welchem Grad wir Frauen diese Regel internalisiert hatten und unbewußt in anderen Beziehungen ausspielten – nicht nur mit Männern, die unserem Glauben nach permanente Bestätigung ihrer Männlichkeit brauchten, oder jenen, die wirtschaftliche Macht über uns hatten (wie Ehemänner und Chefs), sondern auch in unseren Beziehungen zu unseren Schwestern, Müttern, besten Freundinnen, weiblichen Geliebten. Ich dachte nicht viel darüber nach, wie furchtbar es sich auf unser Leben – und auch auf das Leben von Männern – auswirkte, wenn wir uns nicht wie authentische Frauen verhielten, sondern wie Darstellerinnen kultureller Weiblichkeitsklischees.

Und erst einige Monate später, nachdem die Frau in der Gruppe die Frage nach dem Vorspiegeln von Orgasmen aufgeworfen hatte, kam mir dieses Thema wieder ins Blickfeld, diesmal zu Beginn meiner Praxis als Psychotherapeutin.

Eine meiner Klientinnen, eine zweiundzwanzigjährige Studentin namens Krista, hatte mir etwas Wichtiges zu sagen, konnte sich aber nicht dazu durchringen, es laut auszusprechen. Seit Jahren empfand sie tiefe, nagende Schamgefühle wegen eines Geheimnisses, das sie mit sich herumtrug. Als frischgebackene Therapeutin wollte ich Krista helfen, indem ich ihr die Wahl des Zeitpunkts, an dem sie bereit war, ihr Geheimnis zu lüften, selbst überließ. Unsere gemeinsame therapeutische Arbeit war jedoch zeitlich begrenzt, und schließlich kam es dahin, daß ich sie drängte, die Karten auf den Tisch zu legen. Ich wußte nicht, was mich erwartete.

Das Geheimnis, das Krista schließlich enthüllte, war, daß sie beim Geschlechtsverkehr nicht zum Orgasmus kommen konnte, wenn sie nicht gleichzeitig ihre Klitoris stimulierte. Ich gestehe, daß ich mit einer aufregenderen Enthüllung gerechnet hatte. Was mir allerdings an Kristas schlichtem physischem Bedürfnis spannend erschien, war ihr intensives Schamgefühl. Seit Jahren hatte sie darüber geschwiegen und hatte tatsächlich vor mir niemandem davon erzählt – nicht den Frauen in ihrer Frauengruppe, nicht ihren männlichen Partnern, nicht ihren engsten Freundinnen. »Warum?« fragte ich sie.

Zunächst einmal glaubte Krista, sie sei die einzige Frau in San Francisco, in den Vereinigten Staaten oder auf dem ganzen Planeten, die während des Geschlechtsverkehrs ihre Klitoris stimulieren mußte, um einen Orgasmus zu bekommen. Hier hatte ich also eine Frau, die ihrem langjährigen Partner den Orgasmus vorspielte, weil sie während des romantischen Liebesakts mit ihm doch nicht *so etwas* tun konnte. Es würde das emotionale Klima zerstören, erklärte Krista, und außerdem fürchtete sie, wenn er es wüßte, würde sie ihn schließlich an eine »richtige Frau« verlieren, die nicht unter dieser bedauerlichen Komplikation litt.

Zweitens empfand Krista Scham dabei, das Wort »Klitoris« laut auszusprechen, weil sie es bis zu dem Augenblick, in dem sie es mir gegenüber äußerste (und ich es wiederholte), nie gesprochen gehört hatte. Sie war nicht einmal sicher, wie man es aussprach. Niemand hatte ihr je gesagt, daß sie eine Klitoris hatte. Krista hatte dieses merkwürdige Schweigen so interpretiert, daß dieser sehr reale Teil ihres Körpers, dieser bedeutende Aspekt ihrer Sexualität, tabu, unaussprechlich, seltsam, vielleicht sogar grotesk sei.

In den siebziger Jahren wurden solche Gefühle von Psychoanalytikern als Ausdruck von »Penisneid« betrachtet. Aber als mein Supervisionsanalytiker mir nahelegte, daß Krista sich unbewußt einen Penis wünschte, daß sie ein Mann sein wolle, hörte ich mir das an, konnte für mich aber nichts damit anfangen. Meiner Meinung nach wollte Krista die Erlaubnis haben, eine Frau zu sein. Sie wollte in erster Linie sie selbst sein.

Etwa um diese Zeit wurde mir allmählich klar, daß die weitverbreitete Praxis von Frauen, den Orgasmus vorzutäuschen (oder mehr sexuelle Lust vorzuspielen, als sie tatsächlich fühlen), ein Akt von tieferer Bedeutung ist: Er zeigt den kulturellen Druck, unter dem wir Frauen stehen, uns mehr um die Lust zu kümmern, die wir in anderen erregen, als um die Lust, die wir selbst fühlen könnten. Das Vortäuschen von Orgasmen ist ein wichtiges Beispiel der Täuschung, die das Ego unserer Sexualpartner aufbaut und ihre Empfindlichkeit schützt – auf Kosten unseres eigenen Selbst. Sie spiegelt die Mythen wider, die wir darüber verinnerlicht haben, was Männer von Frauen brauchen und was sie gerechtfertigterweise von Frauen erwarten können.

Kristas Muster des Vorspiegelns hing auch damit zusammen, daß sie unfähig war, ihre Klitoris als natürlichen Aspekt ihrer Sexualität wahrzunehmen. Ihr Schweigen und ihr Mangel an Authentizität waren nicht einfach das Merkmal einer individuellen

Neurose; es spiegelten sich darin vielmehr die kulturelle Gewohnheit, weibliche Genitalien falsch zu benennen, und die vorherrschenden Überzeugungen dieser Zeit. Damals betrachteten viele meiner Psychoanalytikerkollegen die Klitoris immer noch als ein verkümmertes Organ, das in der erwachsenen Sexualität keine Rolle spiele; Frauen, die der vaginalen die klitoriale Stimulation vorzogen, wurden als »maskulin« oder »phallisch« bezeichnet (ebenso wie Frauen, die Naturwissenschaftlerinnen oder Ingenieurinnen werden wollten), und man attestierte ihnen »Penisneid« oder sexuelle Unreife. Obwohl die Studien von Masters und Johnson aus den sechziger Jahren diesen Sichtweisen den Boden entzogen (warum fragten sie *uns* eigentlich nicht?), hielten sich die traditionellen freudianischen Auffassungen mit großer Beharrlichkeit. Kristas Gefühl, daß ihre Klitoris kein zentraler oder auch nur legitimer Aspekt ihrer Sexualität sei, hatte seine Parallelen in den Expertenmeinungen dieser Zeit, die dasselbe behaupteten.

Die psychoanalytische Theorie wurde seither in dieser Hinsicht revidiert, aber dennoch hat sich nicht viel geändert. Was wir zwischen den Beinen haben, wird von der Kultur der dominanten Gruppe immer noch falsch benannt oder gar nicht benannt, und Frauen machen bei dieser Lüge immer noch mit. Ich habe oft gedacht, daß hier vielleicht der wirklich folgenschwere Betrug beginnt.

Also, was haben kleine Mädchen wirklich?

Eines Tages wurde ich im Haus des örtlichen YWCA Zeugin der folgenden Unterhaltung:

»Das ist ein Penis, nicht wahr, Mami?« fragte ein kleines Mädchen im Vorschulalter mit heller, lauter Stimme und zeigte dabei auf einen nackten kleinen Jungen im Umkleideraum. Die Mutter, von der unverhüllten Neugier ihrer Tochter eher amüsiert als peinlich berührt, bestätigte das.

»Und was ist das?« fragte die Kleine weiter und zeigte nun auf den Unterleib eines nackten Mädchens, das in der Nähe stand. »Das ist eine Vagina«, antwortete die Mutter in dem gezwungen fröhlichen Ton, den Erwachsene anschlagen, wenn sie mit kleinen Kindern oder mit alten Leuten sprechen.

Ich räusperte mich und wollte gerade zu einer Rede ansetzen, hielt mich aber dann zurück. Wir befanden uns im Jahr 1990; ich hatte den Impuls, auf diese Mutter zuzugehen und ihr zu sagen: »Hey, ich sehe was, was du nicht siehst«, oder: »Vagina! Sie scherzen wohl? Haben Sie etwa Röntgenaugen, gute Frau?« Aber abgesehen davon, daß ich meine Freundinnen und Freunde nerve, versuche ich, mich an öffentlichen Orten damit zurückzuhalten, die Sprache anderer Leute zu korrigieren. Jetzt, zwei Jahrzehnte nachdem Krista bei mir in Psychotherapie war, weiß ich, daß der falsche Gebrauch des Wortes »Vagina« sich mit bemerkenswerter Hartnäckigkeit hält.

Die meisten von uns wuchsen mit irgendeiner Variation des Satzes »Jungen haben einen Penis und Mädchen haben eine Vagina« auf. Dazu wieder ein Zitat aus meiner Privatbibliothek: »Ein Mädchen hat zwei Eierstöcke, einen Uterus und eine Vagina; das sind ihre Sexualorgane. Die Sexualorgane des Jungen sind der Penis und die Testikel. Eine der ersten Veränderungen am Körper des Mädchens während der Pubertät ist das Wachstum der Schamhaare um die Vaginaöffnung.« Eine so partielle und mißverständliche Benennung der weiblichen Genitalien könnte jedes pubertierende Mädchen dazu veranlassen, sich mit einem Spiegel auf dem Badezimmerfußboden niederzulassen und zu dem Schluß zu kommen, daß sie eine Mißgeburt ist. Maya Angelou erzählt in ihrem autobiographischen Buch *I Know Why the Caged Bird Sings* (»Ich weiß, warum der Vogel im Käfig singt«) von einem solchen traumatischen Erlebnis.

Die weitverbreitete Praxis, weibliche Genitalien falsch zu benennen, ist in ihren Folgen fast so verblüffend wie das Schweigen, das diese Tatsache umgibt. Es ist wahr, daß man in Amerika die Klitoris und die Schamlippen nicht beschneidet oder entfernt, wie es in anderen Kulturen an zahllosen Mädchen und Frauen praktiziert wird. Wir erledigen diesen Job nur nicht mit dem Messer, sondern mit der Sprache – eine psychische genitale Verstümmelung, wenn Sie so wollen, ist die Folge. Die Sprache kann genauso scharf und schnell sein wie das chirurgische Skalpell. Was nicht benannt wird, existiert nicht.

Wie konnte Krista – oder jede andere Frau – sich legitim als sexuelles Wesen erfahren, wenn ihr von Kindheit an vermittelt wurde, daß sie eine Vagina hat (die im Körperinneren liegt und schwer anzuschauen ist), aber nicht, daß sie eine Vulva hat, zu der die Schamlippen und die Klitoris gehören? Was bedeutet es für ein kleines Mädchen, ihre Klitoris als die primäre Quelle sexueller Stimulation und sexueller Lust zu erfahren, aber keine Sprache zur Verfügung zu haben, die diese Realität benennt oder bestätigt? (Nur Jungen haben etwas »außen«.) Was wird aus Freuds Begriff vom »Penisneid«, wenn wir in Betracht ziehen, daß zu seiner Zeit die Wörter »Klitoris«, »Vulva« und »Labien« im Lexikon nicht vorkamen, und wenn wir bedenken, daß in diesem Land bis heute das einzige Wort, das der »Webster« für die weiblichen Genitalien angibt, »Vagina« lautet? Wer entscheidet darüber, welche Wörter in ein Lexikon aufgenommen werden und was real ist?

Bis heute sagen meine Kollegen »Vagina«, wenn sie »Vulva« meinen. Und genauso macht es die Mehrzahl der vorwiegend weißen Mittelschicht-Eltern, die ich im Lauf der Jahre informell befragte, seit ich mit Krista arbeitete. Die meisten Menschen gebrauchen immer noch das unzutreffende Wort »Vagina«, um zu bezeichnen, »was Mädchen haben«; viele durchaus gebildete Eltern sagten sogar, sie hätten das Wort nie zuvor gehört, und eine große Zahl meinte, »Vulva« sei der Name eines schwedischen Automobils. Kürzlich wurde bei meiner Freundin Nancy vestibulare Adonitis diagnostiziert, eine seltene Erkrankung der unaussprechlichen Körperteile. Als sie bei den National Institutes of Health (der staatlichen Gesundheitsbehörde) anrief, um mehr Informationen über diese Krankheit einzuholen, erklärte sie der Frau, die ihren Anruf entgegennahm, die Fakten. »Vulva?« fragte die Frau verdrossen zurück. »Vulva, was soll das sein? Herz und Lunge?«

Jene, die Kenntnis von den korrekten Begriffen haben, geben die phantasievollsten Erklärungen dafür ab, warum sie sie nicht benutzen. »Wenn ich meiner Tochter etwas über ihre Klitoris sage, hört sich das an, als forderte ich sie zum Masturbieren auf.« – »Ich kann doch um etwas so Winziges (die Klitoris) kein großes Aufhebens machen, wenn ich nicht einmal sicher bin, wie das Wort ausgesprochen wird.« – »Vulva ist ein medizinischer Begriff, und ich möchte meine Tochter nicht mit Begriffen belasten, die ihre Freundinnen nicht kennen.« – »Sie wird es in ihrer Klasse herumerzählen, und was machen wir dann?« –

»Vulva und Klitoris sind technische Begriffe« (das kam von Eltern, die ihrer kleinen Tochter unter anderem den Begriff »Ovarien« beigebracht hatten). Und von einem besonders freimütigen Vater: »Ich möchte nicht, daß meine Tochter eine Sex-Besessene wird oder in dem Glauben aufwächst, daß Männer durch einen Vibrator ersetzt werden könnten.«

Es geht hier nicht nur darum, daß privilegierte Männer, die Schöpfer von Sprache und Sprachbedeutung, Frauen ihren männlichen unbewußten Wünschen, Ängsten und Phantasien gemäß benannt und bezeichnet haben. Es geht auch darum, daß wir noch nicht fähig sind, die Klarheit und den Mut aufzubringen, »Vulva« zu sagen, wenn wir die Vulva meinen, und »Vagina« zu sagen, wenn wir die Vagina meinen. Das ist nicht nur eine Frage der tiefsten Ebene von Wahrhaftigkeit. Wenn wir unseren Töchtern nicht sagen können, wie ihre Sexualorgane wirklich aussehen, dann fordern wir jede neue Generation von Frauen dazu auf, mit Täuschungen zu arbeiten und ihre Sprache, ihre Gedanken und ihre Empfindungen zu vernebeln.

Natürlich ist das Thema »Vulva« nur eines unter zahllosen Beispielen dafür, wie weibliche Erfahrung verzerrt, verleugnet und verfälscht wird, wenn wir sie falsch benennen oder gänzlich verschweigen. Dieses spezielle Beispiel bringt uns zu dem kleinen Mädchen im Umkleideraum zurück, das ihre Mutter fragte: »Und was ist das?«

Wie würden Sie antworten?

Das Problem neu benennen

Ich kann mich nicht erinnern, Krista damals, vor so langer Zeit, in der therapeutischen Arbeit mit ihr irgendwelche brillanten Einsichten vermittelt zu haben. Ich weiß aber noch, daß ich sie ermutigte, ihr Geheimnis zu lüften und ihr Schweigen zu beenden, und das tat sie auch. In der nächsten Therapiestunde, nachdem sie mir ihr Geheimnis offenbart hatte, erzählte sie, daß sie in ihrer Frauengruppe ein offenes Gespräch über Sex initiiert und dabei erfahren hatte, daß etwa die Hälfte der dort anwesenden Frauen klitorale Stimulation brauchten, um während des Geschlechtsverkehrs zum Orgasmus zu kommen. Ich interpretierte diese Information so, daß die Frauen während des Sexualakts ihre Klitoris stimulierten oder auf andere Weise für die Befriedigung ihrer Bedürfnisse sorgten, aber ich irrte mich. Krista erklärte weiter, daß alle diese Frauen, genau wie sie selbst, den Orgasmus vorspielten. »Sie können sich nicht vorstellen, wie erleichtert ich war, als ich feststellte, daß eine ganze Menge Frauen dasselbe Problem haben wie ich«, sagte Krista.

»Und was ist das Problem, in Ihrer Sicht?« fragte ich. »Daß wir nicht auf normale Weise zum Orgasmus kommen können«, antwortete Krista in sachlichem Ton.

»Und wer sagt, was normal ist?« fragte ich weiter. Ich erinnere mich an dieses spezielle Gespräch, weil ich damals darauf aufmerksam wurde, wie sehr sich sogar die »wissenschaftliche Auseinandersetzung« mit der weiblichen Psychologie im Kreis drehte. Wenn etwas einmal als »unweiblich« oder »geschlechts-unangemessen« definiert war, konnten die alten Regeln nicht leicht außer Kraft gesetzt werden. Wenn Frauen von den Theorien über »weibliches Verhalten« abwichen, bestätigten die Ausnahmen nur die Regel, anstatt Anlaß zum Nachfragen zu sein. Und es waren die Frauen, nicht die Theorien, die in Zweifel gezogen wurden. Frauen versuchten immer noch, sich den vorherrschenden Theorien der Zeit anzupassen, statt neue Theorien zu erarbeiten, die ihren eigenen Erfahrungen entsprachen.

Ich hatte das Gefühl, für Krista keine besondere Hilfe zu sein, vielleicht weil ich als Psychotherapeutin erst am Anfang stand. Zweifellos regte sie meine Denkprozesse mehr an als ich die ihren. Aber ihre Frauengruppe machte einen großen Sprung nach vorn in der Auseinandersetzung mit dem Orgasmusproblem, als die Frauen sich später zu fragen begannen, wer die Kriterien eigentlich aufstellt.

Es war die Frauengruppe, die Krista half, ihr Problem neu zu formulieren, ein Problem, das nicht auf eine beschämende Anomalie zurückging, sondern auf die eingeengten und falschen Definitionen weiblicher Sexualität, die Krista hingenommen hatte, ohne sie zu hinterfragen. Bald konnte sie ihr Dilemma artikulieren, ohne sich selbst zu pathologisieren: Sollte sie offen mit ihrem Freund sprechen, ihre eigenen sexuellen Bedürfnisse geltend machen und riskieren, daß er sich von ihr distanzierte? Oder sollte sie den Orgasmus weiterhin vortäuschen, um den Status quo zu erhalten? Krista entschied sich für das letztere.

Das war 1970. Für Krista und mich fing die Frauenbewegung gerade an.

Unschuldige Täuschung?

Obwohl Lügen in sexuellen Dingen von vielen Menschen als unethisch betrachtet wird (zum Beispiel das Abstreiten einer bestehenden Affäre), wird »so tun als ob« nicht mit derselben Geringschätzigkeit betrachtet. Mit Wörtern wie »vorspiegeln« oder »schauspielern« wird eine gewisse Raffinesse oder Frivolität assoziiert; sie erwecken den Eindruck von Diskretion, damenhaftem Verhalten oder sogar guten Manieren. Frauen erzählen mir immer noch, daß sie das Vortäuschen sexueller Lust als unproblematisch betrachten, als etwas, das Frauen nun einmal tun und das im übrigen nicht einmal eine schlechte Idee ist. Vor nicht allzulanger Zeit, als meine Mutter in dem Alter war, in dem ich jetzt bin, wurde Ärzten in bestimmten gynäkologischen Texten nahegelegt, ihre Patientinnen zum Vortäuschen des Orgasmus zu raten, mit dem Hiweis darauf, daß eine solche »unschuldige Täuschung« oder »unschuldige Simulation« Frauen in ihrem Wunsch, ihren Ehemännern zu gefallen, helfen würde. Viele Frauen haben immer noch keinen Begriff davon, daß ihre Körper und ihre Sexualität für sie selbst existieren, keine Vorstellung davon, daß sie ihr Leben für sich selbst leben können.

Warum klingen die Wörter »lügen« und »vorspiegeln« so unterschiedlich in unseren Ohren? Wir betrachten das Lügen als eine eigennützige, den eigenen Interessen oder dem Selbstschutz dienende Aktivität. Das Vorspiegeln kann hingegen dazu dienen, eine andere Person zu stärken – auf Kosten des eigenen Selbst. Die kulturellen Formen des Vorspiegelns im sexuellen Bereich haben sich im Lauf der Zeit verändert: Von Frauen wurde verlangt, sich jeweils dem anzupassen, was Männer zu dem gegebenen Zeitpunkt gerade hören wollten.

Also täuscht die »moderne Frau« vielleicht eine Kette von Orgasmen vor, während die viktorianische Lady verleugnete, daß sie überhaupt sexuelles Vergnügen empfand, und »wie eine Tote« dalag. Der kulturelle Druck, dem sie sich unterwarf, war so stark, daß sie – sogar in ihren eigenen Augen – bar jeden Trieblebens zu sein schien, wie Schneewittchen in ihrem Glassarg. In ähnlicher Weise haben Frauen durch die Jahrhunderte erotische und sinnliche Bindungen zu anderen Frauen verleugnet. Unter Umständen wurde ihnen auch eine Art eingeschränkter heterosexueller Freiheit zugestanden, allerdings mit der Warnung, diese Freiheit keinesfalls zu nutzen. In meinen lezten Schuljahren und in meiner Studienzeit wurde die Existenz meiner sexuellen Bedürfnisse zwar anerkannt, aber man riet mir, sie nicht auszuleben, um mir meine Chancen für die Ehe nicht zu »verderben«. Mein Wert, meine Würde und meine Vermarktbarkeit würden in den Augen von Männern, die großen Wert auf Jungfräulichkeit legten, herabgesetzt. Natürlich hat es immer mutige Frauen gegeben, die diesen gesellschaftlichen Zwängen widerstanden, gegen sie rebellierten, ihre Mitwirkung verweigerten, nicht glaubten, was Männer über sie sagten, und darauf bestanden, ihre eigenen Worte zu entdecken und zu leben, in sexueller und in jeder anderen Hinsicht.

Warum verniedlichen oder beschwören wir einen Akt des Selbstbetrugs und erheben ihn sogar in den Rang einer »weiblichen Tugend«? Warum weigern wir uns, das Vortäuschen des Orgasmus, das Übertreiben oder auch Verleugnen sexueller Lust als ernstes Problem zu sehen? Warum setzen wir uns nicht zur Wehr, sondern akzeptieren die allgegenwärtige Praxis der falschen Benennung unserer intimsten Körperteile, durch die unsere Sexualität symbolisch verdunkelt und ausgelöscht wird? Im Verlauf der gesamten Geschichte und überall auf der Welt war das Vortäuschen nicht einfach ein Akt weiblichen Wohlwollens, sondern Frauen waren aus Gründen der Selbsterhaltung gezwungen, Männern sexuelle Lügen aufzutischen. An »sündigen« Nonnen und »schwierigen« Ehefrauen wurden Klitorisektomien vorgenommen.

Untreue Frauen und Frauen, die sich entschlossen, außerhalb des männlichen Herrschaftsbereichs zu leben, insbesondere jene, die sich für die Liebe zu anderen Frauen entschieden, wurden der Lächerlichkeit, der Zensur und der Gewalt ausgeliefert. Für Frauen, die es vorziehen, im Bett in Ruhe gelassen zu werden, ist Lüge in sexuellen Dingen eine wirtschaftliche und emotionale Notwendigkeit, da der Geschlechtsverkehr immer noch als das »Recht« des Mannes und die »Pflicht« der Frau gilt. Und für viele Frauen ist das Vorspiegeln zu einer festen Lebensgewohnheit geworden, selbst wenn nichts Bedeutendes auf dem Spiel zu stehen scheint.

Wir nehmen vielleicht gar nicht bewuß wahr, daß wir aus Angst etwas vorspiegeln oder daß wir überhaupt etwas vortäuschen. Wenn wir in unserer Erziehung verinnerlichen, daß unsere Körper nicht für uns selbst da sind, empfangen wir die Signale nicht mehr, die der Körper uns über unsere besonderen sexuellen Wünsche und Rhythmen oder auch über unseren Mangel an sexuellem Interesse gibt. Statt dessen fühlen wir uns erschöpft und ausgelaugt, wenn es Zeit ist, zu Bett zu gehen, oder wir fragen uns, was mit uns »nicht stimmt«, daß wir »keine Lust darauf« haben. Vielleicht versuchen wir, in Stimmung zu kommen oder an etwas anderes zu denken, wenn wir »es tun«. So wird das Vorspiegeln zur Gewohnheit, zum Reflex, und es bleibt unbemerkt,

Natürlich ist es eine übermäßige Vereinfachung, zu sagen, daß Lügen dem Eigeninteresse und Vortäuschen den Interessen anderer dient. Es ist schwierig, Lügen und Vortäuschen auseinanderzuhalten, solange wir nicht mit beidem aufgehört haben. Nur dann können wir herausfinden, wer eigentlich beschützt wird und wovor. Wenn wir Angst haben oder uns bedroht fühlen, versuchen wir, Sicherheit zu finden, und damit fängt das Vorspiegeln meistens an.

Also spiegelte Krista den Orgasmus nicht nur vor, um »ihm« einen Gefallen zu tun, sondern es war auch eine Strategie, um ihn zu halten. Sie wollte seine Gefühle nicht verletzen, aber sie wollte sich auch selbst vor der Konfrontation mit diesen Gefühlen schützen. Außerdem war Krista vielleicht durch alle möglichen Ängste in bezug auf Sexualität und Intimität gehemmt und dadurch gehindert, im Bett aufrichtiger zu sein. Ihr Schauspielern war auch nicht notwendigerweise gut für ihren Freund, denn wenn er davon gewußt hätte, wäre er über den Betrug vielleicht sehr schockiert gewesen und sehr wütend darüber, daß sie ihm nicht die Chance gegeben hatte, eine authentischere Form von Intimität zu entwickeln.

Es war lange Zeit die Aufgabe von Frauen, Männer aufzubauen – ob im Schlafzimmer oder in der Chefetage –, ihnen das Gefühl der Macht zu geben, indem sie ihr Bild überlebensgroß zurückspiegelten. Schon 1929 schrieb Virginia Woolf in »Ein

Zimmer für sich allein« über den Zusammenhang zwischen der erzwungenen Minderwertigkeit von Frauen und ihrer Funktion, Männer in allen Bereichen des privaten und des öffentlichen Lebens in Übergröße widerzuspiegeln:

»Denn wenn sie anfängt, die Wahrheit zu sagen, schrumpft das Spiegelbild; seine Lebenstüchtigkeit schrumpft zusammen. Wie wird er in Zukunft Urteile fällen, Wilde zivilisieren, Gesetze machen, Bücher schreiben, sich aufputzen und auf Banketts Reden halten, wenn er sich nicht wenigstens zum Frühstück und zum Abendessen in doppelter Größe sieht?«

Krista sagte einmal, daß sie die Rolle der perfekten Geliebten spiele, damit ihr Freund sich wie der perfekte Liebhaber fühlen könne. Aber zweifellos war ihr Schauspielern auch ein – wenn auch fehlgesteuerter – Versuch, ihre eigene Selbstachtung mindestens ebensosehr wie die seine zu schützen. In einer Kultur, die nicht fähig war, die Realität oder die Vielfalt der weiblichen Erfahrung zu benennen und zu würdigen, versuchte Krista sich dem Klischee anzupassen, wie eine »richtige Frau« fühlt und sich verhält. Sie versuchte, sich wie eine Frau zu benehmen und wie andere Frauen zu sein, weil sie gelernt hatte, daß ihre eigenen Wahrheiten unangemessen, unnatürlich und nicht gut genug waren – oder vielleicht auch, weil sie ihre eigenen Wahrheiten noch nicht kannte.

Bewußtseinsbildung: Unsere eigenen Wahrheiten benennen

Ich war in New York im Graduiertenstudium, als die Frauenbewegung in den späten sechziger Jahren ins Rollen kam. Überall im Land entstanden Gruppen zur Bewußtseinsbildung, in denen Frauen wie Krista zusammenkamen, um ihre Geschichten auszutauschen, um zu sagen: »So erlebe ich es wirklich.« Ob dieses »es« der Orgasmus war, die Ehe, Hausarbeit, Freundschaften, Dicksein oder das Rasieren der Beine – Frauen fingen an, über ihre Erfahrungen die Wahrheit zu sagen.

Meine erste Reaktion auf die Frauenbewegung war Desinteresse. Was hatte das schließlich alles mit mir zu tun? Teilweise geblendet durch meine Arroganz, es in einer Männerwelt »geschafft« zu haben, sah ich keinen Grund zum Klagen, und wenn ich keinen Grund zum Klagen hatte, sah ich auch nicht ein, warum andere sich beschweren sollten. Wenn Frauen es satt hatten, sich wie glorifizierte Küchenmädchen zu fühlen, warum verließen sie die Küche nicht einfach?

Erst allmählich begann ich mich mit meiner herablassenden Haltung den feministischen Protesten gegenüber unwohl und unecht zu fühlen. Besonders schwer fiel es mir, mich mit der Tatsache auseinanderzusetzen, daß auch ich, genau wie Krista, über meine Lust und meinen Schmerz gelogen hatte – aus meiner Angst heraus, Anerkennung und Privilegien einzubüßen, ganz zu schweigen von meiner Angst, Beziehungen zu gefährden. Die Wahrheit über das Patriarchat, oder auch nur die schlichte Tatsache seiner Existenz, enthüllte sich mir nicht in einem einzigen Geistesblitz, der vorher verdunkeltes Terrain hell erleuchtete. Vielmehr vollzog sich die Bewußtseinsentwicklung langsam und unmerklich, als Frauen in meiner Umgebung neue Realitäten schufen, die es mir erlaubten, einen Schritt zurückzutreten und die alte Realität zu sehen.

Es waren die Frauengruppen und die Bewußtseinsprozesse, die sich in ihnen vollzogen – nicht Psychotherapie oder der Rat von Experten –, die zahllose Frauen dazu brachten, die Wahrheit über ihr Leben zu sagen und aufregende neue Visionen des Selbst, der weiblichen Gemeinschaft und einer gerechten Welt zu erschaffen.

Das geschah, weil die Frauengruppen ihren eigenen Geschichten Vorrang vor den Botschaften von Männern einräumten. Außerdem gab es in den Gruppen zur Bewußtseinsbildung keine Führungsgestalten. Es gab keine Experten, Therapeuten oder Berater, die die Möglichkeit gehabt hätten, das neue Territorium zu vermessen und ihrer eigenen Landkarte einzuverleiben, keine Person, die »es besser wußte« oder das Recht gehabt hätte, für andere in der Gruppe die Wahrheit zu formulieren. Und außerdem waren diese Frauengruppen keine Therapiegruppen. Es war nicht ihr Zweck, »Frauenprobleme« zu individualisieren, zu privatisieren und zu pathologisieren, sondern vielmehr, diese Probleme unter dem Aspekt der Geschlechtszugehörigkeit und der gesellschaftlichen Bestimmtheit unserer Lebensverhältnisse zu begreifen. Dieser kollektive Austausch privater Erfahrungen gab Frauen die Möglichkeit, die Dogmen des Patriarchats, die so tief verwurzelt waren, daß sie sogar als »Naturgesetze« akzeptiert wurden, zu artikulieren und in Frage zu stellen. Viele Frauen brachen das Schweigen über männliche Gewalt in ihrem Leben und wurden zum ersten Mal angehört. Die Psychiaterin Judith Herman schreibt: »In der geschützten Atmosphäre des Sprechzimmers hatten Frauen es gewagt, über Vergewaltigung zu sprechen, aber die gelehrten Männer der Wissenschaft hatten ihnen nicht geglaubt. In der geschützten Atmosphäre der Frauengruppen sprachen Frauen über Vergewaltigung, und andere Frauen glaubten ihnen.« Die Eruption weiblicher Kreativität, intellektueller Leidenschaften und erotischer Energie, die dieses frühe Stadium des Feminismus inspirierte, war einfach überwältigend. Frauen – zu diesem Zeitpunkt noch vorwiegend weiße Mittelschicht-Frauen – erwachten aus einem kollektiven Dornröschenschlaf. Angefeuert durch das Credo »Das Persönliche ist das Politische« fingen wir an, uns selbst und die Welt zu verändern.

Das alles hätte nicht geschehen können, wenn Frauen individuell mit ihren Geheimnissen, ihren Selbstoffenbarungen, ihren Bekenntnissen zu ihren Psychoanalytikern, ihren Ehemännern oder ihren besten Freundinnen gegangen wären. Es hätte auch nicht geschehen können, wenn Frauen zusammengekommen wären, um ihre Probleme im Rahmen enger Erklärungsmodelle wie »schlechte Mütter«, »delegierende Eltern« oder »dysfunktionale Familiensysteme« (ein Begriff, der an defekte Stereoanlagen erinnert) zu analysieren. Es war unsere Weigerung, das weibliche Leben zu pathologisieren und zu privatisieren, die das Aussprechen der Wahrheit in einen revolutionären Akt verwandelte.

Solange Frauen nicht kollektiv authentische Erfahrungen artikulierten, konnten Schuld-, Scham- und Unzulänglichkeitsgefühle ungehindert weiterwuchern (»Was stimmt nur nicht mit mir?«). Diese Gefühle, die gesunde Wut und gerechtfertigten Protest blockieren, sind unvermeidlich, wenn wir Frauen voneinander getrennt und isoliert sind, wenn wir keinen sicheren Ort für uns haben, an dem wir unsere Gemeinsamkeiten entdekken, unsere Unterschiede und die Vielfalt unserer Erfahrung erforschen und den speziellen sozio-kulturellen Kontext verstehen können, in dem diese entstanden sind.

Natürlich sind manche Frauen introvertierter und verschwiegener als andere. Es liegt nicht in der Art aller Frauen, sich in Gruppen selbst zu offenbaren oder die intimen Details ihres Lebens zu diskutieren. Ich will dieses frühe Stadium der feministischen Bewegung auch nicht glorifizieren, denn damals waren vor allem weiße heterosexuelle, vorwiegend junge Mittelschicht-Frauen daran beteiligt, die glaubten, sie könnten die Kategorie »weiblich« definieren und seien selbst das Maß dafür. Aber trotz dieser Einschränkungen bleibt bestehen, daß es zu einer grundlegenden Transformation kam, als vorher isolierte Frauen Gruppen bildeten und einander in wahrhaftiger und rückhaltloser Weise aus ihrem Leben erzählten. Frauen, die sich wie Mißgeburten fühlten, weil sie sich den vorgefertigten weiblichen Lebensentwürfen nicht anpassen konnten, wuchsen über individuelle Schuldgefühle hinaus und protestierten gegen die vorhandenen Vorstellungen von weiblicher Erfahrung.

Gab es vor dem Feminismus Therapie – oder Wahrhaftigkeit? Die Autorin Carolyn Heilbrun bedauert das Verschwinden der Gruppen zur Bewußtseinsbildung und erklärt, daß Frauen die Wahl haben, entweder miteinander in Austausch zu treten und in Gruppen neue Geschichte zu erschaffen oder ein isoliertes Leben in den Häusern und der Geschichte von Männern zu führen. Sie wirft auch die Frage auf, welchen Nutzen eine einzelne Frau vor dem Feminismus aus der Therapie oder der Beratung durch Experten ziehen konnte. Das frage ich mich auch. Vor dem Feminismus lernten depressive Hausfrauen in der Therapie, Kompromisse zu schließen und sich anzupassen. Frauen, die ehrgeizig waren und leidenschaftlich nach eigener Verwirklichung im Beruf strebten, zugleich mit oder anstelle von Ehe und Mutterschaft, wurde nachgesagt, daß sie die Männer beneideten oder imitierten. Frauen, die Frauen liebten, wurden in ähnlicher Weise pathologisiert, ebenso wie heterosexuelle Frauen, die Wut und Unzufriedenheit darüber ausdrückten, so wie das Frausein definiert wurde, eine Frau zu sein. Müttern wurde die Schuld an allem zugewiesen, die Schuld an ihrer eigenen Unzufriedenheit eingeschlossen.

Bevor die zweite Welle der Frauenbewegung in den sechziger Jahren begann, hatten viele Frauen ihrer »verbotenen« Empfindungen wegen solche Schuldgefühle, daß sie diese Empfindungen nicht ausdrücken konnten, nicht einmal vor sich selbst. Als ich in den frühen siebziger Jahren Mitarbeiterin der Menninger-Klinik wurde, war es ein alltägliches Vorkommnis, daß eine erschöpfte, unglückliche, isolierte Mutter von Kleinkindern mit der folgenden Zielsetzung in die Therapie kam: »Machen Sie mich zu einer besseren Ehefrau für meinen Mann und zu einer besseren Mutter für meine Kinder.« Sie hatte keine andere Geschichte vorzubringen, ha e keine andere Vision ihres eigenen Lebens, die für sie akzeptabel und mit gerechtfertigten Mitteln erreichbar gewesen wäre. Das Vorspiegeln von Mütterlichkeit ging sehr viel tiefer als das Vortäuschen des Orgasmus; ihre Gefühle waren so sehr tabuisiert, daß sie sie sogar vor sich selbst geheimhielt.

Aber da das Unbewußte nach Wahrheit strebt, äußerte es gewöhnlich seinen Protest. Die Frau entwickelte Symptome, die häufig wie ein unbewußtes illegales Bestreiken ihrer »geheiligten Pflichten« wirkten: »Ich bin zu depressiv (erschöpft, verwirrt, krank), um mich um den Haushalt zu kümmern und die Kinder zu versorgen.« Gewöhnlich litt die Frau unter überwältigenden Schuldgefühlen und proklamierte ihre Unfähigkeit mit großer Vehemenz, um sich vor ihrer unaussprechlichen Wut zu schützen. Die Quelle dieser Wut war die Unterwerfung unter das Programm eines anderen Menschen, die so weit ging, daß die Frau ihr eigenes Selbst verraten, wenn nicht verloren hatte.

In meinen prä-feministischen Tagen nahm ich die gängigen Theorien darüber, wie die »gute Mutter« oder die »hinreichend gute Mutter« sich zu fühlen und zu verhalten hat, als etwas Gegebenes hin. Ich zog die »wissenschaftliche Literatur« über die Mutterschaft, geschrieben von »Experten«, die weder Frauen noch Mütter waren und die nicht einmal oft genug zu Haus waren, um etwas von Vaterschaft zu verstehen, nicht in Zweifel. Ich registrierte zwar, daß an dem, was man mir über weibliche Psychologie beibrachte, vieles nicht stimmte, aber bevor ich Teil eines unterstützenden Netzwerks von feministischen Wissenschaftlerinnen war, fühlte ich mich zu angreifbar und zu allein, um meine Gefühle zu artikulieren.

Menschen in psychologisch-psychiatrischen Berufen – ich

gehöre selbst dazu – sind immer mit der Absicht angetreten, Selbsterkenntnis zu fördern und nicht etwa zu beschränken. Es ist das erklärte Ziel der Psychotherapie oder Psychoanalyse, Menschen bei der Klärung ihrer eigenen Entscheidungen und bei der Entdeckung ihrer eigenen Wahrheiten zu helfen, in einem neutralen und wertfreien emotionalen Klima. Aber das war damals vor allem, was Frauen betrifft, nicht möglich und ist überhaupt nicht möglich. Trotz aller guten Absichten ist kein Therapeut, keine Therapeutin frei vom Einfluß der historischen Eigentümlichkeiten von Familie und Gesellschaft, von Zeit und Ort. Die Therapeutinnen und Therapeuten konnten über die allgemein akzeptierten, vorgefertigten Entwürfe weiblichen Lebens nicht hinausgehen, solange Frauen nicht kollektiv den ersten Schritt taten.

Wir Frauen tun gut daran, allen Experten, die sich anmaßen, uns zu sagen, was wahr ist, und uns vorzuschreiben, wie wir denken, fühlen und uns verhalten sollten, mit gesunder Skepsis zu begegnen. Sogenannte Expertenmeinungen sind oft das Echo der privilegierten und dominanten Stimmen unserer Kultur, die Auffassungen derer, die Einfluß auf die Meinungsbildung und Zugang zu den Medien haben, die Meinungen verbreiten.

Audre Lorde sagt: »Die Werkzeuge des Herrschers werden das Haus des Herrschers nicht demontieren.« Die vertrauenswürdigsten Expertinnen für Frauen sind vermutlich jene, die ihre Theorien als Teilerkenntnisse und vorsichtige Spekulationen vorbringen, und jene, die die Besonderheiten ihrer eigenen Erfahrungen mitteilen, in dem Wissen, daß ihre tiefempfundenen Wahrheiten für jede einzelne Frau, die auf der Suche nach ihrer eigenen Wahrheit ist, gültig oder auch ungültig sein können.

Heute sind Frauen als gesellschaftliche Gruppe weniger gehorsam. Herablassende oder schuldzuweisende Äußerungen über die »gute Mutter«, den »echten vaginalen Orgasmus«, den »angemessenen Platz für eine Frau« und die »wahre Natur der Frauen« nehmen wir nicht mehr einfach hin. Wir akzeptieren auch nicht mehr, daß jene unter uns, die keine Mütter sind oder sich gegen Verbindungen mit Männern entscheiden, für suspekt erklärt werden. Zu all diesen Dingen sagen wir: »Es reicht!« Es ist nicht so, daß wir mutiger wären als die Frauengenerationen vor uns. Frauen waren immer mutig. Vielmehr sind wir heute nicht mehr die ersten oder die wenigen, die sich offen äußern und ihre authentischen Erfahrungen mitteilen. Der Feminismus hat Raum für mehr Wahrhaftigkeit, für die Wiederherstellung unseres Lebens und die Neuformulierung unserer Geschichten geschaffen.

6. Kapitel

Wir sind die Geschichten, die wir erzählen

Gibt es eine »wahre Geschichte« der weiblichen Erfahrung? Falls es sie gibt, kann sie zweifellos nicht von Experten erzählt werden, die nie Frauen waren, und es kann auch keine von uns für alle Frauen sprechen. Jede Frau ist letzten Endes die beste Expertin für sich selbst. Aber um unsere eigenen Wahrheiten kennenzulernen, müssen wir uns mit unseren eigenen Geschichten und den Geschichten anderer Frauen befassen. Wenn ich eine »wahre Geschichte« über meine persönliche Erfahrung erzählen will, setzt das nicht nur voraus, daß ich »ich selbst« *bin* oder auf dem Weg bin, mich selbst zu *finden*. Es setzt, wie wir sehen werden, auch voraus, daß ich mich für mich selbst *entscheide*.

Weibliche Ambitionen: Eine Neufassung

Meine Freundin Sue hörte mit, wie ich mit meinem Vater telefonierte. Ich erzählte ihm von einem Vortrag, den ich kürzlich gehalten hatte, und wie immer fragte er mich, wie viele Leute gekommen seien, um mich zu hören. »Oh, der Saal war rammelvoll!« sagte ich voller Stolz. »Es müssen rund tausend Frauen dagewesen sein.« Mein Vater war erfreut.

Tatsächlich hatte ich die Anzahl der Zuhörerinnen um einige Hundert übertrieben, und Sue sprach mich darauf an. Angeben sei schlimm genug, sagte sie, schon wenn man die Fakten nicht entstelle. Nach ihren eigenen Angaben lügt Sue nicht und toleriert es auch nicht, von anderen belogen zu werden. Sie steht konsequent auf der Seite jener Philosophen, Theologen und Ethiker, die argumentieren, daß Lügen nie gerechtfertigt sei, daß Lügen unweigerlich die Seelenkraft untergrabe, die menschliche Würde zunichte mache und in Beziehungen grundsätzlich einen Preis fordere, auch wenn das zunächst vielleicht nicht wahrnehmbar sei. Sue ist davon überzeugt, daß jede Lüge, wie geringfügig sie auch sein mag, einen leichtfertigen Umgang mit der Realität anderer Menschen darstellt und Vertrauen unmöglich macht.

Am folgenden Tag verhielt Sue sich jedoch in einer Weise, die ich als unehrlich empfand. Wir standen in einer vollbesetzten Cafeteria in einer langen Warteschlange am Tresen an und kamen mit zwei Frauen ins Gespräch, die beide um die fünfzig waren und aus einer ländlichen Region im westlichen Kansas kamen. Als ein Tisch frei wurde, fragten sie uns, ob wir uns zu ihnen setzen wollten, und wir stimmten zu, erfreut darüber, das Gespräch fortsetzen zu können. Sie gaben uns eine eindringliche Schilderung der zunehmenden Probleme in der Landwirtschaft und fragten uns dann, was wir beruflich machten. »Ich arbeite mit Kindern in einem Krankenhaus«, antwortete Sue. Beide Frauen nahmen an, daß sie Krankenschwester sei, und sprachen sie während der folgenden Unterhaltung mehrfach als solche an. Sue, die in einem New Yorker Krankenhaus Kinderchirurgin ist, korrigierte diesen Irrtum nicht.

Solange ich Sue kannte, hatte sie ihre beruflichen Errungenschaften und ihren Status immer verkleinert oder verleugnet. Einige Monate zuvor hatte sie sich zum Beispiel entschlossen, ihrer Mutter und ihrer Schwester nichts über eine wichtige Beförderung zu sagen, weil »sie gerade beide solche Schwierigkeiten mit ihrem Leben hatten«. Immer wenn Leute ehrfürchtig beeindruckt reagieren, weil Sue Chirurgin ist, erklärt sie, sie sei eigentlich nur eine bessere Näherin und ihr chirurgisches Können erfordere keine komplexeren Fähigkeiten als die Anfertigung der sorgfältigen und feinen Handarbeiten, mit denen Frauen sich traditionell beschäftigten. Dieses Herunterspielen ihrer Berufserfolge ist ein Grundthema oder Wiederholungsmuster in Sues Leben. Während ich von der Wahrheit abwich, indem ich meinem Vater gegenüber meine Berufserfolge übertrieb, setzte Sue im Kontakt mit anderen ihre Leistungen herab.

Als wir über den Vorfall in der Cafeteria sprachen, erklärte Sue, warum sie ihre Arbeit in Worten beschrieben hatte, die ihren Status als Chirurgin verbargen, und warum sie im Verlauf der Unterhaltung die Fakten nicht klargestellt hatte. Ihrer Erfahrung nach fühlen andere Menschen sich oft eingeschüchtert, wenn sie erfahren, daß jemand Ärztin ist; diese Information schafft Distanz zwischen ihr und den Leuten, die sie kennenlernt. Bei den beiden Farmersfrauen aus Kansas rechnete Sue besonders damit, daß diese Barriere sich zeigen würde. Außerdem hatten die beiden Bäuerinnen mit sehr belastenden finanziellen Sorgen zu kämpfen, und in Anbetracht der verbreiteten Klischees über die »gutverdienenden Ärzte« hätte Sue es geschmacklos gefunden, auf ihren Status hinzuweisen.

Während Sue meine Lüge über die Zahl der Teilnehmerinnen bei meinem Vortrag verurteilte, sah sie in ihrem eigenen Verhalten kein Unrecht. Sie hatte lediglich vermieden, die beiden Frauen einzuschüchtern, und sie hatte nicht wörtlich gesagt, daß sie Krankenschwester sei. Genauer gesagt: Sue betrachtete das Herunterspielen von Leistungen als Tugend und das Übertreiben von Erfolgen als Laster. Folglich hatte ich gelogen, während sie sich ehrenhaft verhalten hatte. Das entsprach nicht meiner Sicht der Dinge.

Hier waren vermutlich die unterschiedlichen Einflüsse unserer jeweiligen ethnischen Hintergründe im Spiel. In Sues angelsächsisch-protestantischer Familie galt Angeben als Sünde; man brüstete sich nicht einmal mit seinen berühmten Ahnen. Im Unterschied dazu gilt es in meiner jüdischen Familie als Sünde, wenn Kinder ihren Eltern nichts geben, mit dem sie sich brüsten können. Sue und ihre Schwester durften nicht auftrumpfen oder angeben; meine Schwester und ich wurden ermutigt, zu glänzen und zu blenden. In meiner Familie war das Gewinnen und das Einheimsen von Rekorden wesentlich wichtiger als der Teamgeist und das Fair-Play, das in Sues Familie betont wurde. Unsere unterschiedlichen familiären Erfahrungen brachten uns dazu, in vieler Hinsicht verschieden auf die allgemeinverbreiteten Probleme zu reagieren, die Frauen im Hinblick auf ihre Berufstätigkeit haben.

Die kleinen Abweichungen von der Wahrheit, die Sue und ich bei uns beobachteten, erscheinen nicht sehr bedeutsam im Vergleich mit Geschichten über interplanetarische Kommunikation, mit vorgetäuschten Orgasmen oder anderen, schwerwiegenderen Formen von Täuschung, wie wir sie alle kennen. Aber die Spannungen zwischen Sue und mir über »Schwindel« im Bereich von Beruf und Erfolg waren weder zufällig noch trivial.

Arbeit gehört wie Liebe zu den Grundpfeilern der menschlichen Existenz. Aber was die Bedeutung der Arbeit in unserem Leben angeht, sagen wir Frauen selten die Wahrheit – nicht einmal uns selbst gegenüber. Die patriarchalen Definitionen von Weiblichkeit, von »typisch weiblichen« Wünschen, Hoffnungen und Ambitionen, machten es bis vor nicht allzulanger Zeit praktisch unmöglich, die Wahrheit zu sagen. Vor dem modernen Feminismus wurden Geschichten über weiblichen Ehrgeiz unterdrückt oder ausgelöscht, und selbst heute noch werden sie in entschuldigendem Ton vorgetragen. (»Ja, der Nobelpreis ist eine große Ehre für mich, aber trotzdem ist es mir immer noch am wichtigsten, Kevin und Annie eine gute Mutter zu sein.«) Meine kritische Reaktion darauf, daß Sue ihre Leistungen herunterspielte, stand in diesem größeren historischen Zusammenhang und bekam von dort her ihre Bedeutung.

Sue folgte den Vorschriften der patriarchalen Kultur, indem sie es unterließ, ihre Leistungen für sich in Anspruch zu nehmen; sie enthielt der Welt eine weibliche Lebensgeschichte vor, die alle Frauen dazu anregen könnte, ihre Risikobereitschaft, ihre Abenteuerlust, ihre Neugier und ihren Sinn für das Mögliche zu erweitern. Ich glaube, unsere Gesprächspartnerinnen in der Cafeteria hätten es zu schätzen gewußt, daß Sue Chirurgin ist, und ich fand es überflüssig und beleidigend, zwei so starke, bodenständige Frauen (oder überhaupt jemanden) vor diesem Wissen zu »beschützen«. Ich selbst würde es verabscheuen, in einer solchen Weise »beschützt« zu werden, sagte ich Sue. Ist es nicht unsere Aufgabe, die vielfältigen Realitäten unseres weiblichen Lebens klar und offen darzustellen? Müssen wir uns nicht weigern, den katastrophalen Anspruch an Frauen, andere abzuschotten und aufzubauen, indem wir unsere Ambitionen verleugnen und unsere Fähigkeiten verbergen, auch noch zu unterstützen? Und dennoch fühlte ich mich – genau wie Sue – oft genötigt, dieses vorgeschriebene weibliche Muster in irgendeiner Variation auszuagieren.

Hier ist ein Beispiel: Vor etwa einem Jahr setzte ich mich an den Schreibtisch, um eine kurze Dankesrede zu formulieren. Der Anlaß war, daß der örtliche Zweig der *National Women's Business Association* mich zur »Frau des Jahres« gewählt hatte. Was ich für meine eigene Heimatgemeinde geleistet hatte, sollte besonders anerkannt werden, und das rührte mich tief. Außerdem sollte der Tag der Preisverleihung durch den Bürgermeister von Topeka und den Gouverneur von Kansas zum »Dr. Harriet Goldhor Lerner-Day« ausgerufen werden. Als Antwort auf diese Ehrung wollte ich etwas Bedeutungsvolles sagen, vor allem, da unter den Zuhörerinnen und Zuhörern Menschen sein würden, die ich liebte. Ich beschloß, Reflexionen über meinen Weg zur erfolgreichen Autorin zum Gegenstand meiner Rede zu machen. Ich würde eine ehrliche Geschichte erzählen.

Aber als ich vor dem Computer saß und anfing zu schreiben, stellte ich plötzlich fest, daß ich meine Erfolge glücklichen Zufällen zuschrieb. Das meinte ich ehrlich, und zum Teil traf es auch zu. Zweifellos gehörten eine Menge Glück und die Gunst der Stunde dazu, nacheinander zwei Bücher zu veröffentlichen, die zu Bestsellern wurden und auf der Liste der *New York Times* landeten. Talent und Beharrlichkeit allein reichen nicht aus, um große Erfolge zu erzielen. Tatsächlich fiel mir eine große Zahl von Frauen ein, in der Vergangenheit und in der Gegenwart, deren überragende Arbeiten nicht anerkannt und gewürdigt, geschweige denn veröffentlicht, durch die Medien verbreitet und mit Preisen bedacht wurden.

Aber ich entschloß mich, diese Rede nicht zu halten. Was mich davon abhielt, war Carolyn Heilbruns Buch *Writing a Woman's Life* (»Über das Leben von Frauen schreiben«), das dokumentiert, wie die patriarchale Kultur das Leben von Frauen definiert und einschränkt, indem sie darüber bestimmt, welche Geschichten über Frauen erzählt werden dürfen. Heilbrun erklärt, daß Frauen bis tief ins zwanzigste Jahrhundert hinein unfähig waren, ihre Ambitionen einzugestehen und/oder ihre Erfolge für sich in Anspruch zu nehmen, wenn sie die

Geschichte ihres eigenen Lebens darstellten. Frauen, die erfolgreich waren und zu ihren Leistungen stehen konnten, schrieben ihre Erfolge oft entweder glücklichen Zufällen oder der Großzügigkeit anderer zu. Diese Schilderung bezog sich nicht auf ein Phänomen, das sich inzwischen überlebt hat, sondern sie galt immer noch, wie ich in meiner Praxis als Psychotherapeutin täglich beobachten konnte – und auch an der Dankesrede, die ich im Begriff war zu schreiben und die ich fast vor meiner Heimatgemeinde gehalten hätte.

Bei genauerem Nachdenken wurde mir klar, daß ich in der Verlagswelt ebensoviel Pech wie Glück gehabt hatte. Während ich mein erstes Buch »Wohin mit meiner Wut?« schrieb, lehnte der erste Verleger, mit dem ich über die Veröffentlichung verhandelte, das Manuskript ab, gab mir dann eine Zusage und als nächstes wieder eine Absage. Ich brauchte enorme Entschlossenheit, Beharrlichkeit und Willenskraft, um durchzuhalten, als das Manuskript von fast jedem größeren Verlagshaus im Land zurückgewiesen wurde. Als das Buch dann auf wundersame Weise doch noch veröffentlicht wurde, ließ ich es nicht passiv in die Welt hinaustreiben wie eine Flaschenpost. Vielmehr machte ich energisch und kämpferisch Werbung dafür und stellte meinen großen Freundeskreis dazu an, dasselbe zu tun.

Diese Zusammenfassung der Ereignisse war ein Teil der Geschichte, die ich am 27. März 1990 erzählte: einer Geschichte von Zufällen – glücklichen und unglücklichen –, vor allem aber von Entschlossenheit und Beharrlichkeit angesichts großer Widerstände. Und während ich offen über den unvorhergesehenen Preis sprach, den Ruhm und Ehre fordern, hob ich ausdrücklich hervor, daß ich diese Art von Streß weitaus besser ertragen kann, als ich die Belastung ertragen könnte, meine Arbeit unterbewertet und zurückgewiesen zu sehen.

In meiner Sicht hatte ich einen kühnen Schritt in Richtung Wahrhaftigkeit unternommen, als ich mich entschloß, in meiner öffentlichen Rede meine Erfolge nicht glücklichen Zufällen zuzuschreiben – eine historisch begründete Form weiblicher Rechtfertigung und Selbstherabsetzung –, sondern die wahre Geschichte meiner Entschlossenheit und meines Kampfgeistes zu erzählen. Die »Glücks-Geschichte«, hatte ich mir klargemacht, war eine unehrliche Geschichte. In ihr spiegelten sich nicht nur die historischen Einflüsse, die Frauen dazu bringen, ihre Ambitionen zu verleugnen, sondern sie zeigte auch das Wirken der Kräfte, die uns das Gefühl geben, Hochstaplerinnen oder Schwindlerinnen zu sein, wenn wir innerhalb der hierarchischen Strukturen tatsächlich aufsteigen und öffentliche Anerkennung erlangen. Frauen – und andere an den Rand gedrängte Gruppen – verinnerlichen zahllose Botschaften in der Art von: »Wir gehören nicht in hohe Positionen hinein; wir zählen nicht wirklich; wir tragen nicht wirklich zur Gestaltung von Geschichte und Kultur bei.« Wenn wir dann aber doch Anerkennung erlangen, neigen wir dazu, unsere Erfolge dem Glück zuzuschreiben oder, wenn nicht dem Glück, dann jedenfalls irgendeinem anderen Faktor als unserer eigenen Kompetenz und unserer individuellen Stärke.

Noch vor etwa zehn Jahren hätte ich meine Geschichte nicht so aufrichtig erzählen können, ohne Angst vor Kritik und Hohn, ohne Angst vor gehässigen Interpretationen (»Penisneid« war früher in psychologischen Kreisen das gängige Klischee, mit dem Frauen, die großen Wert auf berufliche Verwirklichung und Erfolg legten, etikettiert wurden), ohne Angst, daß meine Weiblichkeit als solche in Zweifel gezogen würde. Nun machte ich mir um diese Dinge keine Sorgen, nicht weil ich mit dem Älterwerden gereift war (das natürlich auch), sondern weil der Feminismus das Spektrum von Geschichten erweitert hat, die wir Frauen über unser Leben konstruieren und vermitteln können. Ich rechne es dem Feminismus mehr als jedem anderen Einfluß in meinem Leben zu, daß ich mich zur Authentizität hin bewegen konnte, hin zu größerer Kongruenz zwischen meinem Privatleben und meinem öffentlichen Image.

Ich wünschte mir, daß auch Sue offener zu ihrer brillanten Karriere stünde, insbesondere ihrer Familie und ihren Freundinnen und Freunden gegenüber. Für mich hatte das nichts mit Angeben oder Arroganz oder Unsensibilität in bezug auf die Gefühle anderer zu tun. Mir ging es einfach darum, wie wir Frauen unsere Geschichten erzählen, und insbesondere jene Geschichten, die vorher nicht erzählt werden durften. Es ging einfach darum, die Wahrheit zu sagen. Im Lauf der gesamten Geschichte wurde in Berichten über das Leben von Frauen – in unseren eigenen Darstellungen und auch in den Geschichten, die für uns und über uns erzählt wurden – die Wahrheit über die weibliche Erfahrung unterdrückt, entstellt und den engstirnigen Konzepten angepaßt, die die Gesellschaft für uns entworfen hat. Ich wollte nicht, daß Sue dieser Tradition folgte. Sue sah das anders.

Im Kampf gegen Hierarchien

Sue teilte meine Bedenken in bezug auf falsche und einschränkende Geschichten über das Leben von Frauen, und sie stimmte mir zu, daß Frauen das Recht auf Ambitionen, Anerkennung und Ehre haben sollten. Aber sie gestand meiner revidierten Rede nicht die Tugend der Wahrhaftigkeit zu. Sie zweifelte vielmehr am Wahrheitsgehalt meiner Geschichte, denn in ihrer Sicht war sie nur ein Echo des amerikanischen Mythos, daß »krasser Individualismus« der Königsweg vom Tellerwäscher zum Millionär sei und daß wir vom Leben das bekommen, was wir verdienen. »Was hast du diesen Frauen eigentlich erzählt?« fragte Sue herausfordernd und machte mich dann nach: »Ja, Leute, ich setzte mir ein Ziel, stürzte mich in die Arbeit, ließ nicht locker und gab nie auf. Und seht mal, wer ich jetzt bin: eine international anerkannte Bestsellerautorin, deren Bücher Auflagen in Millionenhöhe erreichen, eine weltweit berühmte Expertin! Das habe ich alles allein erreicht, meine Damen, und Sie können es auch, wenn Sie nur fleißig genug arbeiten und es wagen, nach den Sternen zu greifen!«

»Wie schaffen Leute es wirklich, an die Spitze zu kommen?« forderte Sue mich heraus. »Wer entscheidet darüber, wessen Arbeit Beachtung verdient und mit finanziellem Erfolg belohnt wird, und wessen Arbeit nicht? Haben diejenigen, die ›es schaffen‹, deshalb Erfolg, weil sie wirklich am härtesten arbeiten, am beharrlichsten sind, es am meisten verdienen und die Besten sind?« Um mich wahrhaftig und ehrlich zu äußern, hätte ich aus Sues Perspektive weniger auf meine eigenen Verdienste pochen und mehr über Privilegien und, ja, Glück sagen sollen, über das glückliche Zusammentreffen von Zeitläuften und Ort, Geburt und Lebensumständen. Um das weibliche Leben wiederherzustellen, war Sues Meinung nach eine weitere Geschichte, die falsche Vorstellungen von individueller Überlegenheit verbreitete und Siegermentalität zur Schau stellte, das letzte, was wir brauchten. Sue fand, ich hätte den »Harriet Goldhor Lerner-Tag« nutzen sollen, um das Errichten von Helden- oder auch Heldinnendenkmälern zu kritisieren, um den Thron umzustürzen, auf den andere mich erhoben hatten, und die Gleichsetzung von Status und Verdienst zu hinterfragen, um zu unterstreichen, wie wichtig es ist, neue Definitionen von »Erfolg« zu schaffen und rigiden Hierarchien entgegenzuarbeiten.

Das hätte ich tun können, fügte Sue hinzu, ohne mich zu rechtfertigen oder selbst herabzusetzen, ohne dem vorgeschriebenen Klischee weiblicher Bescheidenheit zu verfallen oder Schuldgefühle auszuagieren. Vielmehr hätte ich aus der Erkenntnis heraus sprechen können, daß der Verlauf unseres Lebens nicht nur durch individuelles Können bestimmt wird, sondern durch ein Gewebe von Wechselbeziehungen mit anderen Menschen und mit speziellen historischen Gegebenheiten. Und was war mit Sues Entscheidung, im Gespräch mit den Frauen in der Cafeteria als Krankenschwester »durchzugehen«? Aus ihrer Perspektive lag in diesem Handeln kein Schwindel und keine falsche Bescheidenheit, wie ich es interpretiert hatte. Es gab gute Gründe dafür, daß Sue mit ihrem Status als Chirurgin und der damit verbundenen Macht Schwierigkeiten hatte. Ja, sie wollte Lob, wenn sie gute Arbeit leistete, und sie wollte die Macht, wichtige Entscheidungen in ihrem Berufsfeld zu beeinflussen. Aber sie wollte nicht glorifiziert, erhöht oder sogar vergöttlicht werden, wozu ihr Status einzuladen schien. Sie wollte nicht aus Statusgründen von anderen Menschen abgegrenzt oder über andere Menschen gestellt werden.

Ich war immer noch nicht damit einverstanden, daß sie einen Schwindel mit dem anderen bekämpfte, indem sie sich verkleinerte, um nicht vergrößert zu werden. Etwas vorzugeben, was wir nicht sind, oder nicht klarzustellen, wer wir sind, erscheint mir nicht als eine gute Lösung. Ich fand, Sue sollte offen zu ihrem Status als Ärztin stehen und gleichzeitig die Art von Ärztin und Privatperson sein, die sie in ihrem beruflichen, öffentlichen und persönlichen Leben sein wollte. Ich war jedoch nun in der Lage, Sues Verhalten in einem anderen Licht oder eher mit einer zusätzlichen Beleuchtung zu sehen. Sie hatte sich nicht einfach dem von Kultur und Familie ausgeübten Druck unterworfen, der Frauen dazu brachte, sich in Autoritäts- und Machtpositionen als Hochstaplerinnen zu fühlen. Sie reagierte vielmehr auch auf das Verlogene und Menschenfeindliche, das hierarchischen Rollen anhaftet.

Das Hochstaplerinnengefühl:
Die Dinge von zwei Seiten sehen

Die Spannungen zwischen Sue und mir entstanden in der Auseinandersetzung um das Thema, wie wir Frauen unsere Erfolge nach außen darstellen. Frauen fühlen sich oft schon aufgrund der Tatsache, daß sie erfolgreich sind, wie Betrügerinnen, ohne – anders als Sue – den Grund dafür artikulieren zu können. Wir fühlen uns nicht nur wie Betrügerinnen, wenn wir zu hohen Positionen aufsteigen, sondern auch, wenn wir gelobt, anerkannt oder öffentlich gewürdigt werden. Wir fühlen uns wie Hochstaplerinnen, wenn wir eine erstklassige Beurteilung für eine schulische Leistung bekommen, wenn wir zum College zugelassen werden, einen Vortrag halten, um Gehaltserhöhung bitten, einem Gremium angehören, vor Publikum unsere Meinung äußern, ernst genommen werden oder wenn unsere Ansichten beachtet werden. Abgesehen davon, daß wir unsere Erfolge den großzügigen Bemühungen anderer zuschreiben, haben wir oft das Gefühl, andere getäuscht, übertölpelt, zum Narren gehalten zu haben, Heuchlerinnen und Blenderinnen zu sein und Gefahr zu laufen, daß wir »entlarvt« werden.

Auf diese Gefühle haben wir Frauen nicht das Patent, aber sie sind unter uns derartig notorisch, daß eine wachsende Zahl von Wissenschaftlerinnen und Autorinnen sich damit befaßt, wie Frauen sich einerseits für Erfolg entschuldigen oder andererseits zielstrebig dafür sorgen, daß sie keinen Erfolg haben.

Feministische Therapeutinnen, ich selbst eingeschlossen, schätzten dieses »Angst-vor-Erfolg-Syndrom« oder »Hochstaplerinnen-Syndrom« gewöhnlich als etwas Pathologisches und Problematisches ein, etwas, das wir Frauen mit therapeutischer Hilfe durcharbeiten, überwinden und hinter uns lassen können, wenn wir die hemmenden Einflüsse von Familie und Kultur analysieren, die uns im Wege stehen. Es war schwierig, auch Auffassungen wie die von Sue vertretene im Auge zu behalten – Auffassungen, die den Rollenmustern und Regeln des Erfolgs selbst Unehrlichkeit und Verlogenheit attestieren. Peggy McIntosh, eine der Direktorinnen des Frauenforschungszentrums am Wellesley College, ist eine Vertreterin dieser Einstellung. Sie verfaßte einen hervorragenden Essay, in dem sie die scheinbar gegensätzlichen Gesichtspunkte, die Sue und ich ausdrückten, miteinander verknüpft. In ihrer Studie über das »Hochstaplerinnengefühl« argumentiert McIntosh, daß wir uns den gesellschaftlichen Einflüssen, die uns das Gefühl geben, Betrügerinnen zu sein, zwar nicht unterwerfen sollten, aber andererseits auch nicht die Sensibilität für das Verlogene, das uns im öffentlichen Leben ins Auge sticht, verlieren sollten.

Der erste Aspekt dieses Doppelbewußtseins ist vielleicht der leichter faßbare. Frauen und andere entrechtete Gruppen müssen den Unsicherheitsgefühlen widerstehen, wenn diese internalisierte Wertsysteme widerspiegeln, die uns sagen, daß wir in die Macht- und Autoritätssphäre des öffentlichen Lebens nicht hineingehören. Im Geist des Widerstandes können wir also gegen unsere Hochstaplerinnengefühle angehen und lernen, auf das Podium oder auf die Kanzel zu treten und unsere Botschaften zu verkünden. Aus dieser Einstellung heraus hielt ich den »Harriet Goldhor Lerner-Tag« in Kansas für eine phantastische Idee und weigerte mich, diese Ehrung mit entschuldigenden oder rechtfertigenden Formeln zu quittieren.

Aber McIntosh artikuliert auch die Gegenperspektive, die gleichermaßen relevant und wahr ist. Sie ruft uns auf, unsere Sensibilität für Schwindel und Betrug am Leben zu erhalten, denn mit Hilfe dieser Sensibilität können wir das Verlogene in den Rollen, die uns abverlangt werden, entdecken und anprangern. Wenn wir uns wie Betrügerinnen fühlen oder auch nur unsicher, zaghaft, eingeschüchtert und in Selbstzweifeln befangen sind, spiegelt das vielleicht unsere tiefempfundene, ehrliche Weigerung wider, die Vorstellung zu verinnerlichen, daß der Besitz von Macht, Prestige oder öffentlichem Ansehen ein Beweis für Verdienste und echte Autorität sei. Sich unter solchen Umständen »betrügerisch« zu fühlen drückt die Wahrnehmung aus, daß die Autoritäts- und Führungsrollen der dominanten Kultur – und das entsprechende Image – in der Tat betrügerisches Verhalten erfordern. Aus dieser Perspektive heraus ist uns der Platz auf dem Podium vielleicht nicht so sehr zuwider wie das Podium als solches, weil wir lieber alternative, gemeinschaftlichere, weniger rigide und hierarchische Formen des Ideenaustauschs schaffen würden. McIntosh sagt:

»Wir fühlen uns unter anderem deshalb betrügerisch, weil wir wissen, daß jene, die zufällig in den Genuß der großen Titel und des öffentlichen Beifalls und der damit einhergehenden Metaphorik kommen, gewöhnlich nicht »die Besten und die Intelligentesten« sind, und wir wollen auch von uns selbst nicht behaupten, daß wir die Besten und die Größten seien. Wenn wir nagende Zweifel hegen, ob wir es auch wirklich verdienen, auf dem Podium zu stehen oder den Platz in der Chefetage einzunehmen, oder die Professur zu bekommen, oder einer Zeitschrift ein Interview zu geben, oder gutes Geld für eine Arbeit zu verdienen, die wir gern tun – dann liegt vielleicht eine tiefe Weisheit darin, sich unter solchen Umständen betrügerisch oder illegitim zu fühlen. Männer, die unter solchen Gegebenheiten dieselben Gefühle haben, sind vielleicht auch weise, denn öffentliche Institutionen und Stellungen verlangen gewöhnlich, daß ihre Vertreter sich als Autoritätsfiguren, als Experten, als »die Besten« darstellen. Die öffentlichen Stellungen und Institutionen, die auf diesem Image bestehen, verlangen tatsächlich verlogenes Verhalten von uns, und sie werden uns tatsächlich zu Betrügerinnen machen, wenn wir die Rollen so akzeptieren, wie sie vorgegeben sind. Die Rollen als solche sind verlogen, und Leute, die noch mit ihrer Menschlichkeit in Kontakt sind, werden sich in diesen Rollen gerechtfertigterweise betrügerisch fühlen.«

McIntosh empfiehlt uns also, die Dinge von zwei Seiten zu sehen, nämlich einerseits zu erkennen, daß es schlecht für uns ist, uns als Betrügerinnen zu fühlen, weil diese Gefühle dazu beitragen, daß rigide Hierarchien bestehen bleiben, und andererseits zu akzeptieren, daß in diesen Gefühlen auch etwas Wertvolles liegt, insofern als die Sensibilität für das Verlogene uns helfen kann, Hierarchien zu unterminieren. Wenn es notwendig ist, können wir einander dabei helfen, das Hochstaplerinnengefühl zu überwinden, und gleichzeitig im Auge behalten, daß dieses Gefühl normal ist, denn man hat es uns eingeimpft, und das ist nicht durch Zufall geschehen. Unsere erhöhte Sensibilität für das Verlogene kann uns als Leitfaden dafür dienen, eine Welt zu schaffen, die allen Menschen erlaubt, wahrhaftiger zu sein.

Sue zum Beispiel wußte sehr wohl, daß Chirurgin zu sein an sich nicht wertvoller war als eine geschickte Handwerkerin, eine Künstlerin, Lehrerin oder Gesellschafterin zu sein. Also war ihr Gefühl, betrügerisch zu sein, wenn ihre Arbeit glorifiziert wurde, durchaus angemessen. Sie wußte, daß ihre Stellung innerhalb der gesellschaftlichen Hierarchie ihr Macht und Prestige verlieh, ohne Rücksicht auf individuelle Verdienste, Intelligenz und Können. McIntosh sagt: »Menschen, die sich im öffentlichen Leben wie Betrüger fühlen, sind vielleicht vertrauenswürdiger als jene, die solche Gefühle nie gehabt haben.«

Unsere Sensibilität für das Verlogene hängt davon ab, wie weit wir mit unserer eigenen Authentizität in Kontakt sind. Nur wenn wir wissen, was in uns selbst echt und real ist, können wir erkennen, wann das Selbst von Institutionen oder Rollen vergewaltigt wird – von Rollen, die von uns verlangen, einen integralen Bestandteil unser selbst beiseite zu schieben oder vorzugeben, etwas zu sein, das wir nicht sind.

Unsere Geschichten: Die eigene Wahl treffen

Dieser Tage denke ich oft an Peggy McIntoshs Arbeit, wenn ich bei formellen Anlässen angekündigt werde: ». . . eine international anerkannte Expertin der weiblichen Psychologie«; ». . . eine der bedeutendsten Beziehungsexpertinnen unserer Zeit . . .«, und so fort. Als Reaktion auf dieses glorifizierte Bild geht mir durch den Kopf: »Wer soll das sein?«, oder »Wie einschüchternd das klingt«, und sogar »Stimmt das überhaupt?«

In dieser Reaktion drückt sich keine Selbstverachtung aus, denn ich bin davon überzeugt, daß ich solche Lobesreden vermutlich ebensosehr verdiene wie andere psychologische Experten, die bei öffentlichen Anlässen in ähnlicher Weise angekündigt werden. Aber ich weiß auch, daß überhaupt *niemand* in meinem Feld einer so aufgeblähten Beschreibung wirklich entspricht. Im Bereich der menschlichen Emotionen gibt es sehr viel mehr Unbekanntes als Erforschtes, und alle Psychotherapeutinnen und Psychotherapeuten verfügen allenfalls über partielle, subjektive und unvollständige Erkenntnisse darüber. Eine solche Einführung hat nichts mit mir oder überhaupt mit irgendeiner realen Person zu tun, und außerdem spricht eine so einschüchternde Charakterisierung meiner Leistungen parodoxerweise meine wirklichen Talente als Denkerin, Therapeutin und Person nicht einmal annähernd an. Dennoch zögere ich auch, den hohen Status abzulehnen, der Frauen in der Vergangenheit grundsätzlich verweigert wurde, und ich will auch, daß meine Ideen ebensosehr zählen wie die anderer »berühmter Experten« in meinem Berufsfeld.

Was ist also wahr? In manchen Situationen akzeptiere ich die Glorifizierung und trage sogar dazu bei, wie in der Dankesrede anläßlich meiner Wahl zur »Frau des Jahres«, in der ich meine Erfolge eher auf meine Willenskraft und mein Talent zurückführte als auf glückliche Fügungen. In anderen Situationen erzähle ich eine andere Geschichte – eine Geschichte, die das Erheben meiner Talente und Leistungen über die »gewöhnlicher« Frauen als willkürlich und falsch anerkennt. Das heißt nicht, daß ich in meinen Selbstdarstellungen je nach Ort und Umständen die Farbe wechsele wie ein Chamäleon. Um das Wahre und Reale zu benennen und einzuordnen, können wir aus einer Vielfalt von Formen wählen, und es gibt zahllose Wege, unsere Erfahrungen zu erzählen und neu zu formulieren. Wenn ich meine Geschichten erzähle und mir die Geschichten anderer Frauen anhöre, frage ich mich nicht nur: »Ist das authentisch und wahr?«, sondern ich überlege mir auch, wem eine bestimmte Geschichte oder Realitätskonstruktion nützt oder wem sie einen Machtverlust einbringt.

Natürlich gibt es viele Geschichten, in die ich mich nicht einmal annähernd hineinversetzen kann, weil sie in meinen Lebenszusammenhängen nicht vorkommen oder nicht entstehen können oder weil eine dominante Geschichte, die ich über mich selbst erzähle, andere Wahrheiten unterdrückt und an den Rand drängt. Was ist damit gemeint? Nehmen wir den folgenden Verlauf von Ereignissen als Beispiel:

Angela und Jane waren Verwaltungsassistentinnen in einer nichtkommerziellen Hilfsorganisation in Philadelphia, die ihren Sitz in einem renovierten alten Backsteingebäude hatte.

Obwohl die beiden Frauen außerhalb ihrer Arbeitszeit selten zusammenkamen, entwickelte sich zwischen ihnen eine enge Freundschaft, die sich später auf mehrere Frauen aus dem Sekretariat ausweitete. Trotz der niedrigen Bezahlung und der geringen Möglichkeiten zur Weiterbildung oder zum Aufstieg waren Angela und Jane mit ihren Positionen zufrieden. Die Arbeitsatmosphäre war entspannt und herzlich, sie hatten Freude an ihrer Zusammenarbeit, und sie schätzten die Organisation.

Nach fünf Jahren der Zusammenarbeit mit Angela bewarb Jane sich um eine Stellung in einer anderen Hilfsorganisation, die besser bezahlte und interessantere Möglichkeiten bot. Sie hatte »nur so zum Spaß« auf die Stellenanzeige geantwortet und reagierte mit Zurückhaltung, als ihr die neue Position tatsächlich angeboten wurde. Der neue Arbeitsplatz war auf der anderen Seite der Stadt, in einem sterilen, neonbeleuchteten Büro, wo Jane außer mit ihrem Chef wenig mit anderen Menschen zu tun haben würde. Angela riet Jane von dem Stellenwechsel ab, mit dem Argument, daß mehr Geld und Aufstiegschancen es kaum wert seien, die warme menschliche Atmosphäre und die Gemeinschaftlichkeit ihrer gegenwärtigen Arbeitssituation aufzugeben. »Vielleicht liegt es daran, daß ich nun mal keine Karrierefrau bin«, sagte Angela beim Mittagessen, »aber Freundschaften wie die unsere und ein Ort wie dieser sind nicht so leicht zu finden. Ich glaube, für mich stehen die Menschen, mit denen ich arbeite, an erster Stelle. Geld ist mir einfach nicht so wichtig.« Nachdem Jane sich Angelas Argumente angehört und Für und Wider des Stellenwechsels erwogen hatte, entschloß sie sich, an ihrem alten Arbeitsplatz zu bleiben.

Kaum ein Jahr später bekam Angela von ihrem Schwager ein Jobangebot in einer privaten Firma, die gut bezahlte und Möglichkeiten zur Weiterbildung, zum Aufstieg und zum Reisen bot. Angela hatte sich nicht nach einer neuen Stellung umgesehen, aber als ihr dieses Angebot in den Schoß fiel, entschloß sie sich, es anzunehmen. Jane war wütend über Angelas Entscheidung und fühlte sich verraten. Angela war hin- und hergerissen und fühlte sich schuldig, erklärte Jane aber, daß sie um ihrer eigenen Weiterentwicklung willen den Wechsel vollziehen müsse.

In der letzten gemeinsamen Arbeitswoche brach die Freund-

schaft zwischen Angela und Jane fast auseinander, der Kulmi-
nationspunkt der Krise war ein Streit, in dem Jane Angela als
»doppelzüngige Lügnerin« bezeichnete. Janes wütende Worte
klangen Angela noch lange in den Ohren: »Du sagtest, du seist
keine Karrierefrau und für dich stünden Menschen an erster
Stelle! Aber kaum ist die Gelegenheit da, hast du dich im Hand-
umdrehen zur Karrierefrau gemausert! Ist doch komisch,
nicht?«

Jane lag mit ihren Vermutungen teils richtig und teils falsch.
Sie hatte recht damit, daß Angela, sobald die Gelegenheit da
war, sich in eine »Karrierefrau« verwandelte. Aber sie hatte
nicht recht mit ihrer Schlußfolgerung, daß Angela sie belogen
hatte. Zu dem Zeitpunkt, als Angela sagte: »Geld ist mir nicht so
wichtig«, oder »Im Beruf stehen Menschen für mich an erster
Stelle«, oder »Ich bin nicht ehrgeizig«, hatte sie die Wahrheit
gesagt. Erst *nachdem* sich ihr eine reale Chance zur Veränderung bot, verbunden mit der Aussicht auf mehr Geld und mehr
Einfluß, fing Angela an, diese Dinge zu schätzen. In ihrem
neuen Job entpuppte sie sich tatsächlich als eine sehr ehrgeizige
Frau. Mehrere Monate später erklärte sie Jane: »Vielleicht
konnte ich mir einfach nicht eingestehen, wieviel mehr ich erreichen wollte, bis ich die Chance wirklich hatte.«

Vielleicht kann keine von uns mit Sicherheit sagen, was sie
nicht will, bis die Gelegenheit da ist, das entsprechende Angebot
abzulehnen. Angelas Erklärung beinhaltet jedoch, daß sie immer Ambitionen hatte und daß sie diesen Teil ihres Selbst in
ihrer früheren Arbeitssituation in defensiver Weise abwehrte.
Das kann sich tatsächlich so verhalten oder auch nicht. Man
kann es auch so sehen, daß Jobs ohne Aufstiegschancen keine
Zukunftsträume erzeugen, während neue Gelegenheiten neue
Wünsche wecken und schließlich auch zu neuen Geschichten
über unser wahres Selbst anregen. Wir entwickeln unsere Geschichten – und unser Selbst – nicht in einem Vakuum; wir werden immer durch unseren Kontext geprägt und prägen ihn un-
sererseits. Viele der Geschichten über uns selbst, die wir für
»wahr« oder »endgültig« halten, verändern sich dramatisch,
wenn der Kontext sich ändert, besonders dann, wenn wir an sozialer oder ökonomischer Macht gewinnen (oder verlieren).
Genaugenommen gibt es keine »wahre Geschichte« und kein

»wahres Selbst«, die sich unabhängig vom Einfluß der Familie und der Kultur entfalten, unabhängig von den besonderen sozialen, politischen und ökonomischen Faktoren der Zeit. Von dem Augenblick an, in dem wir zum ersten Mal in eine hellblaue oder rosa Decke eingewickelt werden, lernen wir, welche Geschichten wir erzählen können und ob es ein offenes Ohr dafür gibt.

7. Kapitel

Unser familiäres Erbe

Meine Freundin Liz Hoffmeister schildert ihre erste Erfahrung mit dem Tod in den folgenden anrührenden Worten: »Ich war noch keine drei Jahre alt, als ich am Sarg meiner Mutter stand, zu beiden Seiten flankiert von meinen Brüdern; unsere Arme berührten sich. Erwachsene strichen um uns herum und flüsterten sich Worte zu. Am deutlichsten erinnere ich mich an die Worte: ›Arme kleine Dinger, sie verstehen noch gar nicht, was passiert ist.‹ Wir standen unbeweglich da, und diese Worte verboten uns, unseren Kummer in irgendeiner Weise zu zeigen. Das unmerkliche Aneinanderdrücken unserer Arme und unser kurzes Leben mit unserer Mutter erhielt uns an jenem Tag aufrecht, schweigend und tränenlos, während die Erwachsenen um uns viele hohle Worte machten.«

Im Alter von noch nicht ganz drei Jahren zu wissen, daß die Mutter in einem Sarg liegt, der bald in die Erde versenkt wird, zu erleben, daß die Erwachsenen die Freiheit haben, zu weinen, sie sagen zu hören, daß du, das Kind, noch nicht weißt, was passiert ist, das ist eine kalte Form von Terror. Und nicht nur, daß du die Mutter verloren hast, und nicht nur, daß die Worte der Umstehenden dich daran hindern, zu weinen – erstaunlich ist doch, daß du dich mit knapp drei Jahren schon fragen kannst, in was für einer Welt du eigentlich lebst!

Die erste Welt, in der wir uns vorfinden, ist eine Familie, die wir nicht selbst gewählt haben. Diese Umgebung hat den stärksten Einfluß auf uns. Unter den günstigsten Umständen sollten Kinder sich frei fühlen, ihre Wahrheiten auszusprechen, ihre tiefsten Sorgen auszudrücken und darauf zu vertrauen, daß sie von anderen Familienmitgliedern gehört und verstanden werden. Aber wie Liz'Schilderung uns vor Augen führt und wie die nun folgende Geschichte von Bea uns zeigen wird, ist das nicht die Welt, in der wir uns vorfinden.

»Wer ist dieses unglückliche Mädchen?« – Beas Geschichte

Bea kam zu mir in Therapie nach der Trennung von einem Mann, mit dem sie fünf Jahre lang zusammengelebt hatte und den sie von Anfang an langweilig gefunden hatte. Sie war depressiv und pessimistisch, was zukünftige Beziehungen anging. Als ich sie fragte, wieviel Unterstützung sie von ihren Eltern in dieser schwierigen Zeit bekäme, sagte sie mir, daß sie ihnen nichts davon erzählt habe. »Mit meinem Vater kann ich mich höchstens über das Wetter unterhalten«, erklärte Bea, »und meine Mutter kann mit mir nicht umgehen, wenn ich depressiv bin. Sie hält es überhaupt nicht aus.«

Soweit Bea sich zurückerinnern konnte, hatte Ruth, ihre Mutter, auf jedes Signal von Traurigkeit bei ihrer Tochter immer mit heftiger Abwehr reagiert. Bea war das »glückliche Kind« in der Familie – eine Rolle, die mit erheblichem Druck erzwungen wurde. Jedesmal, wenn Bea traurig war, kam ihre Mutter mit einem Ausdruck falscher Fröhlichkeit auf sie zu und sagte: »Wer ist dieses unglückliche kleine Mädchen? Das ist doch nicht meine Bea! Meine Bea kann so hübsch lachen. Komm, laß uns dieses traurige kleine Mädchen jetzt wegschikken, daß meine *richtige* Bea wiederkommen kann!« Ruth ging auch bis zu den absurdesten Extremen, um Bea vor allem zu bewahren, was sie in irgendeiner Weise irritieren könnte. Als Bea fünf Jahre alt war, ließ ihre Mutter sie z. B. nicht zu einem Kindergeburtstag gehen, weil sie gehört hatte, daß unter den Gästen auch ein behindertes Mädchen mit einer schweren Gehirnlähmung sein würde.

Als Bea erwachsen war, reagierte ihre Mutter weiterhin mit starken Ängsten auf jede Andeutung von Unglück bei ihrer Tochter. Wenn Bea ihr von irgendeinem Problem erzählte, reagierte Ruth unweigerlich mit dem Reflex, die Dinge für sie in Ordnung zu bringen, oder gab ihr unerbetene Ratschläge, oder speiste sie mit ermunternden Klischees ab, wie »Morgen scheint die Sonne wieder« oder »Du mußt die Dinge von der positiven Seite sehen«. Da ihre Mutter so allergisch auf Depressionen reagierte, hatte Bea es schon lange aufgegeben, im Kontakt mit ihr ihre wirklichen Gefühle zu zeigen.

Die ideale Familie sorgt für die optimale Entwicklung aller ihrer Mitglieder und schafft einen sicheren Raum, in dem jede einzelne Person mehr oder minder sie selbst sein kann. Im günstigsten Fall fördern Familien ein Gefühl der Verbundenheit und Zugehörigkeit (das »Wir«), ohne jedoch die Unabhängigkeit und Eigenständigkeit der einzelnen Familienmitglieder (das »Ich«) einzuschränken. Im Idealfall kann jede einzelne Person sich frei fühlen, ihre authentischen Gedanken und Gefühle zu äußern – auch über spannungsgeladene Themen –, ohne daß jemandem vorgeschrieben wird, was er oder sie zu denken und zu fühlen hat, und ohne daß Meinungsverschiedenheiten allzu große Nervosität hervorrufen. Es ist nicht nötig, einen wichtigen Aspekt des eigenen Selbst zu verbergen oder zu verleugnen, um als zugehörig betrachtet und angehört zu werden.

Das ist das Ideal, aber in den meisten Familien – Beas Familie eingeschlossen – nicht die Realität. Beas Eltern gingen in ihrer Kindheit und Jugend einem breiten Spektrum von Themen ängstlich aus dem Weg. Bea spürte, welche Themen »ungefährlich« waren, und vermied instinktiv die Hochspannungszonen. So wie viele andere Kinder beschwichtigte Bea sich selbst, leugnete ihre eigenen Wahrnehmungen und dämpfte ihre Neugier bei Themen, die der familiären Harmonie abträglich sein oder Familienbeziehungen spalten könnten. Sie verbarg auch wichtigste Aspekte ihrer eigenen Persönlichkeit, ihre Traurigkeit und Verletzlichkeit zum Beispiel. Bea drückte es so aus: »Ich konnte einfach nicht echt sein. Ich konnte nicht ich selbst sein. Niemand in meiner Familie war aufrichtig. Alles war ein So-tun-als-ob.«

Trotzdem wurde Ehrlichkeit hoch bewertet, wenn nicht sogar auf ein Podest erhoben. Beas Eltern bestraften ihre Kinder nicht nur für Lügen und kleine Betrugsmanöver, sondern auch für Übertreibungen und Großspurigkeit. »Meine Eltern waren Ehrlichkeitsfanatiker«, erklärte Bea. »Sie wollten nicht einmal zulassen, daß wir an den Weihnachtsmann glaubten. Mein Vater war der Typ, der einen meilenweit durch Eis und Schnee laufen ließ, um ein paar Pfennige in den Laden zurückzubringen, die der Kaufmann uns zuviel herausgegeben hatte. Wenn wir etwas versprochen hatten, war es ein Kapitalverbrechen, das Versprechen nicht zu halten.«

Die Sanktionen gegen »Unehrlichkeit« waren so streng, daß Bea anfangs völlig verblüfft war, als sie mitbekam, wie es in anderen Familien zuging: »Als ich in der fünften Klasse war, erfuhr ich, daß die Mutter meiner Freundin von ihrem Diensttelefon aus private Ferngespräche führte. Sie brachte aus dem Büro auch Papier, Stifte und Klebeband für die Kinder mit. Meine Freundin wurde darin bestärkt, sich als jünger auszugeben, um billigere Kinokarten oder Busfahrscheine zu bekommen. Ihre Eltern akzeptierten auch zu Haus, daß Kinder nicht immer die Wahrheit sagen. Anfangs war ich schockiert, weil dieses Benehmen in meiner Familie nicht toleriert worden wäre. Das Paradoxe war aber, daß die Familie meiner Freundin mir viel ehrlicher vorkam, viel entspannter und spontaner. In dieser Familie waren alle offen zueinander. Sie redeten tatsächlich miteinander über die Dinge, die in ihrem Leben passierten.«

In Beas Familie bedeutete »Ehrlichkeit«, die Fakten so darzustellen, wie sie waren, Wort zu halten und nicht gegen Regeln zu verstoßen. Das schloß den ehrlichen Austausch von individuellen Gefühlen und Erfahrungen jedoch nicht mit ein. »Meine Mutter war nicht ehrlich, was ihr eigenes Leben anging«, erklärte Bea. »Wenn ich sie etwas Persönliches fragte über sie selbst, sagte sie mir nur das, was ich ihrer Meinung nach hören sollte oder was aus ihrer Sicht gut für mich war.« Es gab einen auffälligen Widerspruch zwischen Ruths optimistischen Botschaften, ihrem Verhalten und der fast greifbaren Aura von Unglück, die sie umgab und die für Beas Gefühl ständig »in der Luft hing.«

Trotz aller guten Absichten

Wir wachsen in der Hoffnung auf, daß unsere Eltern uns nicht vorsätzlich belügen und uns nicht absichtlich Informationen über wesentliche Dinge vorenthalten. Wir vertrauen in gutem Glauben auf die Erklärungen, die sie uns geben. Wir fragen: »Wo wurdest du geboren?« oder »Wieviel hat unser Haus gekostet?« oder »Warum besucht Onkel John uns nicht mehr?« Wir erwarten ehrliche, direkte Antworten oder, wenn wir die nicht bekommen, zumindest die Erklärung, daß manche Dinge nur die Erwachsenen angehen und uns, den Kindern, nicht mitgeteilt oder nicht mit uns diskutiert werden. Wenn uns nicht die Wahrheit gesagt wird, können wir der Welt nicht vertrauen – auch der inneren Welt unserer Gedanken, Gefühle und Wahrnehmungen nicht.

So wie alle anderen Menschen können jedoch auch unsere Eltern nicht offener und ehrlicher zu uns sein, als sie es sich selbst gegenüber sind. Die Diskrepanz, die Bea zwischen den Worten und den echten Gefühlen ihrer Mutter spürte, spiegelte vermutlich Ruths eigene Verwirrung wider und nicht etwa bewußte Täuschungsabsichten von ihrer Seite oder einen unehrenhaften Charakter. Für Mütter ist es nicht leicht, über ihre persönlichen Gefühle zu sprechen, wenn sie diese Gefühle gar nicht benennen können und wenn die Klischeevorstellungen über weibliche Erfahrung, die sie verinnerlicht haben, ihnen im Weg stehen.

Unsere Eltern lassen sich gewöhnlich auch eher von der Vorstellung leiten, was »gut für uns« ist, als von der Wahrheit. Vielleicht hielt Ruth sich zurück oder verdrehte bestimmte Informationen, um ihre Tochter zu schützen, und meinte, damit das Richtige zu tun. Mit der Zielvorstellung, eine Tochter auf eine »glückliche Ehe« vorzubereiten oder zu einer »guten Mutter« zu erziehen, geben Mütter alle Arten von Mythen von einer Frauengeneration an die nächste weiter.

Die Familientherapeutin Betty Carter erklärt, daß Mütter ihren Töchtern in aller Regel nur Dinge sagen, die sie für gut und für hilfreich halten, statt ihre wirklichen Zweifel, Ängste, Probleme und Ungewißheiten zu vermitteln. Darin spiegelt sich, wie Carter meint, das Bemühen einer Mutter um die Erfüllung einer unerfüllbaren Aufgabe: nämlich perfekte Kinder großzuziehen. Carter schreibt: »In ihrem verzweifelten Bemühen, ›gute Mütter‹ zu sein und ihre Töchter richtig anzuleiten, halten Mütter ihre tiefsten persönlichen Erfahrungen zurück und versuchen, ihren Töchtern zu vermitteln, wie es eigentlich hätte sein sollen und wie sie es sich für ihre Töchter wünschen, statt ihnen zu zeigen, wie es für sie, die Mütter, wirklich war oder ist.« Obwohl die Tochter wütend darüber ist, daß die Mutter sie belügt, versucht sie vielleicht später auch, ihre mütterlichen Verpflichtungen zu erfüllen, indem sie dieselben Mythen an ihre eigene Tochter weiterreicht.

Es ist selten, daß Frauen in Familien einander ihre Realität mit der größtmöglichen Offenheit schildern. Aus dieser Unterlassung erwächst ein enormer Verlust, denn nur durch Geschichten, die eine authentische Verbindung zu anderen Frauen herstellen, können wir allmählich unsere tiefsten Wahrheiten entdecken. Es reicht nicht aus, daß wir in einer Frauengruppe, auf einer Frauentagung oder mit unseren engsten Freundinnen unsere Geschichten austauschen. Unser Realitätsgefühl und unser Gespür für die Wahrheit werden in Mitleidenschaft gezogen, wenn wir nicht fähig sind, diesen Austausch auch in unseren Familien zu pflegen. Wie schwierig es ist, in einer Familie gegen Schweigen und Geheimhaltung anzugehen, hängt von dem Maß an Ängsten ab, die mit einem bestimmten Thema verbunden sind und die das emotionale Klima der Familienbeziehungen prägen.

Das emotionale Klima der Familie

Wenn Bea über ihre Familie sagt: »Ich konnte dort nicht wirklich ich selbst sein«, bezieht sich das auf das angsterfüllte emotionale Klima, in dem sie aufwuchs. Familienmitglieder erzeugen nicht absichtlich ein angsterfülltes Klima, unter dem sie selbst leiden oder andere leiden lassen. Sie bemerken diesen Vorgang nicht einmal. Wie der Fisch im Wasser – oder wie die Alibifrau in einer männlichen Arbeitsgruppe – nehmen wir die spezifischen Gegebenheiten unserer Umwelt als etwas Selbstverständliches hin und achten gar nicht darauf.

Das Niveau der unterschwelligen Ängste oder emotionalen Spannungen in einer Familie wird von vielen unterschiedlichen Faktoren beeinflußt. Es spiegelt die realen Belastungen, die auf eine Familie einwirken, während sie sich durch den Lebenszyklus hindurchbewegt, und die ökonomischen und sozialen Möglichkeiten der Eltern, mit diesen Belastungen fertig zu werden. Es spiegelt auch die sozialen Belastungen und sozialen Ungleichheiten, die auf die Familie einwirken. Darüber hinaus spiegelt es den Reifegrad der Eltern und die Reife ihres emotionalen Verhaltens, die wiederum mit der Verbindung zu ihren

Herkunftsfamilien zusammenhängen und mit den ungelösten Problemen, die sie aus dieser Quelle mitbringen. In der Geschichte einer Familie akkumulieren die Ängste im Lauf vieler Jahre. Schmerzliche Ereignisse, die in vergangenen Generationen nicht durchgearbeitet wurden, bleiben in das Familiensystem eingebettet und werden in jeder neuen Generation erneut in Szene gesetzt.

Das Niveau der unterschwelligen Ängste oder emotionalen Spannungen in einer Familie bestimmt darüber, wieviel Freiheit die Einzelnen haben, ihre eigenen Wahrheiten zu entdecken, zu reflektieren und auszudrücken – und wie klar sie sich selbst und andere sehen. Angstvolle Spannung treibt Menschen zur Polarisierung, zur Verschmelzung oder zum Bruch, dazu, Unterschiede zu glorifizieren oder zu hassen, zuviel oder zuwenig zu enthüllen, Themen gänzlich auszuweichen oder sich unentwegt darauf zu konzentrieren. Angsterfüllte Familien verleugnen Unterschiede, kehren sie unter den Teppich, verfallen einer falschen Gruppenmentalität, die individuelle Autonomie negiert – oder sie übertreiben Unterschiede und vergrößern sie in unverhältnismäßiger Weise.

Ängste bilden den Antrieb für Projektionen und Verzerrungen. Wir nehmen die Dinge zu persönlich und interpretieren zuviel in die Reaktionen der anderen hinein. Oder wir tun das Gegenteil und sind überhaupt nicht fähig, die Nuancen und Feinheiten der verbalen und der nonverbalen Botschaften anderer zu erfassen. In Familien mit chronischer Angstspannung gibt es entweder starre, autoritäre Regeln – oder die Familie verhält sich wie ein Klumpen Protoplasma, der hierhin und dorthin ausufert, ohne klare elterliche Führung und ohne eindeutige Generationengrenzen. Angsterfüllte Familien verleugnen die Realität von Veränderungen und versuchen, die Uhr anzuhalten – oder das familiäre Verhalten ist so konturlos und chaotisch, daß es gar keine zuverlässigen, voraussehbaren Strukturen gibt, an die man sich halten kann. Ängste treiben uns zum einen oder zum anderen Extrem.

Ängste fördern die Bildung von Dreieckskonstellationen. Wenn die Ängste ansteigen, reden Familienmitglieder *über* andere Familienmitglieder, statt direkt zueinander zu sprechen. Wenn die Spannungen eskalieren, bilden Familienmitglieder

Fronten, verlieren die Objektivität, fixieren sich in besorgter oder vorwurfsvoller Weise aufeinander oder schlagen sich auf die Seite einer Person auf Kosten einer anderen Person. Ängste steigern die Reaktivität, und das macht uns rasch geneigt, einander die Meinung zu sagen und aneinander herumzuziehen: »Ich hatte es so satt, die Spielchen meiner Mutter mitzumachen, daß ich schließlich platzte und ihr ganz klar sagte, wie sie alle manipuliert!« Familienmitglieder setzen diese spannungsgeladenen, angstgetriebenen Konfrontationen mit Ehrlichkeit gleich und werfen der anderen Person dann vor, daß sie sich nicht ändert. ». . . und dann wurde Mutter total defensiv! Sie kann die Wahrheit einfach nicht ertragen!« Tatsächlich kann es nicht zur Offenheit und zum Aussprechen der Wahrheit kommen, bevor mindestens eine oder einer der Beteiligten sich beruhigt, aus dem allgemeinen Gebrodel aussteigt und wirklich anfängt, nachzudenken, statt nur zu *reagieren*.

Beas Familie hatte alle charakteristischen Merkmale eines von chronischen Ängsten geprägten Systems. Die familiären Rollen waren rigide polarisiert und festgelegt. Die Etiketten, die jedem einzelnen Familienmitglied anhafteten, negierten sowohl die Komplexität der menschlichen Erfahrung als auch die Unvermeidlichkeit von Veränderungen. Bea war »immer fröhlich«, Rob, ihr älterer Bruder, war »verantwortungslos«, Tante Mary war »selbstsüchtig und unzuverlässig«. Erkenntnisse, die die familiären Mythen und Etikettierungen in Frage stellten, wurden abgewertet, so als ob der Zusammenhalt der Familie davon abhänge, daß diese Positionen so sicher blieben wie der Sonnenaufgang und so unveränderlich wie die Sterne am Himmel. Wenn die »immer fröhliche« Bea jemals Traurigkeit zeigte, drängte ihre Mutter ängstlich auf das Wiedererscheinen der »richtigen Bea«. Wenn der »verantwortungslose« Rob einmal verantwortungsvoll handelte, hielt die Familie kollektiv den Atem an, weil alle einfach *wußten*, daß er bald wieder in Schwierigkeiten sein würde. Als Bea gegen eine unausgesprochene Familienregel verstieß und ihre »selbstsüchtige« Tante Mary besuchte, und als Tante Mary warmherzig und großzügig auf diese Geste reagierte, intensivierte die übrige Familie ihre kritische Haltung und warnte Bea, Tante Mary sei nur darauf aus, sie zu »benutzen«. Alle Familien haben ihre Mythen, ihre

Parteilichkeiten, ihre Etikettierungen, aber wenn diese Positionen rigide festgelegt sind, üben sie eine zutiefst einschränkende Wirkung auf die Authentizität und den Wirklichkeitssinn aus. Wie ein erhöhter Sockel oder eine Gefängniszelle lassen festgelegte Etikettierungen – positive oder negative – Menschen nicht mehr viel Spielraum, in dem sie sich umherbewegen können.

In Beas Familie schrieb die Zusammengehörigkeitsfront auch vor, daß wichtige Unterschiede nicht an die Oberfläche treten durften. Diese angstgetriebene Verschmelzung, der Verlust des unabhängigen Ich innerhalb des Wir, war zwischen Mutter und Tochter besonders intensiv. Wenn Ruth »weiß« sagte, fühlte Bea sich als Kind unfähig, »schwarz« zu sagen. Später, als sie in die Pubertät kam, tat Bea genau das Gegenteil (was im Grunde dasselbe ist) und fühlte sich genötigt, »schwarz« zu sagen, wenn die Mutter »weiß« sagte. Die Verschmelzung zwischen Mutter und Tochter war so übermächtig, daß Bea sich gezwungen fühlte, die Unterschiede hervorzuheben. Sie litt unter dem »Matraphobie«-Syndrom, wie Adrienne Rich es nennt, das heißt der Angst, die eigene Mutter zu sein, sich von ihr nicht unterscheiden zu können. Wenn wir versuchen, unseren Müttern so *unähnlich* wie möglich zu sein, nehmen wir uns die Möglichkeit, unser wirkliches Selbst zu entdecken und zu entwerfen, ebensosehr wie wenn wir uns gezwungen fühlten, genau wie sie zu sein.

Selbst in ruhigeren, flexibleren Familien sind Unterschiede eine Herausforderung für Mütter und Töchter. Da die Rolle der Frau sich so rapide verändert, ist es nicht überraschend, wenn eine Mutter die Manifestationen von Andersartigkeit bei ihrer Tochter als Loyalitätsbruch oder Verrat, als Unterbrechung einer Linie oder Verlust erlebt und als Urteil über ihr eigenes Leben und ihre Entscheidungen. Solche Spannungen sind verständlich, wenn eine Mutter beobachtet, wie ihre Tochter darum kämpft, neue und andersartige Definitionen als die in den letzten fünftausend Jahren vorgeschriebenen für das Leben einer erwachsenen Frau zu finden.

Wenn es um den Ausdruck ihrer wahren Gefühle ging, kam Bea mit ihrem Vater nicht besser zurecht als mit ihrer Mutter. Auch im Verhältnis zu ihm war es nicht möglich, Unterschiede ehrlich zu artikulieren. Die tiefverwurzelte Distanz in der Beziehung zwischen ihnen ließ die Dinge jedoch ruhiger und weniger spannungsvoll erscheinen. So wie viele andere Töchter hatte auch Bea gelernt, *nichts* von ihrem Vater und *alles* von ihrer Mutter zu erwarten. Obwohl sie sich darüber beklagte, daß sie im Kontakt mit ihren Eltern nicht sie selbst sein konnte, konzentrierte Bea ihre gesamte negative Aufmerksamkeit auf Ruth.

Töchter unserer Mütter

Die Beziehung zum gleichgeschlechtlichen Elternteil ist natürlich für die Entwicklung von Authentizität und Selbstachtung besonders ausschlaggebend. Als gelehrige Schülerin schaut eine Tochter auf ihre Mutter, um zu erfahren, was es heißt, eine Ehefrau, eine Mutter, eine erwachsene Frau zu sein. Eine Tochter hat einen sensiblen Spürsinn für die Qualität des Lebens, das ihre Mutter lebt. Eine Tochter spürt die Hoffnungen, Ängste, Träume, Kompromisse, Verluste und unerfüllten Sehnsüchte ihrer Mutter. Je größer das Leiden in der letzten Frauengeneration war, desto unfähiger kann eine Tochter sich fühlen, einen anderen Lebensplan für sich selbst zu entwerfen – einen Lebensplan, der ein hohes Maß an Freude, Ehrgeiz und Elan einschließt. Die Tochter fühlt sich vielleicht gezwungen, um ihrer Mutter willen erfolgreich sein zu müssen, die uneingestandenen Ambitionen ihrer Mutter auszudrücken oder zu beweisen, daß die Kompromisse und Nöte der vorangegangenen Frauengeneration nicht umsonst waren.

Es liegt auf der Hand, daß der Vater oft als der weniger spannungsgeladene und ängstliche Elternteil erscheint. Väter wurden von der Elternschaft in jedem realen Sinn entlastet, während den Müttern im Gegensatz dazu stets vermittelt wurde, sie *seien* die Umwelt des Kindes und es liege ausschließlich in ihrer Verantwortung, was aus ihren Kindern wird. Der Mythos, daß die Mutterschaft, die eine Verantwortung darstellt und eine Beziehung ist, ein Beruf sei, hat ganz besonders katastrophale Folgen. Bea sagte in der Therapie oft anklagend: »Meine Mutter brauchte mein fröhliches Lächeln, damit sie der Welt zeigen konnte, was für eine gute Mutter sie war!« Nun ja – warum eigentlich nicht? In unserer ehrgeizgetriebenen, konkurrenzbewußten, produktorientierten Welt ist es vielleicht gar nicht so unverständlich, daß eine Mutter ein »gutes Produkt« hervorbringen will, um sich selbst, der Welt und ihrer eigenen Mutter zu beweisen, daß sie eine »gute Mutter« ist, daß sie ihre Arbeit gut gemacht hat.

Das emotionale Erbe eines Vaters

Natürlich haben auch unsere Väter aus den verschiedensten unbewußten Gründen Erwartungen an uns, wie wir – um ihretwillen – sein sollen oder nicht sein sollen. Wie unsere Eltern uns wahrnehmen und was sie von uns erwarten, ist immer von eigenen unerledigten Problemen mit ihren Herkunftsfamilien eingefärbt – von allen vergangenen und gegenwärtigen emotionalen Problemen, die sie beeinträchtigen.

Frank, Beas Vater, explodierte zum Beispiel jedesmal, wenn Bea und Rob nicht die Wahrheit sagten, Regeln verletzten oder ihr Wort nicht hielten. Alle Kinder verletzen Regeln, erproben, wie weit sie gehen können, und versuchen, die Eltern zu täuschen, aber Frank hatte nicht die Flexibilität, auch nur über geringfügige Überschreitungen oder simple Meinungsänderungen hinwegzugehen. Bea erzählte. »Einmal hatte ich einem Jungen aus der Nachbarschaft versprochen, ihn in den Zirkus einzuladen, und sagte ihm dann ab, weil sich herausstellte, daß am selben Tag ein Schulfest stattfand. Mein Vater reagierte, als hätte ich ein Verbrechen begangen.«

Frank schilderte seinen eigenen Vater als einen »nichtsnutzigen verlogenen Trunkenbold«, auf den man sich nicht verlassen konnte. Das auffällige Verhalten seines Vaters steigerte sich direkt proportional zu seinem Alkoholkonsum, was ihn in dem kleinen Ort in Oklahoma, in dem die Familie lebte, zum Hauptobjekt des Kleinstadtklatsches machte. Franks Mutter fühlte sich hilflos und war weder fähig, ihrem Mann die Meinung zu sagen, noch, ihn zu verlassen. Als Frank acht Jahre alt war, hatte er bereits die Rolle des Vertrauten und emotionalen Verbündeten seiner Mutter gegen seinen Vater eingenommen.

Als erstgeborener und einziger Sohn machte Frank es sich zur Aufgabe, den guten Ruf der Familie durch sein eigenes vorbildliches Verhalten wiederherzustellen. Er war so überkontrolliert, daß die Angst vor dem Kontrollverlust immer im Schatten seines Unbewußten lauerte. Seine eigenen »schlechten«, aufsässigen Impulse müssen ihn mit einer wahren Todesangst erfüllt haben, denn sie legten die Möglichkeit nahe, er könne wie sein Vater sein und seine Mutter verraten.

Frank erlebte seine Eltern in einer so polarisierten Weise, daß er seinem nichtsnutzigen Vater keine Kompetenz zugestehen und an seiner perfekten Mutter, die er als »Heilige« beschrieb, keine Unzulänglichkeiten wahrnehmen konnte. Sogar nach dem Tod seiner Eltern blieb Frank »für Mutter« und »gegen Vater« eingestellt und kam nie zu einem erweiterten, komplexer strukturierten Verständnis der familiären Muster und seines eigenen Anteils daran. Als erwachsener Mann wußte Frank immer, wer »die Guten« und »die Schlechten« waren, und auf welcher Seite er stand.

Dieses emotionale Erbe färbte seine Erwartungen, seine Wahrnehmungen und seine Reaktionen auf seine Kinder kräftig, insbesondere was Rob betraf, der ebenfalls Erstgeborener und einziger Sohn war. Franks unbewußte Ängste, daß Rob wie sein Großvater werden könnte (vielleicht in Verbindung mit dem unbewußten Wunsch, Rob würde die unakzeptablen Impulse ausleben, die Frank in sich selbst verleugnete), sorgten zwischen Vater und Sohn für ein besonders spannungsgeladenes emotionales Klima. Als Bea mehr über die Familie ihres Vaters erfuhr, konnte sie verstehen, warum »Ehrlichkeit« und »Anständigkeit«, insbesondere vor den Augen der Leute, für Frank nicht nur eine Tugend oder ein hoher Wert waren. Er nahm vielmehr eine rigide, angstgetriebene, permanente Besorgtheitshaltung ein.

Wenn die Angstspannung hoch genug ist oder lange genug andauert, können unsere Eltern die Fähigkeit verlieren, ihre eigenen emotionalen Probleme von den unseren zu trennen oder zu unterscheiden.

Bei einem Treffen der Landesvereinigung für Frauenstudien erzählte eine Frau die folgende Geschichte: Als sie aufwuchs, wurde sie von ihrer Mutter permanent unter Druck gesetzt, mehr zu essen und zuzunehmen. »Warum machst du das mit mir?!« attackierte sie ihre Mutter einmal heftig. Die Mutter, eine Überlebende des Holocaust, antwortete ohne zu zögern:

»Weil die Leute in den Konzentrationslagern, die zwei Pfund mehr wogen, zwei Tage länger lebten.«

Die Erzählerin dieser Geschichte machte eine Bemerkung darüber, wie verrückt diese Denkweise ihrer Mutter gewesen sei. Aber ihre Mutter tat nur das, was die meisten Eltern tun, sogar wenn sie keine traumatischen Erfahrungen haben. Eltern sehen ihre Kinder nicht objektiv, nicht als reale, eigenständige Persönlichkeiten. Vielmehr sehen unsere Eltern uns durch die gefärbte oder verzerrende Brille ihrer eigenen Geschichte und ihrer eigenen Lebensumstände. Tatsächlich sprach es für diese Mutter, daß sie ihr aktuelles Verhalten mit dem vergangenen Trauma in Verbindung bringen und ihrer Tochter so einen Kontext vermitteln konnte, innerhalb dessen ihre ängstliche Fixierung auf das Körpergewicht verständlich wurde. Als Reaktion auf die wütende Kritik ihrer Tochter hätte sie auch zurückbrüllen können: »In diesem Hause wird normal gegessen, und du machst davon keine Ausnahme!« oder »Weil du mehr essen mußt, um am Leben zu bleiben!« Wenn Eltern sich mit spannungsvoller Intensität auf irgendeinen Aspekt im Verhalten eines Kindes fixieren, haben sie in aller Regel keine bewußte Erkenntnis darüber, welche Kräfte aus ihrer Vergangenheit sie dazu antreiben.

Familien sind nicht gerecht, und wir wählen die Familien nicht, in die wir hineingeboren werden. Unsere Eltern, die auch nur Menschen sind, können nicht wie in einem Gewächshaus das ideale Klima schaffen, in dem das wahre, authentische Selbst der Kinder zur schönsten Blüte kommt. Zuviel ist geschehen, lange bevor wir die Bühne betraten. Über mehrere Generationen hinweg betrachtet ist keine Familie frei von den emotionalen Wogen oder sogar Flutwellen, die durch angsterregende Ereignisse ausgelöst werden – Emigration, Abbrechen von Beziehungen, vorzeitige Verluste – und die die Verhaltensstrukturen einer Familie über Generationen beeinflussen.

Es gibt außerdem kein wahres Selbst, das sich in einer idealen, freien Umwelt entfalten könnte, nicht eingeschränkt durch die Rollen, Regeln, Traditionen und Mythen der Familie, der Kultur und des gesellschaftlichen Kontexts. Das Selbst entfaltet sich nicht, sondern wird kontinuierlich neu erfunden und neu konstruiert durch unsere Interaktionen mit anderen Menschen. Es hängt von einer großen Zahl unterschiedlicher Faktoren ab, unter anderem von Zeit, Ort und historischen Gegebenheiten, wie viel oder wie wenig Spielraum wir haben, in diesem Prozeß offen und flexibel zu sein.

Als Erwachsene können wir uns entscheiden, wie ehrlich und authentisch wir unsere Beziehungen mit unserer Herkunftsfamilie handhaben wollen. Wenn wir uns zu größerer Wahrhaftigkeit hinbewegen wollen, müssen wir uns selbst klarer definieren, andere objektiver sehen, Probleme, die von Bedeutung sind, klar und direkt ansprechen und in uns selbst und anderen das volle, veränderliche Spektrum von Kompetenzen und Verletzlichkeiten anerkennen, das uns menschlich macht. Das ist der Anfang von Ehrlichkeit, Wahrhaftigkeit und Authentizität: Nicht die Entlarvung oder Enthüllung dramatischer Täuschungen und Geheimnisse, sondern das alltägliche Praktizieren dessen, was wir »ich selbst sein« nennen.

Erwachsene haben die Fähigkeit, das emotionale Klima von Familienbeziehungen neu zu gestalten und erfinderisch zu sein, wenn es darum geht, wie man die Wahrheit sagt. Auch Kinder beeinflussen andere Familienmitglieder und treffen ihre eigenen Entscheidungen über Lügen, Geheimnisse und Verschweigen. Die Fähigkeiten eines Kindes zur Reflektion und zum Lösen von Problemen sind jedoch begrenzt und auch dadurch eingeschränkt, daß ein Kind sich in einem Zustand totaler ökonomischer und emotionaler Abhängigkeit befindet. Kinder sind die Familienmitglieder mit der geringsten Macht. Als solche können sie in ihrer Beziehung zu den Erwachsenen, von denen ihr Überleben abhängt, auch nur geringe Risiken eingehen, ganz gleich, ob diese Risiken real sind oder der Phantasie entspringen.

Die Geschichten unserer Mütter

Als Bea ihre Therapie bei mir begann, erzählte sie ihrer Familie nie von Dingen, die emotional für sie von Bedeutung waren. Wenn ihre Mutter sie fragte: »Wie geht es dir?«, sagte Bea »Gut«. Erst sehr viel später konnte Bea das Wagnis eingehen zu sagen: »Ach, weißt du, mir geht es nicht so besonders. Ich habe mich gerade von meinem Freund getrennt, und ich fühle mich ziemlich elend.« Eine solche Aussage beeindruckt uns vielleicht nicht gerade als kühner Akt der Wahrhaftigkeit, aber für Bea war sie das. Bea lernte schließlich, die vorhersehbare Reaktion ihrer Mutter (»Ach, du bist doch nicht wirklich traurig, mein Schatz«) als das zu nehmen, was sie war, nämlich eine Information darüber, wie Ruth mit Ängsten umging. Statt sich in Schweigen zu hüllen und sich vorwurfsvoll zurückzuziehen, fand Bea kreative Formen, das Gespräch fortzusetzen.

Manchmal zog Bea ihre Mutter mit ihrer Vermeidungshaltung auf: »Sag mal, Mama, bist du eigentlich allergisch gegen Traurigkeit? Oder glaubst du, daß ich zusammenbreche, wenn ich mich mal elend fühle?« Sie forderte Ruth auch heraus, in einem lockeren, liebevollen Ton: »Mama, ich glaube, du solltest zum Roten Kreuz gehen, so versiert, wie du in Rettungsaktionen bist! Immer wenn ich mich schlecht fühle, versuchst du mich zu retten, indem du das Thema wechselst.« Als Bea sich in Gegenwart ihrer Mutter ruhiger und zentrierter fühlte, begann sie Fragen zu stellen, die den Kontext, in dem das Verhalten ihrer Mutter stand, erweiterten.

Bea sagte Ruth, daß sie ihre eigenen Hochs und Tiefs besser in den Griff bekommen würde, wenn sie mehr darüber wüßte, wie andere Frauen in der weitläufigeren Familie mit Depression und Trauer umgegangen waren. Sie fragte nach Tante Rhonda, Tante Mary, Großmutter Belle und Urgroßmutter Lena. Wie tief war das depressivste Familienmitglied je in die Depression hineingeraten? Wie reagierten andere Familienmitglieder darauf? In welcher Generation hatte diese Aversion gegen Depressionen begonnen? Welche »Philosophie« hatte Ruth über den Umgang mit Depressionen, und wie unterschied diese sich von Großmutter Belles Einstellung? Was war das traurigste Erlebnis, das die Familie im Lauf der letzten hundert Jahre gehabt hatte?

Als Bea geschickter darin wurde, Fragen zu stellen, wurde ihre Mutter mitteilsamer. Anfangs, zu Beginn der Therapie, war Bea zu wütend und angespannt, um im Gespräch mit Ruth ein emotional geladenes Thema anzuschneiden. Spannungsvolle Intensität bringt immer mehr Spannung hervor; das angsterfüllte emotionale Klima, das der Wahrheit ohnehin abträglich war, wird dadurch nur noch verstärkt. Wenn wir uns der Wahrheit annähern wollen, sind wir oft gefordert, in einem angsterfüllten emotionalen Feld ruhig und präsent zu bleiben. Paradoxerweise läuft das darauf hinaus, weniger authentisch zu sein, um zu einem emotionalen Klima beizutragen, in dem Menschen wahrhaftiger sein können – das heißt, wenn authentisch zu sein als spontanes Ausleben dessen definiert wird, was sich natürlich einstellt. In Beas Fall war dies entweder der wütende Rückzug von Ruth oder die aggressive Konfrontation. Diese Art der Authentizität oder des Aussprechens der Wahrheit führt unweigerlich dazu, daß die Kommunikation noch dürftiger und noch schwieriger wird.

Welche enorme Kraft es doch kostet, einen Standort zu erreichen, an dem unser Wunsch, die andere Person zu verstehen, genauso groß ist wie unser Wunsch, verstanden zu werden! Erst als Bea diesen Punkt erreicht hatte, konnte ihre Mutter anfangen, ihre Geschichten zu erzählen und ihre Geheimnisse zu lüften. Bea, die nur von den zwei Schwestern ihrer Mutter wußte, erfuhr nun, daß Ruth einen Zwillingsbruder gehabt hatte, der im Alter von drei Jahren in einem See auf dem Grundstück der Familie ertrunken war. Ruths Mutter, Belle, empfand überwältigende Schuldgefühle, weil sie nicht sorgsamer auf ihren Sohn aufgepaßt hatte. In der Folge ertränkte sie sich sozusagen in ihrem Kummer und kam nie wieder lange genug an die Oberfläche, um voll durchzuatmen. Als Belle im Alter von dreiundsechzig Jahren starb, lagen die Kleidungsstücke und Spielsachen ihres Sohnes immer noch wohlverwahrt da – wie an dem Tag, an dem er gestorben war. Ruth sagte: »Für meine Mutter stand die Zeit von diesem Tag an still.«
Als Reaktion auf diesen Verlust nahmen Beas Großeltern rigide polarisierte Haltungen ein. Die Großmutter konnte nichts als trauern, und der Großvater konnte überhaupt nicht trauern. Über dieses Zuviel beziehungsweise Zuwenig an Trauer machten sie sich gegenseitig Vorwürfe, und eine eisige Distanz entstand in ihrem Zusammenleben. Außerdem steigerten die Eheprobleme sich noch dadurch, daß Belle sicher war, die Familie ihres Mannes gebe ihr die Schuld am Ertrinken des Jungen, obwohl niemand je das Thema Verantwortung und Schuld direkt ansprach.

Großmutter Belle erzählte Ruth, sie sei verzweifelt darüber, daß ihr Mann ihr überhaupt keine Unterstützung gebe, aber sie sprach auch nicht für sich selbst, und sie konnte sich auch selbst nicht verzeihen. Die Familienmitglieder entfernten sich voneinander, und es gab keine professionelle Beratung oder Hilfsquellen innerhalb der Gemeinschaft, die ihnen beigestanden hätten, einander in ihrer Trauer zu unterstützen und sich dann wieder dem Leben zuzuwenden.

Kein Wunder, daß Ruth keinen Weg fand, auf das Unglücklichsein ihrer Tochter zu reagieren oder mit ihrem eigenen Unglücklichsein umzugehen. Ruth wuchs mit zwei Erwachsenen auf, die sich in Extreme stürzten, um Depression und Schmerz zu bewältigen. Ihr Vater vertrat die Ansicht, daß man in die Zukunft schauen und »weitermachen« müsse. Ihre Mutter sah im Gegensatz dazu überhaupt keine Zukunft mehr. An irgendeinem Punkt ihrer Entwicklung entschied Ruth sich für den Weg ihres Vaters und gab dies später auch an ihre Tochter weiter. Jedesmal wenn sie bei Bea mit den normalen Tränen und Kümmernissen der Kindheit konfrontiert war, fiel ihr ihre Mutter ein, die aus der Depression nie mehr herauskam. Die Tatsache, daß Bea ihrer Großmutter Belle sehr ähnlich sah, machte die Dinge vermutlich nicht einfacher.

Ruth trauerte nie um ihren verlorenen Zwillingsbruder, so besorgt sie auch um den unablässigen Schmerz ihrer Mutter und das Klima der Verbitterung zwischen den Eltern war. Ihre Unbekümmertheit stand in direkt proportionalem Verhältnis zur Überreaktion ihrer Mutter. »Ich weinte nie um meinen toten Bruder«, sagte Ruth, »und ich habe seither bei keiner Beerdigung geweint.« In einem besonders offenen Moment sagte Ruth zu Bea: »Vielleicht kann ich es nicht ertragen, dich betrübt zu sehen, weil ich Angst habe, daß ich nie mehr aufhören könnte zu weinen, wenn ich einmal anfange.« Ruth weinte, später, während eines Gesprächs mit ihrer Tochter, und sie konnte auch wieder aufhören.

Bea konnte Ruth schließlich sagen, warum sie ihre beschützende Haltung so problematisch fand. Sie erklärte ihrer Mutter genau, was sie hilfreich fand, wenn sie depressiv war. Ruth ihrerseits konnte Bea sagen, warum sie ein solches Anklammerungsbedürfnis hatte, wenn es Bea schlechtging, und sie sprach auch ganz offen aus, daß dieses Sich-Sorgen-Machen vermutlich die einzige ihr vertraute Art war, sich ihrer Tochter nahe zu fühlen. Ich kann mir vorstellen, daß der Dialog zwischen Mutter und Tochter bis heute weitergeht.

In Familien ist das Aussprechen der Wahrheit ein langer, holpriger Weg ohne Ende. Jede ehrliche Frage und jede ehrliche Aussage ruft neue Fragen, neue Gefühle, neue Enthüllungen hervor. Die Aufdeckung vorher verborgener Informationen kann weitere offene Aussprachen, weitere Enthüllungen und Entdeckungen einleiten – oder auch das Gegenteil bewirken. Die Enthüllung eines Geheimnisses kann auch kontraproduktiv sein, wenn sie in einem von Angstspannung erfüllten emotionalen Feld stattfindet, bevor mindestens eine erwachsene Person motiviert und aufmerksam genug ist, die eigenen Spannungen in den Griff zu bekommen.

8. Kapitel

Ehrlichkeit gegen Wahrheit

Vor nicht allzu langer Zeit hatte ich die Ehre, bei einer Menninger-Frauentagung die Künstlerin Holly Near anzukündigen. Meine Rolle als einführende Sprecherin bei diesem Ereignis machte mich ungewöhnlich nervös, denn Holly Near ist eine meiner Lieblingssängerinnen, ein politisches Vorbild und ein Rollenvorbild in meinem Leben. Bei vielen ihrer Konzerte hatte ich im Publikum gesessen, und nun war sie da. Sonst trat sie in der Carnegie-Hall auf, und nun würde sie im Ramada-Inn in meiner Heimatstadt Topeka in Kansas auf die Bühne kommen. Die Aussicht, aufs Podium zu treten und sie anzukündigen, erfüllte mich mit ebensoviel Nervosität wie aufgeregter Vorfreude.

Aber gerade als meine Aufregung den Höhepunkt erreichte, zog eine Freundin mich beiseite und kritisierte mein Verhalten vom Vortag. Ihre Veranstaltung hatte ich nicht in der angemessenen Weise angekündigt, und das hatte ihr das Gefühl gegeben, zweitrangig und bedeutungslos zu sein. Sie hatte recht, was mein Verhalten betraf, aber sie war im Irrtum über meine Motive. Ich entschuldigte mich und erklärte ihr, daß meine Zerstreutheit unter starkem Arbeitsdruck der Grund gewesen sei und nicht etwa mangelnde Zuneigung und Achtung für sie. Ich war einfach unaufmerksam gewesen.

Am nächsten Tag entschuldigte meine Freundin sich bei mir, daß sie ihre Kritik zu einem so ungünstigen Zeitpunkt angebracht hatte. Sie wußte, wie nervös ich vor diesem großen Ereignis war, und sie kannte die Ängste des öffentlichen Sprechens vor Publikum aus eigener Erfahrung. Nachdem sie mir die Meinung gesagt hatte, tat es ihr leid, daß sie ihre momentanen Gefühle ausagiert hatte, und wünschte, sie hätte einen Tag gewartet, um mir den Vorwurf zu machen. Ich wußte diese Entschuldigung zu schätzen und sagte ihr das. Ich möchte, daß meine Freundinnen und Freunde mir gegenüber ehrlich und spontan sind, aber ich wünsche mir auch, daß sie auf meine Gefühle Rücksicht nehmen. Ich will ihre Kritik hören, aber nicht gerade in den Augenblicken, in denen ich mich am verletzlichsten fühle und überlastet bin.

Die meisten Menschen können sich vermutlich an zahllose Augenblicke in ihrem eigenen Leben erinnern, in denen sie selbst – oder andere – völlig danebenlagen, was die Wahl des richtigen Zeitpunkts betrifft, oder an Situationen, in denen ein bißchen Taktgefühl nicht nur jemandem Schmerz erspart, sondern auch die Chancen erhöht hätte, daß zwei Leute einander wirklich zuhören, statt nur aufeinander zu reagieren. Als ich jünger war, glaubte ich, daß Taktgefühl und Gespür für den richtigen Zeitpunkt das Gegenteil von Ehrlichkeit seien. Mittlerweile bin ich zu der Überzeugung gekommen, daß Taktgefühl und Gespür für den richtigen Zeitpunkt es überhaupt erst möglich machen, die Wahrheit zu sagen – unter den schwierigsten Umständen und im Hinblick auf die heikelsten Themen.

Ich fühle mich auch nicht genötigt, Menschen, die mir nicht wichtig sind, die ganze Wahrheit zu sagen. Ich habe zum Beispiel mehrfach Essenseinladungen von einer Frau abgelehnt, die ich als enervierend empfinde. Als sie mich direkt fragte, ob ich ihr aus persönlichen Gründen aus dem Weg ginge, sagte ich: »Ich habe im Augenblick so viel zu tun, daß ich kaum dazu komme, meine engsten Freunde zu sehen.« Das stimmte durchaus, aber es beantwortete die Frage nicht. Wäre sie mir wichtig gewesen, hätte ich mich bemüht, für mich selbst herauszubekommen, was genau ich an ihr so enervierend fand, und hätte nach einem Weg gesucht, mit ihr darüber zu sprechen.

Ehrlichkeit im Augenblick

Manche von uns setzen »Ehrlichkeit« und »Wahrhaftig-Sein« mit dem unzensierten Ausdruck unserer Gedanken und Gefühle gleich. Es ist tatsächlich wundervoll, eine Beziehung zu haben, die so entspannt und intim ist, daß wir alles und jedes spontan aussprechen können, ohne erst groß darüber nachzudenken. Dennoch kann eine so definierte Ehrlichkeit uns von tieferen Ebenen der Wahrhaftigkeit abschneiden. Nehmen wir als Beispiel, was der Psychologe Clark Moustakas über seine Schwierigkeiten erzählt, zwischen Ehrlichkeit und Wahrheit zu unterscheiden. Moustakas, der Encounter-Gruppen leitete, bekam einmal gesagt, wenn er effektiv sein und sich auch selbst zu voller Lebendigkeit entfalten wolle, solle er lernen, innerhalb der Gruppenerfahrung den Ausdruck von Wut und Konflikten aufzuspüren und zu fördern. Dabei werde er auch zu seinen eigenen wütenden Impulsen und dem angemessenen Ausdruck dafür finden und so eine Modellfunktion für andere erfüllen. Obwohl dieser Rat ihm ein Verhalten nahelegte, das ihm fremd war und das nicht mit seinem Selbstgefühl oder der Art, wie er leben wollte, übereinstimmte, wollte Moustakas sich nicht vor den Dingen verschließen, die er lernen könnte, wenn er den Hinweisen seines Kollegen folgte. Er war jedoch nicht davon überzeugt, daß spontane aggressive Auseinandersetzungen für wahrhaftiges Leben und Persönlichkeitswachstum unabdingbar notwendig seien.

Trotzdem zwang Moustakas sich ein halbes Jahr lang, mit dem »Wut-Rezept«, das für den Gruppenprozeß angeblich so wesentlich sein sollte, zu experimentieren. Er stellte fest, daß er einerseits seine Wut zwar in Minutenschnelle ausdrücken konnte, andererseits aber Stunden brauchte, um mit den Konsequenzen fertig zu werden. Die Gruppensitzungen waren lebhaft, aber problematisch und spannungsvoll. Er beobachtete, welchen Aufruhr und welches Chaos er im Leben anderer anrichtete, zumal seine eigenen Äußerungen als Gruppenleiter großes Gewicht hatten.

Schließlich bekam Moustakas Magenschmerzen, Kopfschmerzen und andere physische Symptome und interpretierte sie als Anzeichen dafür, daß er sich durch seinen neuen, konfrontativen Gruppenleitungsstil von seinen eigenen Wertvorstellungen entfernte. Er begann sich zu fragen, worin der wirkliche Wert der Ehrlichkeit lag. Was passierte mit ihm bei diesen emotionalen Konfrontationen? Und dann wandte er sich tiefergehenden Fragen zu: »Wer bin ich eigentlich? Was suche ich in meinem Leben mit anderen? Was sind meine wirklichen Werte, Ideale und Wunschvorstellungen?«

Als Kollegen seinen vorherigen nicht-konfrontativen Gruppenleitungsstil als ausweichende Haltung oder Schwäche kritisierten, hatte Moustakas mit der Bereitschaft reagiert, zu experimentieren. Dabei signalisierte sein Körper ihm jedoch seine eigenen Wahrheiten. Moustakas kam schließlich zu der Erkenntnis, daß er einen zentralen Seins-Modus außer acht gelassen hatte: »Mir wurde allmählich klar, daß meine Verspannungen und Kopfschmerzen der Protest meines Körpers gegen die Verleugnung meines eigenen Selbst waren. Also war mein Ehrlichsein im Augenblick, wenn ich mich aggressiv mit anderen auseinandersetzte, oft eine Lüge, in dem Sinn, daß ich dadurch einen wesentlichen Aspekt meines Selbst negierte, etwas, das tief in meinen Wertvorstellungen und meiner Art zu leben verankert war.«

Wie Moustakas – oder alle anderen Menschen – habe ich Wertvorstellungen, Überzeugungen und Ziele, die den Impuls »ich selbst zu sein« oder in einem bestimmten Augenblick – unaufgefordert – »ehrlich« zu sein, übersteigen. Ich möchte zum Beispiel andere Menschen nicht unnötig verletzen. Güte und Mitgefühl sind hohe Werte für mich. Manchmal ist eben das Drängende oder Spannungsvolle meiner Emotionen für mich die rote Flagge, die mir signalisiert, daß ich innehalten und nachdenken muß, um flüchtige Reaktionen von meinen beständigeren und bedeutsameren Gefühlen zu trennen und zu unterscheiden. Außerdem möchte ich auch nicht auf Kosten meines eigenen Selbst ehrlich sein. In gewissen Situationen verursachten meine Bemühungen, offen und freimütig zu sein, eine Art Erdrutsch, der mich zum Konzentrationspunkt der negativen Aufmerksamkeit anderer machte. Es gab zahllose Fälle in meinem Privatleben und meinem Berufsleben, in denen strategisches Vorgehen – und nicht Spontaneität – der beste Ansatz war, tiefere Ebenen des Wissens und der Wahrhaftigkeit zu erreichen.

Auch bei Ehrlichkeit kann es, wie bei allen anderen guten Dingen, ein Zuviel des Guten geben. Wenn eine entfernte Bekannte bei einer Party im Büro ihre tiefsten Gefühle und dunkelsten Geheimnisse hervorsprudelt, ziehen wir eher ihre Reife in Zweifel, als ihre Offenheit zu bewundern. Im Laufe unseres Heranwachsens lernen wir allmählich, unser unzensiertes Selbst zurückzuhalten und überlegte, vernünftige Entscheidungen darüber zu treffen, wem wir was zu welchem Zeitpunkt erzählen.

Angsterfülltes Selbst oder wahres Selbst?

Während ich an meinen beiden früheren Büchern über Wut und über Intimität arbeitete, kämpfte ich mit einer Begriffsverwirrung im Hinblick auf momentane Ehrlichkeit und kontinuierliche, beständige Wahrhaftigkeit. Manchmal fühlte ich mich so, als trüge ich zwei Hüte übereinander oder als führte ich meine Leserinnen und Leser gleichzeitig in zwei Richtungen.

Einerseits hatte ich vor, den offenen, direkten und freimütigen Ausdruck weiblicher Wut zu legitimieren. Als Angehörige einer unterdrückten Gruppe stehen Frauen unter dem Einfluß tief verinnerlichter Verbote, die sich gegen den Ausdruck von solchen Gefühlen richten, die andere bedrohen oder die Harmonie in Beziehungen zerstören könnten. Andererseits wimmelte es in meiner psychotherapeutischen Praxis von Frauen, die ihren »wahren Gefühlen« in einer Weise freien Lauf ließen, die den Status quo eher erhielt als in Frage stellte. Wütend zu werden brachte ihnen in aller Regel gar nichts oder machte die Dinge gar noch schlimmer. Die Anstrengungen meiner Klientinnen, die Wahrheit zu sagen oder ehrlich zu sein, ließen Beziehungen oft erstarren, statt sie in Bewegung zu bringen.

Ich fühlte mich dann in meinen Bemühungen, meine Leserinnen anzuleiten, manchmal wie der Lehrer, der unter den Aufsatz einer Schülerin schrieb: »Sei du selbst« und dann als Postskriptum hinzufügte: »Wenn dies dein wahres Selbst ist, sei jemand anderes!«

Manche Bemühungen um Wahrhaftigkeit zeigen in erster Linie die schlichte Unfähigkeit, uns selbst zu schützen. Sally, eine Sonderschullehrerin, kam zu mir in die Beratung, nachdem sie eine offizielle Beurteilung erhalten hatte, die der Qualität ihrer Arbeit nicht gerecht wurde. Ihr Vorgesetzer, ein distanzierter Mann, der zu den Kindern keinen rechten Kontakt herstellen konnte, kritisierte Sally als »zu emotional« und »übermäßig und auf Kosten der Gruppendisziplin mit einzelnen Kindern beschäftigt«. Sallys Meinung nach hatte der Vorgesetzte von ihrer tatsächlichen Arbeit wenig Ahnung. Sie war erbost über seine Kritik, die gerade das, was Sally als das Herzstück ihres Engagements und ihrer Erfolge mit den Kindern betrachtete, als Schwäche abqualifizierte.

Bei der ersten Gelegenheit sprach Sally den Vorgesetzten darauf an. Anfangs war ihr Ton ruhig und vernünftig, aber als der Mann defensiv wurde und anfing, zu argumentieren, reagierte Sally mit Interpretationen: »Meiner Meinung nach haben *Sie* Schwierigkeiten im Kontakt mit Menschen, und Sie haben Probleme mit meinem Unterrichtsstil. Die Kinder nehmen mich wirklich an, und ich glaube, zwischen Ihnen und mir gibt es ein Rivalitätsproblem, mit dem Sie sich nie auseinandergesetzt haben.« Am nächsten Tag erfuhr sie von einer Kollegin, wie der Mann reagiert hatte: »Sallys unreife Reaktion beweist nur, daß ich mit meiner Beurteilung recht hatte.«

Die Situation wurde immer unangenehmer, denn Sally hielt hartnäckig an ihrem Ziel fest, den Vorgesetzten von der Wahrheit zu überzeugen, während dieser um so weniger geneigt war, von seinem Standpunkt abzurücken. Dann wandte Sally sich mit ihrer Kritik an ihre Kolleginnen und übte Druck auf sie aus, sich mit ihr gegen den Supervisor zu verbünden. Vielleicht hatten auch die anderen Frauen Schwierigkeiten mit diesem Mann, aber der fanatische Eifer, mit dem Sally ihn angriff, führte dazu, daß sie ihn verteidigten. Je heftiger Sally in ihren Attacken wurde, desto mehr verleugneten die anderen Frauen ihre Wut.

Es war offensichtlich, daß Sally selbst zu ihrer Isolation und ihrer verzweifelten Lage beitrug. Ihr Versuch, andere von ihrer Sicht der Dinge zu überzeugen, rief Mißbilligung und Widerstand hervor und brachte ihr keine Sympathien ein. Dadurch steigerte sich Sallys Verbitterung und ihr Gefühl, ungerecht behandelt zu werden, nur noch mehr, und sie geriet in einen Teufelskreis. Als Sally in die Beratung kam, wollte sie lediglich Bestätigung von mir, nicht meinen Rat oder meine Meinung. Sie stellte ihr eigenes Verhalten nicht in Frage. Sie hielt unbeirrbar an dem Grundsatz fest, auszusprechen, was sie fühlte, und in dem Augenblick, in dem sie es fühlte – insbesondere wenn sie glaubte, die Wahrheit auf ihrer Seite zu haben.

Wenn es Sally tatsächlich in erster Linie darum ging, ihrem Chef mit der vollen Wucht ihrer Emotionalität entgegenzutreten, ohne Rücksicht darauf, wie er reagierte, dann stand ihr Verhalten in Übereinstimmung mit ihren Wertvorstellungen. Von dieser Perspektive aus gesehen tat sie das Richtige. Aber als Sally sich bei der Arbeit immer unglücklicher fühlte, fing sie an, neu zu überdenken, was sie erreichen wollte. Wollte sie ihrem Vorgesetzten gegenüber wirklich nur ihre ehrlichen Empfindungen ausdrücken? Und falls ja, war es dann notwendig oder sinnvoll, bei dieser Gelegenheit die Frage der unterschwelligen Rivalität zwischen ihnen – oder irgendein anderes Problem – anzusprechen? Oder wollte sie ihre Chancen vergrößern, angehört und neu beurteilt oder beim nächsten Mal positiver beurteilt zu werden?

Als Sally zu dem Schluß kam, daß es ihr eigentlich darum ging, ihre Angelegenheiten effektiver zu vertreten, wechselte sie die Gangart, ging besonnener vor und achtete stärker darauf, was sie erreichen wollte und wie ihr eigenes Verhalten ihre Umgebung beeinflußte. Es gelang ihr schließlich, ihre Position klar und selbstbewußt zu vertreten, ohne aggressiv oder defensiv zu werden. Ihre frühere Ehrlichkeit spiegelte nicht nur ihre Unfähigkeit wider, sich selbst zu schützen und zu respektieren – sie verminderte auch die Chancen, daß der Vorgesetzte ihr objektiv gegenübertrat oder die Richtigkeit ihrer Argumente einsah.

Um die Wahrheit zu sagen, müssen wir zweifellos authentisch und in Übereinstimmung mit dem eigenen Selbst sein. Wahrhaftigkeit kann uns aber auch Zurückhaltung abfordern, wenn wir Fragen des Taktgefühls und der Wahl des geeigneten Zeitpunkts berücksichtigen und uns überlegen, was wir in einer privaten oder beruflichen Beziehung erreichen wollen. Außerdem kostet es Zeit und Mühe, uns selbst darüber klarzuwerden – und anderen zu erklären –, was wir wirklich denken und fühlen und welchen Standpunkt wir in wichtigen Fragen einnehmen. In eben dem Augenblick, in dem wir für uns in Anspruch nehmen, völlig ehrlich zu sein, reagieren wir vielleicht nur in angstvoller Spannung auf die andere Person und drücken gar nicht wirklich unsere tiefsten Gefühle aus. Das, was wir mit der größten emotionalen Intensität erleben, mißdeuten wir vielleicht als »das Authentische«.

Denken gegen Emotionalität

Schauen wir uns das folgende Beispiel an: Peg, eine junge Frau von neunzehn Jahren, hat ihre Mutter Anna eingeladen, an den Therapiesitzungen bei mir teilzunehmen, mit der Begründung, die gemeinsame Beziehung zu klären. Die Interaktionen der beiden Frauen sind hochdramatisch und spannungsvoll. Jede macht die andere für ihr Unglücklichsein verantwortlich und konfrontiert die andere mit der Wahrheit, so wie sie aus dem jeweiligen Blickwinkel erscheint. Ein Assistenzarzt aus der Psychiatrie, der, hinter einem Einwegspiegel verborgen, mehrere Sitzungen beobachtet, sagt mir, er sei beeindruckt davon, daß hier »echte Gefühle« ausgedrückt würden. Aus meiner Perspektive kann jedoch vom Austausch echter Gefühle zwischen Mutter und Tochter keine Rede sein, obwohl ich nicht bezweifle, daß beide leiden und daß dieses Leiden sehr real ist. Die ansteckende Reaktivität zwischen ihnen ist so stark, daß sie sich wie zwei ineinander verhakte Nervensysteme verhalten. Fast jedes Thema, das die eine anschneidet, löst bei der anderen sofort Spannung aus, so daß es nur Augenblicke dauert, bis sie in feindlichen Lagern stehen, in rigide polarisierten Positionen. Keine kann das Kernproblem erkennen oder ansprechen, der anderen ruhig und objektiv zuhören oder Position beziehen, ohne vorwurfsvoll zu werden oder der anderen Vorschriften zu machen.

Es ist unbezweifelbar, daß Anna und Peg ehrlich zueinander sind. Die Tatsache, daß sie sich nicht scheuen, ihren Emotionen völlig ungehemmt freien Lauf zu lassen, spricht vielleicht für die Haltbarkeit der Bindung zwischen Mutter und Tochter. Durch ihr Streiten bleiben sie zweifellos miteinander in Kontakt. Aber sie sind nicht in einem Prozeß der Wahrhaftigkeit, des Verstehens und Verstandenwerdens, des Verfeinerns und Vertiefens ihrer wechselseitigen Enthüllungen begriffen. Um ihnen zu helfen, sich in diese Richtung zu bewegen, muß ich in diesem von Angstspannung erfüllten emotionalen Feld sehr ruhig und präsent bleiben und anfangen, Fragen zu stellen, die eher zum Denken als zu Gefühlsausbrüchen anregen.

Reaktivität speist sich in allen familiären Beziehungen aus den verschiedensten Quellen. Als ich Anna befrage, erfahre ich, daß ihre jüngere Schwester kürzlich gestorben ist und ihr Mann ihr in dieser schwierigen Zeit keine Hilfe war. Außerdem ist Peg jetzt neunzehn, in demselbem Alter, in dem Anna war, als ihr Vater die Familie verließ. Damals gab Anna ihre Pläne auf, Kunst und Design zu studieren, und kehrte statt dessen nach Hause zurück, um sich um ihre völlig verzweifelte Mutter zu kümmern. Die Fürsorge für die Mutter wurde zu Annas Hauptbeschäftigung, bis sie heiratete und mit Peg schwanger wurde. Sie nahm ihre Berufspläne nie wieder auf.

Peg plant, in den Westen der USA zu ziehen und an einer Musikhochschule Violine zu studieren. Obwohl sie Annas Geschichte des Verlusts und der Selbstaufopferung mit neunzehn Jahren nicht kennt, spürt Peg die unterschwellige Trauer ihrer Mutter. Und sie versteht sich meisterhaft darauf, in ihrer Mutter Aggressionen zu wecken und so ein wütendes, lebhaftes Engagement aufrechtzuerhalten, das Anna davor schützt, depressiv zu werden. Als die Therapie voranschreitet, entdeckt Peg, daß sie mit einer wütenden, »zickigen« Mutter weitaus besser umgehen kann als mit einer traurigen Mutter. Sie fürchtet, sie könnte in den Wellen des Mitgefühls und Bedauerns für das Leben ihrer Mutter untergehen und ihre eigenen Unabhängigkeitswünsche aus den Augen verlieren, was ihren Kampf um die Verfolgung ihrer Berufsziele noch härter machen würde.

Mit diesem Beispiel soll durchaus nicht geleugnet werden, daß es zuzeiten wichtig oder sogar notwendig ist, unmittelbare, unzensierte Emotionen ungehindert zuzulassen. In einem bestimmten Augenblick kann es gerechtfertigt sein, zu fluchen, zu schreien, zu brüllen, zu stöhnen, jemandem die Pest an den Hals zu wünschen oder anderen auf irgendeine andere Weise die volle Kraft unserer Wut und unseres Schmerzes zu zeigen. Ich möchte die groben, ungezügelten emotionalen Auseinandersetzungen, die ich mit meinem Mann habe, nicht missen, denn sie sind Teil unseres tiefen Wissens umeinander und unseres Vertrauens, daß wir fast alle Konflikte überstehen können. Aber ich bin auch froh, daß diese Auseinandersetzungen nur Augenblicke dauern, daß sie selten vorkommen und daß wir sie später mit Abstand betrachten und darüber sprechen können, was sie bedeuten. Ich schätze auch meine Fähigkeit, meine Emotionen zurückzuhalten oder zu verbergen und sowohl Intuition als auch Reflexion einzusetzen, um zu entscheiden, wem ich welche Informationen gebe.

Ein einziger Augenblick der Ehrlichkeit, der Offenheit, der Selbstenthüllung oder Emotionalität kann nicht entscheidend dafür sein, wie wir auf lange Sicht mit der Wahrheit umgehen. Wahrhaftigkeit entsteht in einem Entwicklungsprozeß – und in einem von chronischer Angstspannung erfüllten oder distanzierten emotionalen Feld kann dieser Prozeß nicht aufrechterhalten werden.

Erinnern wir uns daran, wie Bea daran arbeitete, wieder mit ihrer Mutter in Kontakt zu kommen, bevor sie ihr die Frage stellte, welche Rolle die Depression in ihrer Familie gespielt hatte. Statt in vorwurfsvoller Weise die Konfrontation mit ihrer Mutter zu suchen, hielt Bea die emotionale Spannung niedrig, indem sie über Ruths Aversion gegen Depressionen ihre Scherze machte. Als Bea lernte, die Vermeidungshaltung ihrer Mutter als Ausdruck von Ängsten zu deuten, statt sie als persönliche Zurückweisung aufzufassen, konnte sie das, was sie im Kontakt mit Ruth erlebte, leichternehmen. Bea arbeitete langsam darauf hin, das Klima von Sicherheit zu schaffen, das Ruth schließlich die Möglichkeit gab, das Geheimnis vom Tod ihres Zwillingsbruders und von den Reaktionen der Familie auf dieses Ereignis zu enthüllen.

Die meisten familiären Beziehungen sind spannungsvoll, obwohl das nicht immer offen zutage liegt. Wenn die Spannungen durch Distanz bewältigt werden, ergibt sich nach außen ein Bild der Ruhe. Wie Bea und Ruth kamen auch Peg und Anna mit dem Prozeß der Wahrhaftigkeit erst voran, als sie fähig wurden, über die weiteren Zusammenhänge nachzudenken, die den Hintergrund für ihre Spannungen bildeten. Dann erst konnten sie einander mit Respekt zuhören, statt nur gereizt aufeinander zu reagieren. Und als Peg allmählich wirkliches Interesse an der Geschichte ihrer Mutter entwickelte, begann sie zu verstehen, daß dies auch ihre Geschichte war, etwas, das auch sie anging. Als es zu einem wahren Austausch zwischen den beiden Frauen kam, entwickelten beide ein klareres und objektiveres Bild ihrer selbst und der anderen.

Je nachdem, wie wir Ehrlichkeit definieren, kann sie die Entwicklung von Wahrhaftigkeit hemmen oder fördern. Mein Lexikon setzt Ehrlichkeit mit moralischer Tugend gleich: Ehrlichkeit beinhaltet Wahrhaftigkeit, Integrität, Treue, Gerechtigkeit und die Abwesenheit von Täuschung oder Betrug. So definiert ist Ehrlichkeit unbezweifelbar – und grundsätzlich – ausschlaggebend für den Prozeß der Wahrhaftigkeit. Aber wenn Menschen ein persönliches Beispiel für Ehrlichkeit aus ihren eigenen Erfahrungen anführen, handelt es sich in aller Regel um Fälle, in denen sie reagiert haben, manchmal nach einer langen Zeit des Stillhaltens oder Schweigens. »Ich nahm schließlich meinen Mut zusammen und sagte meiner Mutter, daß sie das Leben meiner Schwester ruiniert«, sagt eine Frau. Eine andere erzählt: »Ich sagte meinem Chef, daß er ein total unsicherer Mensch ist und sich von kompetenten Frauen bedroht fühlt.« Wieder eine andere gibt das Beispiel: »Ich rief meine Mutter an ihrem Geburtstag an und sagte: ›Halt dich fest, Mama – ich bin eine Lesbe.‹« Wenn man den Interaktionssequenzen nachgeht, die solchen Enthüllungen folgen (wer wann was sagte und was dann passierte), stellt sich oft heraus, daß die Beziehung vom Regen in die Traufe kam. Die Lösung des Problems ist nicht, weniger ehrlich zu sein, sondern im Wahrheit-Sagen besser zu werden.

Wahrhaftigkeit als Entwicklungsprozeß

Während meines College-Jahres in Indien führte ich mit einer Gruppe junger Harijan-Frauen (sogenannte »Unberührbare«) eine Studie über ihre Einstellung zum Kastensystem durch. Obwohl das Kastensystem zu diesem Zeitpunkt offiziell bereits abgeschafft worden war, blieb seine hierarchische Struktur die beherrschende Kraft der Hindu-Gesellschaft. Harijan-Frauen nahmen im Gefüge der sozialen Schichten nach wie vor die niedrigste Stellung ein – im Grunde standen sie sogar außerhalb des Systems. Meine Fragen an diese Frauen bezogen sich auf ihre Einstellung zum Status der »Unberührbarkeit« und zum Kastensystem. Ich wollte herausfinden, wie weit sie die gegen sie gerichteten tiefverwurzelten Vorurteile der Hindu-Gesellschaft selbst verinnerlicht hatten. Ich wollte wissen, wie sie ihren niedrigen Status und ihre Chancenlosigkeit selbst beurteilten. Was hielten sie davon, daß sie zu den niedrigsten und schmutzigsten Arbeiten, zum Reinigen von Latrinen und zum Straßenkehren, »bestimmt« waren, weil sie als Mitglieder der Harijan-Gruppe geboren wurden? Welchen Wert oder Trost fanden sie in den ihnen zugeordneten unveränderlichen Rollen? Auf welche Veränderungen hofften sie, und wie konnten diese aus ihrer Sicht erreicht werden?

Obwohl dies sehr persönliche Fragen waren, hoffte ich darauf, daß die Frauen mir nicht aus dem Weg gehen, mich nicht mit Mißtrauen betrachten und mir ehrliche Antworten geben würden. Wenn ich das erreichen wollte, konnte ich natürlich nicht mit Block und Bleistift in der Hand unversehens in ihr Dorf eindringen und anfangen, meine Gewissensfragen zu stellen. Zuerst studierte ich ihre Sprache und ihre Kultur. Ich arbeitete jeden Tag mit den Frauen, betreute ihre Kinder und nahm an wichtigen Lebensereignissen wie Geburten, Hochzeiten und Beisetzungen teil. Bevor ich die schwierigeren Fragen stellte, die meine Studie erforderte, sprach ich mit jeder Frau über Alltagsprobleme und alltägliche Sorgen.

Dann formulierte ich meine Fragen mit großer Sorgfalt, um Gefühle der Angst, der Scham oder des Unbehagens, die sie auslösen könnten, so weit wie möglich zu vermeiden. Ich hörte auch aufmerksam zu, ohne in irgendeiner Weise über das Gehörte zu urteilen. Dennoch ging meine Umfrage nicht immer problemlos voran. Ich sprach nicht gut genug Hindi, um ohne Übersetzerin arbeiten zu können. Eine der Harijan-Frauen kam zu dem Schluß, daß ich eine Regierungsagentin sei. Die Interviews wurden auch nicht auf meine Art durchgeführt. Es kam vor, daß eine Frau zum Beispiel den für mittags angesetzten Interview-Termin nicht einhielt, dann aber am frühen Abend in Begleitung von fünf Mitgliedern ihrer Großfamilie auftauchte.

Obwohl die Arbeit manchmal frustrierend war, lernte ich bei dieser Studie sehr viel. Ich schrieb Schwierigkeiten und Mißverständnisse den kulturellen Unterschieden und meinem Status als Außenseiterin zu. Schließlich hatte ich auch nicht erwartet, in einem knappen Jahr viel erreichen zu können. Ich war keine ausgebildete Anthropologin – oder überhaupt in irgendeiner Richtung ausgebildet.

In einer Kultur, die uns näher ist – in unserer eigenen Familie zum Beispiel –, sind wir jedoch emotional so sehr in das System verwickelt, daß wir einen solchen leidenschaftslosen Ansatz des Sammelns und Mitteilens von Informationen entweder gar nicht entwickeln oder sehr leicht aus den Augen verlieren. Statt dessen treten wir unserer Familie mit unseren eigenen festgelegten Zielvorstellungen gegenüber, ohne die Grundlagenarbeit für Wahrhaftigkeit geleistet zu haben. Vielleicht wissen wir so gut wie nichts über die Geschichte unserer Eltern oder den kulturellen Hintergrund, aus dem sie kamen. Vielleicht haben wir im Lauf der Jahre – wenn überhaupt – nur oberflächlichen Kontakt gehalten. Viele von uns haben sich kaum bemüht, an wichtigen Familienereignissen teilzunehmen oder sie auch nur zu registrieren. Wir haben keinen objektiven Blick für familiäre Muster und unseren eigenen Anteil daran. Vielleicht nähern wir uns einem Familiengeheimnis oder einem »heißen Eisen« auf unbeholfene oder aggressive Weise.

Wenn wir dann auf Widerstand stoßen, laufen wir davon und sind nicht fähig, für das, was wir erreichen wollen, langfristige Pläne zu machen und sie in die Tat umzusetzen. Als Folge davon sind wir vielleicht zu schnell mit Vorwürfen und Diagnosen bei der Hand (»Mein Vater ist einfach nicht bereit, über die Vergangenheit zu reden«), statt uns zu überlegen, wie wir selbst geschickter und geduldiger werden können, unserer Familie Informationen zu entlocken.

Natürlich werden wir immer stärker zur Reaktivität neigen und reizbarer sein, wenn wir keine Außenstehenden sind, sondern innerhalb des Systems agieren. Deshalb sind Therapeutinnen und Beraterinnen für Familien, Unternehmen und Organisationen oft von so großem Wert, insbesondere wenn sie es vermeiden können, sich in das angsterfüllte emotionale Feld, das sie beobachten sollen, hineinziehen zu lassen. Aber auch inmitten von Schwierigkeiten, auch wenn wir selbst in den Strudel hineingezogen sind, können wir die Fertigkeiten erlernen, die notwendig sind, um Abstand zu gewinnen, um uns über die wirklichen Probleme klarzuwerden und die besten Wege zu finden, schwierige Wahrheiten anzusprechen.

Anthropologinnen und Anthropologen wissen, wieviel es zu lernen gibt, bevor ein Studienprojekt wie das, an dem ich mich als College-Studentin in Indien versuchte, durchgeführt werden kann. Als Familien-Therapeutin weiß ich, wieviel es zu lernen gibt, bevor innerhalb von Familien oder anderen Systemen, in denen Lügen, Geheimnisse und Schweigen das Klima bestimmten, das Gespräch eröffnet werden kann. Ob das »heiße Eisen« sexueller Mißbrauch ist, Religion, die Alkoholabhängigkeit des Vaters, eheliche Unzufriedenheit oder die Verantwortung einer Tochter für eine alte Mutter oder einen alten Vater – ein Thema tritt in meiner Arbeit mit Familien immer wieder klar zutage: Unsere natürlichen Reaktionen können uns vom Regen in die Traufe bringen. Im Namen der Ehrlichkeit oder der Wahrheit treiben wir die Angstspannung in die Höhe, statt das sichere Klima herzustellen, das zum Aussprechen der Wahrheit ermutigt. Was wir als »die Wahrheit sagen« bezeichnen, ist allzu oft die unproduktive Anstrengung, eine andere Person zu verändern, zu überzeugen oder umzumodeln, und nicht wirklich das Bemühen, uns über uns selbst Klarheit zu verschaffen.

Um neue Wahrheiten zu entdecken oder alte Wahrheiten zu bestätigen, müssen wir – wie Moustakas – bereit sein, mit verschiedenen Seinsweisen in Beziehungen zu experimentieren und angesichts von Widerständen beharrlich zu bleiben. Themen, die nicht offen angesprochen werden können (und Beziehungen, in denen es selten – wenn überhaupt – zu echten Gesprächen kommt), sind oft seit Generationen in Schichten von tiefen Ängsten eingekapselt. Daher ist es nicht verwunderlich, daß substantielle Veränderungen sich nur langsam vollziehen, und dann begleitet von unvermeidlichen Frustrationen und Entgleisungen. Die Herausforderung liegt darin, Hochspannungs-Themen in einer Weise anzusprechen, die eher verbindet als trennt und die im Lauf der Zeit die Chancen für einen sich vertiefenden Dialog erhöht. Überfallartige Enthüllungen, Offenbarungen und Konfrontationen sind dazu nicht geeignet.

»Wozu der Aufwand?« war vor vielen Jahren meine Reaktion, als eine Freundin mir nahelegte, in meiner eigenen Familie das Gespräch über ein emotionsgeladenes Thema in Gang zu bringen – langsam, verantwortungsvoll, mit Sorgfalt und mit einem Plan für den Umgang mit dem unvermeidlichen Widerstand, den die Veränderung auslösen würde. Interessanterweise fand ich meine beharrlichen, wenn auch ungeschickten Versuche, mit Frauen, die auf anderen Erdteilen lebten, ins Gespräch zu kommen, überhaupt nicht aufwendig. Heute würde ich sagen: »Was kann es schaden, den Versuch zu machen?« Einen direkteren Weg zur Entdeckung unserer eigenen Wahrheiten als das Ausgraben der Geschichten in unserer unmittelbaren und weitläufigeren Familie gibt es vermutlich nicht. Die Geschichten unserer Familienmitglieder sind *unsere* Geschichten, wir *sind* diese Geschichten, und wir lernen unsere eigenen Wahrheiten kennen, indem wir persönliche Erfahrungen austauschen und reflektieren.

9. Kapitel

Das Spiel der Verstellung

Tun wir so als ob . . .« Ja, warum nicht? Sich zu verstellen, in eine andere Rolle oder eine andere Situation zu schlüpfen kann ein kreatives Spiel, ein magischer Akt sein. »Wir sind jetzt Astronauten, und das hier ist unsere Raumkapsel«, sagt ein kleines Mädchen zu ihrer besten Freundin. »Versetzt euch in ein Tier hinein«, sagt die Tanzlehrerin zu ihren Schülerinnen, »und dann *seid* dieses Tier.« »So tun als ob« setzt unsere Phantasie frei, steigert unsere empathischen Fähigkeiten, erweitert unseren Sinn für das Mögliche und dient uns als Mittel der Selbstdarstellung und der Selbstentdeckung.

Wenn dieses Spiel Täuschung beinhaltet – was oft der Fall ist –, kann es dennoch ein Ausdruck von Erfindungsgabe und phantasievoller Selbsterprobung sein. Zu meinen schönsten Kindheitserinnerungen gehören die Ausflüge von Brooklyn nach Manhattan mit meiner Schwester Susan, die mich zu den elegantesten Geschäften auf der Fifth Avenue mitnahm. Unsere Eltern konnten sich keinen Luxus leisten, und mehr als das Geld für die U-Bahn hatten wir gewöhnlich nicht, aber wir planten, uns als Millionärinnen aufzuspielen. Das Juweliergeschäft Tiffany's war unsere erste Station: »Meinst du, wir sollten Mama dieses Diamantkollier zum Geburtstag schenken?« fragte ich Susan laut und zeigte auf das teuerste Stück im Schaufenster, mit einem Seitenblick auf die betuchten Bummler in der Nähe. »Ach, sei nicht albern«, antwortete Susan in ihrem erwachsenen, hochmütigsten Ton. »Mama hat mehrere davon, das weißt du doch!« Unser Spiel machte uns den Nachmittag zu einem lustigen, erinnerungswürdigen Ereignis.

Aber »So tun als ob« kann auch eine Strategie sein, die wir unter außerordentlich ernsten Umständen anwenden: »Ich tat immer so, als schliefe ich, wenn mein Vater ins Zimmer kam mich anfaßte.« »Er entkam den Nazis, indem er sich als Irrer ausgab.« »Mein Bruder und ich taten so, als ob in unserer Familie normale Zustände herrschten.« Wenn wir in einer einengenden, harten oder gefährlichen Realität leben, ist Verstellung ein Akt der Bewältigung, der Selbsterhaltung und des Überlebens.

Zwischen dem spielerischen »So tun als ob« und dem verzweifelten Verstellungsakt angesichts drohender Gefahren für Leib und Leben liegt ein ganzes Spektrum von Formen und Funktionen der Verstellung, die wir im Alltagsleben beobachten und benennen können. Welche Absicht auch dahintersteht – das Blenden oder Ablenken, das Verwirren oder Verschleiern, das Theater-Spielen oder Simulieren, das Beeindrucken oder Imitieren –, Verstellung ist eine allgegenwärtige Überlebensstrategie, die wir in der gesamten Natur finden. Bestimmte Formen der Verstellung im menschlichen Miteinander können Kritik hervorrufen: »Warum muß sie immer so tun, als sei sie die Größte?«; andere erregen Bewunderung: »Ich fand es erstaunlich, daß sie einen so schwungvollen Auftritt hinlegen konnte, obwohl sie so verzweifelt war.« Jedenfalls verfügt die menschliche Spezies über ganz außerordentliche Fähigkeiten, das Wirkliche zu verbergen und das Scheinbare als wahr darzustellen; das erlaubt uns, Beziehungen zu steuern, indem wir äußerst komplexe Entscheidungen darüber treffen, wie wir uns vor anderen darstellen.

Aber wie unterscheiden wir diese Art der Verstellung von anderen Formen der Täuschung, zum Beispiel vom Lügen? Interessanterweise unterscheiden Menschen hier gewöhnlich nicht, zumindest was ihr eigenes Verhalten betrifft. Wenn ich Freundinnen und Freunde auffordere, mir ein Beispiel für eine Lüge zu nennen, die sie kürzlich gebraucht haben, gibt es zunächst ein fühlbares Zögern. Das ist nicht der Fall, wenn ich dieselben Leute nach einem Beispiel für Verstellung oder »So tun als ob« frage. »Ich ließ mich verleugnen, als mein Freund anrief.« »Ich tat so, als ob das Gespräch mich interessierte.« »Ich gab mich so, als wäre alles in bester Ordnung, als ich kürzlich bei meiner Familie zu Mittag aß.« »Als sie mir die Autorinnen und Autoren nannte, die ihre Arbeit beeinflußt haben, nickte ich verständig mit dem Kopf, als wüßte ich, worum es sich handelt.«

Nicht eine einzige Person fragte mich, was ich mit Verstellung oder »So tun als ob« meinte. Alle gingen davon aus, daß sie wüßten, wann sie sich verstellen und mit welchem Ziel. Im Unterschied zu anderen Formen der Täuschung wurden Verstellungsakte nicht in defensivem oder entschuldigendem Ton geschildert, sondern in bewußter Anerkennung ihres Wertes im sozialen Leben. Eine junge Frau, die ich in Denver flüchtig kennenlernte, erzählte mir von einem Vorfall, der ein Licht darauf wirft, wie wir typischerweise zwischen Lügen und »So tun als ob« unterscheiden:

Diese Frau, Beth, war eine erfahrene Bergführerin; kurz davor war sie mit einer Gruppe junger Pfadfinderinnen an einem Wochenende in die Bergwildnis aufgestiegen. Ein unerwartetes, schweres Gewitter mit heftigen Regengüssen verwandelte die markierten Pfade in Sturzbäche – die Wegverhältnisse wurden gefährlich. Beth verlor die Orientierung, und allmählich steigerte ihre Nervosität sich zur Panik, da sie um das Leben der Mädchen zu fürchten begann. In ihrer Not redete sie sich selbst gut zu, wie sie es ausdrückte, und zwang sich, sich ruhig und zuversichtlich zu geben. Zusätzlich zu dieser Täuschung nahm sie noch eine Phantasie zu Hilfe. »Ich stellte mir vor, die Mädchen und ich spielten in einem Abenteuerfilm mit, und das Filmteam mit Kameras und Lastwagen wäre in unmittelbarer Nähe.« Auf diese Art bekam sie ihre Ängste in den Griff und konnte klaren Kopf bewahren.

In Beths Situation hatte die Verstellung gegenüber dem authentischen Verhalten eindeutig adaptive Vorteile. Beths erste Pflicht war es, für die Sicherheit der Gruppe zu sorgen, und nicht, ihre wahren Gefühle zu zeigen. »Angst kann ansteckend sein«, erklärte sie, »und ich wollte meine Angst nicht auf die Gruppe übertragen.« Das Vorgeben von Mut und Gelassenheit half ihr auch, diese Qualitäten tatsächlich wachzurufen. »Wenn ich meine Angstgefühle zugelassen hätte, wäre ich noch ängstlicher geworden«, sagte Beth. »Wenn ich mich mutig *gebe*, fällt es mir leichter, wirklich mutig zu *sein*.«

Zu dieser Geschichte gibt es noch ein Postskriptum. Bei dem Treffen der Pfadfinderinnengruppe, das diesem dramatischen Ereignis folgte, forderte Beth die Mädchen auf, über die Erfahrung zu sprechen. Gleich zu Anfang der Diskussion sagte ein

Mädchen zu Beth: »Du sagtest uns, wir sollten uns keine Sorgen machen, aber für mich sahst du ängstlich aus.« Mehrere andere Mädchen nickten zustimmend. Auch sie hatten Beths Ängste gespürt, aber ihrerseits vorgegeben, nichts zu bemerken. Beth gab ganz ruhig zu, daß sie tatsächlich Angst gehabt hatte, insbesondere da sie für die Sicherheit der Gruppe verantwortlich war. Sie hätte lügen müssen, wenn sie an diesem Punkt etwas anderes behauptet hätte. Jetzt ging es in der Gruppe um emotionale, nicht um pragmatische Fragen. Es ging darum, die furchterregende Erfahrung gemeinsam durchzuarbeiten. Für Beth war klar, daß jedes Abweichen vom wahren Sachverhalt an diesem Punkt bedeuten würde, die Wahrnehmungen der Mädchen zu disqualifizieren, ihren Realitätssinn zu entwerten und ihr Vertrauen in gerechtfertigte Autorität zu unterminieren. Sie entschied intuitiv darüber, wieviel sie von ihren Ängsten enthüllte. Zum Beispiel erzählte sie der Gruppe nicht, daß ihr im Augenblick der größten Angst morbide Phantasiebilder toter Mädchen vor Augen gestanden hatten. Aber sie wußte, daß Ehrlichkeit unbedingt notwendig war, um den Mädchen zu helfen, ihre furchterregende Erfahrung zu verarbeiten und zu integrieren.

Vorspiegeln – eine harmlose Form der Täuschung?

Was sind die charakteristischen Merkmale des Vorspiegelns? Wenn ich mir den Begriff vor Augen führe, tauchen mehrere Bilder auf. Zunächst liegt im Vorspiegeln oder »So tun als ob« die Möglichkeit – und manchmal sogar der Wunsch –, nicht nur andere, sondern auch sich selbst zu täuschen. Als Beth zum Beispiel vorgab, ruhig und voller Zuversicht zu sein, wollte sie vor allem sich selbst überzeugen.

Zweitens beschreiben die Wörter »vorspiegeln« oder »vorgeben« eine Form der Täuschung, die nicht primär auf dem Aussprechen einer Lüge beruht. Wie mein jüngerer Sohn Ben es ausdrückte: »Wenn ich mich über einen Freund ärgere, kann ich so tun, als ob ich nicht wütend auf ihn sei. Aber wenn er mich fragt: ›Bist du wütend auf mich?‹ und ich sage ›Nein‹, dann lüge ich.« Sein Beispiel erinnerte mich an meine Freundin Sue, die nicht das Gefühl hatte, unehrlich zu sein, als sie vor den Frauen, die sie für eine Krankenschwester hielten, die Tatsachen nicht klarstellte – denn sie hatte, was ihren Status betraf, nicht explizit gelogen.

Das dritte, hervorstechendste Merkmal des Vorspiegelns steht mit den beiden ersten in Zusammenhang. Wie beim Vorspiegeln sexueller Lust ist das »So tun als ob« zumindest in den Augen der Person, die etwas vorspiegelt, ein unbedeutender Akt der Verstellung, der weder das Gewissen beunruhigt noch sorgfältige Überprüfung verlangt. Mit dem Wort »vorspiegeln« oder dem Ausdruck »So tun als ob« assoziieren wir gewöhnlich keinen vernichtenden persönlichen Verrat, keine dreiste Lüge, keinen unverzeihlichen Vertrauensbruch. Es entsteht vielmehr der Eindruck, daß diese spezielle Form der Unaufrichtigkeit individuell und kulturell gebilligt wird.

»Vorgeben«, »vorspiegeln«, »So tun als ob« sind sprachlich milde Ausdrucksformen; als solche bezeichnen sie die Form der Täuschung, über die wir uns am wenigsten Gedanken machen. Allein die Harmlosigkeit, die diese Wörter vermitteln, verführt uns dazu, solchen Formen der Täuschung keine weitere Aufmerksamkeit zu schenken.

Und dennoch: Wenn Frauen mir darüber erzählen, was sie in ihrem Leben vorspiegeln, wem und auf welche Weise, höre ich Geschichten schwerwiegender, fortgesetzter Täuschung. Solche Formen der Täuschung müssen zwangsläufig durch Lügen und Selbstbetrug abgestützt werden: »Ich tat so, als wäre ich in ihn verliebt, weil ich unbedingt heiraten wollte.« »Ich tat so, als hätte ich Lust auf Sex.« »Ich gab vor, meine Mutterrolle zu genießen.« »Ich tat so, als wäre ich glücklich in meiner Ehe.« Das Patriarchat schult Frauen darin, das Vorspiegeln praktisch zu ihrem Lebensstil zu machen, und trivialisiert dann die aushöhlenden Effekte dieser Täuschung auf uns selbst und unsere Partner. Das schwache Geschlecht muß das starke Geschlecht vor der Erkenntnis der Stärke des schwachen Geschlechts schützen, denn sonst würde das starke Geschlecht sich durch die Stärke des schwachen Geschlechts geschwächt fühlen.

Die Art, wie wir Frauen Dinge vorgeben und vorspiegeln, verlangt unsere höchste Aufmerksamkeit. Wir müssen das »So tun als ob« ernst nehmen, eben weil uns beigebracht wird, daß es harmlos sei. So wie es gesellschaftlich definiert wird, ist das »So tun als ob« unbedeutend und folgenlos. Aber das ist eine

Lüge oder bestenfalls nur eine Teilwahrheit. Wenn wir Frauen morgen konsequent mit dem Vorspiegeln aufhören würden, gäbe es auch die Welt, die wir kennen, morgen nicht mehr.

Dasselbe gilt für das Private. Von der gesellschaftlichen Definition her ist das Private das, was nur uns selbst angeht. Aber wenn alle Frauen geschlossen aufstünden und das Private öffentlich machten, dann müßte alles, was unter dem Patriarchat als wahr gilt, radikal in Frage gestellt und neu überdacht werden.

Im Gegensatz zu dem, was wir mit dem Wort zu assoziieren gelernt haben, ist das Vorspiegeln die potentiell schwerste Form des Betrugs, denn statt einer simplen Lüge, die wir in einem Augenblick gebrauchen, kann es eine Lebenslüge darstellen. Und wir haben dabei die geringsten Chancen, uns selbst auf die Schliche zu kommen. Wenn wir eine eindeutige Lüge aussprechen, fühlen wir uns aufgerüttelt. Aber das »So tun als ob« ist unmerklich in die Struktur unseres Alltagslebens eingewoben und führt so zur Konstruktion eines irrealen Selbst. Wir fühlen uns innerlich nicht mehr angestoßen, denn schließlich »tun wir nur so als ob . . .«. Im Lauf der Zeit merken wir vielleicht nicht einmal mehr, daß wir etwas vorspiegeln.

»So tun als ob« im patriarchalen Stil tötet unsere Leidenschaften ab, bringt unsere Wahlmöglichkeiten zum Schrumpfen und hindert uns daran, unsere eigenen Wahrheiten zu erkennen und danach zu handeln. Aber es gibt auch andere Arten des Vorgebens, die uns helfen können, statt uns zu schädigen.

Es gibt Arten des Vorgebens, die uns tatsächlich eine Vorgabe machen, einen Vorsprung geben, die uns beleben, uns neue Erkenntnisse und Wahrheiten vermitteln und die uns helfen, uns nicht nur selbst zu finden, sondern uns auch für uns selbst zu entscheiden. Beths Worte: »Wenn ich so tue, als sei ich mutig, fällt es mir leichter, wirklich mutig zu sein«, sind ein gutes Beispiel für diese Art des Vorgebens. Kühne, couragierte Akte des »So tun als ob« können unseren Spielraum erweitern und uns klären helfen, was in bezug auf uns selbst real und authentisch ist – so wie umgekehrt momentane Ehrlichkeit den Entwicklungsprozeß von Wahrhaftigkeit hemmen kann.

Beths Geschichte, wie sie sich angesichts der Gefahr vor ihrer Pfadfinderinnengruppe mutig und zuversichtlich gab, erinnert mich an eine eigene Erfahrung. Auch ich bemühte mich in einem Krisenmoment, etwas vorzuspiegeln. Kurz nachdem Präsident George Bush über das Eingreifen der USA in den Golfkrieg entschieden hatte, sah meine Terminplanung vor, daß ich in Texas einen Workshop abhalten sollte. Ich wollte nicht hinfahren. Ich war verzweifelt darüber, unter einer Regierung leben zu müssen, der mehr an Profit und Macht lag als an Menschenleben – insbesondere am Leben von Menschen außerhalb der weißen westlichen Industriegesellschaft. Zum ersten Mal in meinem erwachsenen Leben hatte ich das Gefühl, daß meine Arbeit absolut bedeutungslos war und nicht das mindeste veränderte. Mein beruflicher Schwerpunkt, die Arbeit mit Individuen und Familien, erschien in geradezu absurder Weise irrelevant.

Als ich meine Sachen packte, um zu dem Workshop zu fahren, weinte ich über den Krieg und war von einem Gefühl der Hoffnungslosigkeit erfüllt, was die Zukunft der Welt anging. Ich entschloß mich jedoch, Hoffnung vorzuspiegeln, denn für mich ist es ein moralisches Gebot, am Prinzip Hoffnung festzuhalten. Solange wir Hoffnung *fühlen*, gibt es Hoffnung. So zu tun, als hätte ich Hoffnung, war für mich wahrscheinlich der kürzeste Weg, hoffnungsvoll zu sein.

Während des Workshops sprach ich über kriegführende Familien und kriegführende Nationen. Der Schwerpunkt meines Referats war die außerordentlich schwierige Aufgabe, sich von der Schuldzuweisung an andere zum Verständnis der eskalierenden Konfliktmuster hinzubewegen und den eigenen Anteil daran zu erkennen. Ich erklärte den Teilnehmerinnen und Teilnehmern, daß meine langjährigen Erfahrungen mit Individuen und Familien, die sich dieser Herausforderung unter den schwierigsten Umständen erfolgreich stellten, mir Anlaß gäben, die Hoffnung aufrechtzuerhalten. Als ich auf dem Podium stand und diese Sätze aussprach, fühlte ich mich tatsächlich von Hoffnung erfüllt. Ich spiegelte sie nicht mehr vor, obwohl das mein Ausgangspunkt gewesen war.

Wenn ich zur Zeit des Golfkriegs wirklich jede Hoffnung aufgegeben hätte, dann wäre auch das Vorspiegeln von Hoffnung für mich ohne Wert gewesen. Ich war nie fähig, Schmerz oder Pessimismus durch falschen Trost, der eine tiefergehende

Realität verleugnet, abzuschütteln. Oberflächliche Ermunterungen wie »Positiv denken!« oder »Sich den schönen Dingen des Lebens zuwenden!« entfremden uns unseren Körpern und unserem Unbewußten, weil sie die Funktion haben, emotionale Komplexität zu verflachen, und uns nicht helfen, zu entdecken, was wir vor uns selbst verborgen oder was wir verloren haben. Manchmal können wir jedoch nur entdecken, was wahr oder möglich oder »noch da« ist, wenn wir mit dem Vorgeben experimentieren und unser sogenanntes wahres Selbst zurückhalten.

Mut vorgeben

Meine Freundin Molly, eine Rechtsanwältin, bat mich um Rat in einer Familienangelegenheit. Sie war gerade aus Des Moines von der Hochzeit ihres Bruders zurückgekehrt, und das war kein schönes Erlebnis gewesen. Molly erzählte mir, daß Ethel, ihre Mutter, sich narzißtisch und selbstherrlich aufgeführt habe, daß sie versucht habe, die ganze Show zu dirigieren, und sich kalt und distanziert zeigte, wenn es nicht nach ihrer Nase ging. Ethel war mit der alternativen Trauungszeremonie nicht einverstanden und ließ sie mit einem Ausdruck unverhüllter Mißbilligung über sich ergehen. Während des viertägigen Familientreffens war niemand laut geworden, aber die unablässige Spannung hatte zwischen Mutter und Tochter fast fühlbare Formen angenommen. Mollys Mutter, die ich bei mehreren Gelegenheiten erlebt hatte, war eine kompetente, energische, zupackende Person. Obwohl Molly den Persönlichkeitsstil ihrer Mutter durchaus schätzte, konnte sie mit seinen extremeren Manifestationen, die in Momenten der angstvollen Spannung, wie bei Familientreffen, unweigerlich zutage kamen, schlecht umgehen. Ich fragte Molly, ob Ethel sich anders verhalten hätte, wenn Sam, der Vater, noch am Leben gewesen wäre – er war vor etwas mehr als einem Jahr unerwartet an einem Herzinfarkt gestorben. Soweit Molly sich erinnern konnte, war der Vater während der Hochzeitszeremonie oder in den Gesprächen während dieses Familientreffens nicht erwähnt worden. »Gott sei Dank mußte er *das* nicht mehr erleben«, war Mollys Reaktion auf meine Frage. Sam war Rabbi gewesen, die Braut kam aus einem katholischen Haus. Die Trauung fand in einer Unitarier-Kirche statt, und die Frau, die den Trauungsritus zelebrierte, war, wie Molly sich ausdrückte, »eine höchst merkwürdige Erscheinung«. Kein Wunder, witzelten Molly und ich, daß alle etwas verkrampft waren.

Als Molly nach Lawrence, ihren Wohnort in Kansas, zurückkehrte, ließ ihre Wut auf Ethel nicht nach, sondern steigerte sich eher noch. Sie setzte sich an ihren Computer und schrieb ihrer Mutter einen vierseitigen Brief. Darin teilte sie Ethel ihre Gedanken über die Familiendynamik mit, die sie kürzlich bei der Hochzeit des Bruders beobachtet hatte, ging besonders ausführlich auf Ethels egozentrisches Verhalten ein und ließ sie wissen, was sie, Molly, davon hielt. Ganz ihren beruflichen Gewohnheiten als Anwältin gemäß begründete sie jeden Anklagepunkt sorgfältig und führte Beweise an. Um der Gerechtigkeit Genüge zu tun, vermerkte sie auch ihre eigenen Beiträge und die anderer Familienmitglieder zu den Problemen. Sie schloß mit dem Satz: »Ich weiß, daß wir alle zu den dysfunktionalen Verhältnissen in unserer Familie beigetragen haben, ebenso wie zur Verleugnung dieser Störungen.«

Obwohl Molly sich genötigt gefühlt hatte, diesen Brief zu schreiben (»Jemand muß in dieser Familie einfach mal die Wahrheit sagen«), zögerte sie, ihn abzuschicken. Sie rief mich an, um eine andere Meinung über die Situation zu hören. Ich fragte sie, worauf es ihr ankäme – auf momentane Ehrlichkeit oder auf beständige Offenheit und Wahrhaftigkeit. Das heißt: Wollte sie ihrer Mutter einfach ihre Reaktionen mitteilen – wie Sally es zuerst mit ihrem Chef machte –, ohne Rücksicht auf die Gegenreaktionen, die sie damit hervorrufen könnte? Wenn das der Fall war, sollte sie den Brief abschicken. Oder wollte sie den schwierigen Weg gehen und die Grundlagenarbeit für die Entwicklung von Wahrhaftigkeit leisten? Molly sprach sich für das letztere aus.

Sie wollte wissen, was ich von dem Brief hielt, und fragte mich direkt, was ich an ihrer Stelle tun würde. Ich sagte ihr, ich würde den Brief nicht abschicken. Der Brief hatte etwas extrem Spannungsgeladenes, schon von seinem bloßen Umfang her. Und der Inhalt war vorwurfsvoll, obwohl das nicht Mollys bewußte Absicht war – sie hatte nur ehrlich sein wollen. Molly hatte sich früher schon oft bei mir beklagt, ihre Mutter könne nicht die geringste Kritik ertragen, und sie brauchte mich nicht, um vorauszusehen, daß Ethel defensiv reagieren würde, wenn sie diesen Brief las.

Was war für Molly also das »richtige Vorgehen«? Es gibt zweifellos nicht nur einen richtigen Weg. Molly wollte aber wissen, welche Art Brief ich schreiben würde, aus der Sicht der Familiensystem-Theorie heraus, an der ich mich in meiner Arbeit als Therapeutin orientiere. Ich sagte, ich würde einen kürzeren, eher im Plauderton gehaltenen Brief an Ethel schreiben. Ich würde einen leichten, unbefangenen Ton wählen, denn es wäre mein Ziel, Ängste und Reaktivität abzubauen, und nicht, sie noch weiter zu steigern. Ich würde die Spannungen innerhalb der Familie nur in wenigen Sätzen ansprechen, statt eine Epistel darüber zu verfassen. Und ich würde mich an meine eigenen Wahrheiten halten, anstatt meine Mutter zu kritisieren.

»Aber *was* würdest du in diesen wenigen Sätzen sagen, nachdem du dich über das Wetter und die Weizenfelder ausgelassen hast?« insistierte Molly. Ich erklärte ihr, daß ich mich etwa so ausdrücken würde:

»Mama, ich habe bei der Hochzeitsfeier Spannungen zwischen uns gespürt. Ich wüßte gern, was du darüber denkst, denn seit meiner Rückkehr versuche ich, mir über meine Gefühle klarzuwerden. Ich war ziemlich angespannt in diesen Tagen, und ich habe darüber nachgedacht, daß die Hochzeit seit Vaters Tod der erste Anlaß war, bei dem unsere gesamte Familie wieder zusammenkam. Ich glaube, die Feier hat mir sehr schmerzhaft vor Augen geführt, daß Vater nicht mehr da ist. Außerdem habe ich mich auch gefragt, wie er wohl reagiert hätte, wenn er diese Hochzeit miterlebt hätte.«

Molly sagte, die Sache mit dem leichten, unbefangenen Ton leuchte ihr ein, aber mit dem Rest könne sie nichts anfangen, denn sie habe weder während der Hochzeit noch danach über ihren Vater nachgedacht. Sam war, wie Molly erklärte, ein distanzierter und überkritischer Vater gewesen, und sein Tod hatte sie nicht sehr tief berührt. Als sie unser Gespräch am nächsten Tag noch einmal überdachte, entschloß sie sich jedoch, »so zu tun als ob« und mit der Vorgabe zu experimentieren, um zu sehen, was sie aus der Erfahrung lernen könne.

Sie setzte sich hin und begann, den neuen Brief zu schreiben, aber als sie an die Stelle mit ihrem Vater kam, brach sie plötzlich in Tränen aus.

Mollys zögernder Versuch, »so zu tun als ob«, endete damit, daß echte Gefühle an die Oberfläche kamen. Als sie den Brief schrieb, fühlte sie ihre Trauer um den Vater und spürte gleichzeitig wirkliches Interesse an den Erfahrungen ihrer Mutter. Wie hatte Ethel es erlebt, ohne Sam an der Hochzeit teilzunehmen? Was hatte der Gedanke daran, wie aufgebracht Sam darauf reagiert hätte, daß sein Sohn von den kulturellen und religiösen Traditionen der Familie abwich, in ihr ausgelöst? Molly schickte den neuen Brief ab, und Ethel antwortete gleich an dem Tag, an dem sie ihn erhielt. Laut Molly war Ethels Antwortbrief eine lange Litanei, in der sie sich darüber erging, wie froh sie sei, daß Sam die Hochzeit nicht mehr miterlebt habe, denn der bloße Gedanke daran, wie er gelitten hätte, verursache ihr, Ethel, mehr Kummer, als irgend jemand sich vorstellen könne. Anfangs war Molly entrüstet über die Reaktion ihrer Mutter. Ethels selbstmitleidige Haltung verfehlte nie ihre Wirkung, in Molly Aggressionen zu wecken. Als wir über den Brief sprachen, gewann Molly jedoch ein bißchen Abstand und fand zu ihrer prozeßorientierten Einstellung zurück.

In meiner Sicht war Ethels Antwort eher positiv zu werten. In ihrem Brief drückte sich die Bereitschaft aus, mit ihrer Tochter in einen Dialog über emotionale Probleme einzutreten. Selbst wenn Ethel auf Mollys Brief überhaupt nicht eingegangen wäre, hätte ich das nicht entmutigend gefunden. Ich hätte Ethels Distanzierung vielmehr als Information über ihren Umgang mit ihren eigenen Ängsten aufgefaßt und hätte Molly ermutigt, darüber nachzudenken, welches weitere Vorgehen nun sinnvoll wäre.

Molly antwortete ihrer Mutter mit einem kurzen Brief, in dem sie eine Reihe eher empathischer als kritischer Fragen stellte. Sie drückte zum Beispiel ihr Interesse daran aus, wie ihre väterlichen Großeltern damals reagiert hatten, als Ethel und Sam heirateten. Sams Eltern waren orthodoxe Juden, aber Sam und Ethel hatten in einer reformierten Synagoge geheiratet und waren damit grundlegend von den Traditionen der vorangegangenen Generation abgewichen. Molly formulierte ihre Fragen respektvoll und nicht in ihrem gewohnten juristischen Stil. Sie erfuhr, daß Sams Mutter aus Zorn über den Bruch mit der Tradition der Hochzeit ferngeblieben war und daß Ethel sich von ihrer Schwiegermutter nie akzeptiert gefühlt hatte. Diese Enthüllung hatte schließlich zur Folge, daß Mollys Mutter weitere Familiengeschichten und Familiengeheimnisse aufdeckte, die sie nie jemandem erzählt hatte und nach denen nie jemand gefragt hatte.

Nach und nach näherte Molly sich der Frage, welche Tradition des Umgangs mit Unterschieden es in ihrer Familie gab. Sie teilte Ethel ihre Beobachtung mit, daß viele Familienmitglieder mit Unterschieden offenbar große Schwierigkeiten hatten und daß der Ursprung dieses Problems viele Generationen zurückzuliegen schien. »Je älter ich werde«, schrieb Molly, »desto mehr wird mir klar, daß Liebe zu meiner Familie für mich nicht bedeutet, daß wir alle gleich sein müssen.« In einem anschließenden Telefongespräch mit ihrer Mutter erwähnte sie, sie habe immer das Gefühl gehabt, daß beide, Sam und Ethel, kritisch und ablehnend reagierten, wenn sie, Molly, etwas anderes tat als Ethel wollte. So kam ihre Beziehung mit ihrer Mutter allmählich in Bewegung, wenn auch mit gelegentlichen Rückschlägen. Das Wichtigste für Molly war jedoch, zu sehen, daß es im Lauf der Zeit mehr Fortschritte als Rückschritte gab.

Es lohnt sich, wenn wir Wahrhaftigkeit als einen kontinuierlichen Prozeß betrachten, der sich ein Leben lang fortsetzt, und nicht als ein plötzliches Ereignis mit dem Charakter eines Schlagabtauschs. Es lohnt sich, wenn wir uns auf unseren eigenen Anteil an diesem Prozeß konzentrieren und nicht darauf, »eine Antwort zu bekommen«. Natürlich sind wir alle zwischen Reflexion und Reaktivität hin- und hergerissen und schlagen mal nach der einen, mal nach der anderen Seite aus. Aber es lohnt sich, darüber nachzudenken, welchen Standort wir letztlich erreichen wollen.

Wahrhaftigkeit ist, wie wir gesehen haben, ein Entwicklungsprozeß. Wahrheiten werden nicht »gesagt«, sondern eher im Lauf der Zeit entwickelt und ausdifferenziert. Wahrhaftigkeit ist wie ein Langstreckenlauf – sie erfordert viel Ausdauer. Wir müssen fähig sein, uns angesichts enormer Widerstände weiterzubewegen. Gleichzeitig ist Wahrhaftigkeit auch eine Sache der Zurückhaltung. Manchmal müssen wir stillsitzen, obwohl wir uns zum Handeln gedrängt fühlen. Und schließlich verlangt der Prozeß der Wahrhaftigkeit von uns, Weisheit und Intuition zu entwickeln, um zu wissen, wann wir was tun sollten. Realistisch betrachtet sind wir in aller Regel nicht von vornherein auf Erfolg programmiert. Als es um Molly ging, konnte ich leicht einen reflektierten, prozeßorientierten Standpunkt einnehmen, um Veränderungen zu erreichen, denn es handelte sich nicht um meine Familie, und außerdem fällt diese Art der Problematik in meinen beruflichen Erfahrungsbereich. Ich kann mir Mollys Geschichte mit Neugier und Interesse anhören, wie eine Anthropologin, die eine Gesellschaft studiert, der sie selbst nicht angehört – wie ich es mit den Harijan-Frauen in Indien machte. Wenn ich Molly als Angehörige einer komplexen Kultur betrachte, kann ich leichter erkennen, daß ihre Familie im Lauf der Generationen ein Spektrum von Wertvorstellungen, Überzeugungen und Regeln entwickelt hat, die das Verhalten aller Familienmitglieder prägen, vor allem im Umgang mit schwierigen Fragen, über die man nicht leicht sprechen kann. Ich kann auch akzeptieren, daß der Prozeß der Wahrhaftigkeit sich in äußerst vorsichtigen, langsamen Schritten vollziehen muß und daß es an manchen Punkten unvermeidlich ist, in nahezu geologischen Zeiträumen zu denken.

In meiner eigenen Familie verliere ich die Objektivität jedoch genauso schnell wie andere Leute in ihren Familien, und es kostet mich große Anstrengung, einen Schritt zurückzutreten und wieder Abstand zu gewinnen. Menschen neigen unter Streß zu dichotomischen, polarisierten Denkweisen. Wenn wir uns in feindliche Lager spalten, gehen vielschichtige, komplexe Wahrheiten leicht verloren, weil jede Seite sich übermäßig darauf konzentriert, was die andere falsch macht, und zu wenig darauf konzentriert, was sie selbst anders machen könnte. Ob es sich um Individuen oder um Regierungen handelt – es ist immer eine beachtliche Leistung, gegen unsere automatischen, konditionierten Verhaltensmuster anzugehen, die jede Möglichkeit des offenen Gesprächs blockieren und jede differenziertere Erfahrung dessen, was wir die Realität nennen, verhindern. Wenn wir unsere eingefahrenen Verhaltensweisen in einer Beziehung verändern wollen, müssen wir vielleicht anfangs bereit sein, »so zu tun als ob«, zu schauspielern, unsere automatischen Reaktionen zu unterdrücken und etwas anderes zu tun, das sich zunächst nicht authentisch anfühlt. Im Vorgeben können wir erfahren, wie sich in uns etwas abbildet, das wahrhaftiger ist als das, was wir bis dahin für »wahr« gehalten haben.

Sich dumm stellen

»Können Sie sich eigentlich auch dumm stellen?« provozierte ich einmal eine Klientin namens Lenore. Im Jargon der Familiensystem-Theorie würden wir Lenore eine typische festgelegte Überfunktionierende nennen, denn sie wußte immer, was gut und richtig ist, nicht nur für sich selbst, sondern auch für andere. Sie war schnell mit Ratschlägen und Rettungsaktionen bei der Hand, griff ein, übernahm die Kontrolle und brachte die Dinge in Ordnung. Sie war wenig in der Lage, bei sich zu bleiben und anderen zu gestatten, selbst mit ihren Problemen fertig zu werden und mit ihrem Schmerz umzugehen. Wenn es andere juckte, mußte sie sich kratzen. Ihre Partnerin, Beverly, unterfunktionierte mit derselben Begeisterung, mit der Lenore überfunktionierte. In den zehn Jahren ihres Zusammenlebens hatten sie sich unbewußt wechselseitig in ihren Verhaltensweisen bestärkt.

Während dieser speziellen Therapiesitzung forderte ich Lenore heraus, mit anderen Verhaltensweise zu experimentieren, die für sie neu, ja geradezu unnatürlich waren. Sich dumm zu stellen ist für Frauen schwerlich die Therapie der Wahl, aber ich wollte herausfinden, ob Lenore einen couragierten Schritt der Veränderung wagen würde, um das unbefriedigende Beziehungsmuster zwischen Beverly und ihr aufzubrechen, denn aus diesem Grund hatte sie therapeutische Hilfe gesucht.

Wäre sie zum Beispiel zu dem Experiment bereit, »Ich weiß es nicht« zu sagen, wenn Beverly wieder einmal fragte, ob Lenore ihre Autoschlüssel gesehen habe? Könnte sie es ertragen, Beverly mit ihrer vier Monate alten Tochter aus dem Haus gehen zu lassen, ohne ihre übliche Checkliste abzufragen: »Hast du die Windeln? Das Fläschchen? Einen Strampelanzug zum Wechseln?« Wenn Beverly die Windeln vergaß oder in irgendeiner anderen Weise nachlässig war, könnte Lenore dann unterreagieren anstatt überzureagieren und Beverly Gelegenheit geben, die emotionalen und pragmatischen Konsequenzen ihres Mangels an Verantwortlichkeit selbst auszubaden? Und wenn Lenore glaubte, das keine Woche lang durchhalten zu können, würde sie es dann, sagen wir mal, zwei Tage lang versuchen?

Als ich Lenore das nächste Mal sah, gab sie mir den folgenden Bericht über ihr Experiment: »Als ich sah, daß Beverly das Haus verließ, ohne an Annas Schnuller zu denken, mußte ich buchstäblich in den Keller flüchten, um sie *nicht* darauf aufmerksam zu machen. Anna hält es ohne ihren Schnuller nicht lange aus. Nach einer halben Stunde kam Beverly zurück, um den Schnuller zu holen. Ich saß am Schreibtisch und arbeitete an einem Bericht und zwang mich, kein Wort zu sagen. Es lief darauf hinaus, daß sie zu einem Termin mit einem Klienten zu spät kam, was sehr unangenehme Folgen hatte. Als sie abends anfing, darüber zu jammern, blieb ich ruhig und sagte, es täte mir leid, daß sie einen so schweren Tag hatte. Wieder mußte ich mich bremsen, ihr keine Predigt zu halten. Ich war erstaunt darüber, wie schwer es mir fiel, bei mir zu bleiben, mich einfach herauszuhalten. Gestern jedenfalls, als Beverly mit Anna zur Kinderärztin gehen mußte, vergaß sie die Windeln. Aber diesmal kam sie sofort zurück, um sie zu holen, noch bevor sie das Auto aus der Einfahrt gefahren hatte.«

Mein Ziel als Therapeutin war nicht, Lenore eine Technik an die Hand zu geben, die ihr half, ihre Partnerin zu erziehen. Ich fragte mich vielmehr, was Lenore über sich selbst lernen könnte, wenn sie ihren eigenen Anteil an dem polaren Muster des Überfunktionierens und Unterfunktionierens veränderte, das schon so lange bestand, wie die Beziehung dauerte. Obwohl Lenores kleines Experiment mit Beverly als solches kaum wichtig war, gewann es im Kontext des fortlaufenden Therapieprozesses an Bedeutung. In Lenores Herkunftsfamilie hatten sich viele leidvolle Dinge ereignet, und die Atmosphäre war ständig von angstvoller Spannung erfüllt. Ihre Eltern gingen Probleme nicht ruhig und sachlich an oder mit dem Vorsatz, sie zu lösen, sondern agierten sie vielmehr mit intensiver emotionaler Reaktivität und durch symptomatisches Verhalten aus. Als einzige Tochter unterstützte Lenore unbewußt die Inkompetenz ihrer

Eltern, indem sie für alles sorgte, sowohl im pragmatischen als auch im emotionalen Sinn. Als sie in Therapie kam, hatte sie keine Erfahrung darin, angesichts der Bedürftigkeit oder des Leidens anderer emotional präsent zu bleiben, ohne daß sie versuchte, Erklärungen und Lösungen zu finden. Sie hatte sich sporadisch von ihren Eltern distanziert oder deren Ansprüchen Grenzen gesetzt, aber immer erst, *nachdem* sie zu viel gegeben oder getan hatte und wütend darüber war. Der gereizte Ton, den sie dann anschlug, heizte die Ängste und die Bedürftigkeit der Eltern dann nur noch mehr an.

Außerdem war es Lenore nie in den Sinn gekommen, ihrer Mutter oder ihrem Vater von ihren eigenen Problemen und Verletzlichkeiten zu erzählen, und sie hatte auch nicht das Gefühl, daß andere Familienmitglieder ihr irgend etwas zu geben hätten. Aber sie sah keine Verbindung zwischen ihrer Unfähigkeit, ihre verletzlichen Seiten zu zeigen, und der Unfähigkeit ihrer Eltern, sich wie kompetente Erwachsene zu verhalten.

Es brauchte Zeit, bis Lenore ihre automatischen, natürlichen Reaktionsweisen auf ihre Eltern verstehen und modifizieren lernte. Wenn sie sich anders verhielt, als sie es immer getan hatte, war für Lenore anfangs das Element des »So tun als ob« oder des Experimentierens stark fühlbar, so zum Beispiel, als sie zuließ, daß Beverly mit Anna aus dem Haus ging, ohne die notwendigen Babysachen mitzunehmen. Was sich anfangs wie Verstellung anfühlte, brachte sie jedoch schließlich dahin, neue Einsichten in familiäre Muster und ihren eigenen Anteil daran zu gewinnen und neue Wahrheiten zu entdecken, die ihr Kraft gaben.

Noch mehr Verstellung

Eine Klientin sagt zu mir: »Meine Freundin will mich unbedingt zu diesem Treffen von Leuten zerren, die als Kleinkinder adoptiert wurden und nach ihren Geburtseltern suchen. Ich heuchele Interesse, weil sie meine Unterstützung braucht, aber ich war nie neugierig, wer meine biologischen Eltern sind.« Mit dieser indifferenten Einstellung geht meine Klientin zu dem Treffen, und plötzlich bricht eine wahre Sturmflut von Gefühlen über sie herein.

So erfahren wir manchmal ungeahnte Dinge über uns selbst, indem wir uns in einen neuen Kontext hineinbegeben. Oder wir schaffen, wie Molly und Lenore, einen neuen Kontext, indem wir unser Verhalten in einem alten Kontext verändern.

Oder nehmen wir das Beispiel von Jen: Sie ist außer sich, weil ihr Freund, mit dem sie zusammenlebt, sich nicht entschließen kann, sie zu heiraten. Jen hat eine katastrophale erste Ehe hinter sich und glaubt nun, in ihrem neuen Freund den perfekten Partner gefunden zu haben. Je mehr sie ihn unter Druck setzt, verbindlich zu werden, desto mehr geht er auf Distanz, und je mehr er auf Distanz geht, desto mehr bedrängt sie ihn. Als sie zu mir in die Beratung kommt, hat das Muster, das sich da etabliert hat, schon eine Eigendynamik entwickelt. Sie kann nur noch Abhängigkeit und Bedürftigkeit ausdrücken. Er kann nur noch kühl und distanziert reagieren und sein Bedürfnis nach Freiraum artikulieren. Sie setzt ihm zu, und er läuft davon. Jen ist so sehr auf ihren Ehewunsch fixiert, daß sie fast keine Energie mehr auf ihre Arbeit, ihre Freundschaften und ihren Lebensplan verwendet.

Ich rate Jen zu einem couragierten Akt der Verstellung. Kann sie für sich einen Zeitraum festlegen – sagen wir mal, acht Wochen –, in dem sie aufhört, sich auf ihren Freund zu fixieren, und wieder anfängt, ihre Energien auf ihr eigenes Leben zu richten? Kann sie diejenige sein, die nach mehr Unabhängigkeit strebt, indem sie zum Beispiel einige Abende in der Woche mit ihren eigenen Freundinnen und Freunden ausgeht? Kann sie mit ihrem Freund ein Gespräch führen, in dem sie ihre eigenen Bedenken in bezug auf die Ehe zum Ausdruck bringt? Kann sie im Kontakt mit ihrem Freund warmherzig, freundlich und offen bleiben, statt in kühle, reaktive Distanz zu verfallen, ohne ihn zu bedrängen und ohne das Thema Heirat anzusprechen? Für eine Frau, die in der Beziehung zu einem Mann automatisch die Rolle der Bedrängenden einnimmt, ist das eine Herausforderung. Und da ein solcher Rat nach der alten Taktik, die Kühle zu spielen, riecht, die Frauen traditionell beigebracht wird, erscheint dieser Plan vielleicht wie Heuchelei oder Manipulation. Aber andererseits liegt auch nichts Authentisches darin, ein eingefahrenes Muster fortzusetzen, in dem sie ihm immer nur zusetzt und er immer nur auf Distanz geht.

Polarisierte Beziehungen – sie vertritt die Position der Zusammengehörigkeit, er die Position der Unabhängigkeit – verzerren die Erfahrung des eigenen Selbst und der anderen Person und halten uns in einer engen, festgelegten Sichtweise der Wahrheit und unserer Möglichkeiten gefangen. Wenn der Zyklus des Bedrängens und Distanzierens durchbrochen wird, haben beide Seiten die Möglichkeit, sich die schwierige, komplexe – aber innerlich ganzheitlichere – Erfahrung anzueignen, daß der Wunsch nach Nähe und die Angst vor Nähe in uns nebeneinander existieren.

Und schließlich ein letztes Beispiel: Eine Freundin, Michelle, sah ihre Schwiegermutter mit sehr kritischen Augen und hatte große Probleme mit ihr. Da Michelle großen Wert darauf legte, authentisch zu sein und ihre wahren Gefühle zu zeigen, äußerte sie ihrem Mann gegenüber permanent Kritik an ihr, und ihr Mann reagierte unweigerlich damit, daß er seine Mutter verteidigte. Hier hatte sich eine geradezu klassische familiäre Dreieckskonstellation etabliert, in der sich die negative Spannung zwischen der Ehefrau und der Schwiegermutter konzentrierte. Die beiden Frauen fochten Kämpfe aus, während der Mann außerhalb des Rings stand.

Michelle sah es so, daß sie diejenige war, die versuchte, mit einer unmöglichen Situation offen und ehrlich umzugehen. Sie sagte ihrem Mann in regelmäßigen Abständen, wie sehr sie seine Mutter haßte. Sie reagierte mit offenem Sarkasmus und kühler Distanz auf Sylvias unerbetene Ratschläge und Einmischungen. Michelle schilderte ihr eigenes Verhalten als ehrlich und direkt, aber sie focht unwissentlich die Kämpfe der beiden anderen aus. Wenn eine Ehefrau und eine Schwiegermutter miteinander im Clinch liegen, dann gibt es grundsätzlich auch einen Ehemann und eine Mutter, die sich dem emotionalen Problem in ihrer Beziehung nicht stellen.

Ich forderte Michelle heraus, ein Verstellungsspiel zu spielen, mit Verhaltensweisen zu experimentieren, die ihr zuerst unnatürlich und sogar heuchlerisch erschienen. Ich schlug ihr vor, sich entspannt zu geben, ihrem Mann gegenüber keine kritischen Bemerkungen über Sylvia mehr zu machen und sich auf die guten Eigenschaften ihrer Schwiegermutter zu konzentrieren, die Michelle völlig aus den Augen verloren hatte. Ich ermutigte sie, im Kontakt mit ihrer Schwiegermutter ein entspannteres emotionales Klima zu schaffen und mit Humor und Interesse auf sie zuzugehen, statt mit Distanz und Schuldzuweisungen auf sie zu reagieren. Außerdem riet ich Michelle, sich intensiver mit ihren eigenen Eltern zu befassen und sich weniger auf die Familie ihres Mannes zu fixieren.

Was ich Michelle vorschlug, war nicht ein Experiment um seiner selbst willen. Ich forderte sie vielmehr dazu heraus, mit dem Blick einer Forscherin zu beobachten, wie Dreieckskonstellationen funktionieren, und ihren eigenen Anteil an einer bestehenden Dreieckskonstellation zu verändern.

Was als »So tun als ob« begann, führte bald zu einer sehr viel komplexer strukturierten Sichtweise der familiären Realitäten. Ein Jahr später war es Michelle, die in der Beziehung zu Sylvia unterreagierte, und ihr Mann, der überreagierte. In Michelles Ehe kam es zu Konflikten, und ebenso in der Beziehung zwischen ihrem Mann und seiner Mutter. Diese realen Beziehungsprobleme waren vorher durch die Dreieckskonstellation völlig verdeckt, denn das Dreieck hatte die Funktion, die negative Spannung in die Beziehung zwischen Michelle und Sylvia umzuleiten.

»So tun als ob« kann den Prozeß der Wahrhaftigkeit oder die Entdeckung der Wahrheit fördern, wenn es in unsere unproduktiven Gewohnheiten in der Art, wie wir auf andere reagieren, eine Lücke reißt. Was in einer Beziehung oder in einem Menschen das Authentische ist, erkennen wir in aller Regel erst, *nachdem* wir unser Verhalten verändert haben. Sylvia zum Beispiel rückte von ihrer kritisch-überwachenden Einstellung ab, in der sich, teilweise zumindest, ihr fehlgeleitetes Bedürfnis ausdrückte, nützlich zu sein und einbezogen zu werden, als Michelle auf sie zuging und sie mit wirklichem Interesse nach ihrer Meinung fragte, statt ihre unerbetenen Ratschläge gereizt abzuwehren.

Wenn man Menschen so nehme, wie sie zu sein scheinen, sagte Goethe einmal, mache man sie noch schlimmer. Wenn man sie aber als die behandle, die sie potentiell sein könnten, mache man sie zu denen, die sie sein sollten. Wir können das Gesamtpotential anderer Menschen nie erkennen und auch nicht wissen, wer oder was sie »sein sollen«, aber wer sie in der

Beziehung zu uns sind, hängt stark davon ab, wie wir uns im Kontakt mit ihnen verhalten.

Brugh Joy paraphrasiert Goethes Ausspruch folgendermaßen: »Wenn ich mich selbst so nehme, wie ich zu sein scheine, mache ich mich geringer. Aber wenn ich mich so nehme, als wäre ich schon, was ich potentiell sein kann, mache ich mich zu dem, was ich sein sollte.« Beide Aussprüche sind interessante Reflexionen über die Kraft der Phantasie und des Vorgebens und die Beziehung zwischen beiden.

10. Kapitel

Familiengeheimnisse: Eine Störung im Energiefeld

In meiner Jugend in Brooklyn vertraute ich jahrelang meine geheimsten Gedanken Tagebüchern an, die man mit kleinen Schlössern verschließen konnte. Das Tagebuch, das ich gerade benutzte, versteckte ich in einer Schublade unter meinen Pullovern. Nach jedem Eintrag legte ich es in einem ganz bestimmten Winkel in die Schublade zurück, so daß ich erkennen konnte, ob sich jemand daran zu schaffen gemacht hatte. Ich lebte in der Angst, meine Eltern könnten es lesen oder der Bruder meiner besten Freundin würde seine Drohung wahrmachen und es aufstöbern. Wer immer es sein würde, der meine Privatsphäre verletzte, er würde auch meine am sorgfältigsten gehüteten Geheimnisse entdecken. Ironie des Schicksals: Es war mein jüngerer Sohn Ben, der eben diese Tagebücher in einer Kiste auf dem Speicher fand und mit begeisterter Neugier darin stöberte. Glücklicherweise war soviel Zeit vergangen, daß ich in erster Linie mit Belustigung reagierte, als er unbefangen von seinem Abenteuer berichtete.

Jede Familie hat Geheimnisse, in die manche Familienmitglieder eingeweiht sind und andere nicht. Oft sind Geheimnisse zwischen Eltern und Kindern der Ausdruck gesunder Grenzen, die es jeder Generation erlauben, ihre eigene unabhängige Sphäre aufrechtzuerhalten. Andere Geheimnisse, die Erwachsene vor Kindern oder Kinder vor Erwachsenen bewahren, sind zutiefst problematisch.

Es gibt die unterschiedlichsten Gründe dafür, daß Kinder ihre Eltern täuschen oder etwas vor ihnen verbergen. Ein Kind kann sich entschließen, etwas geheimzuhalten, weil es Strafe oder Mißbilligung fürchtet, weil es vermeiden will, daß ein Elternteil sich sorgt, weil es sich einen privaten Freiraum schaffen,

Beziehungen mit Geschwistern oder Gleichaltrigen festigen oder Autonomie und Unabhängigkeit erproben will. Wenn Kinder Wissen oder Gefühle vor ihren Eltern verbergen, hilft ihnen das, sich stark und unabhängig zu fühlen, und es kann unerwünschte Aufmerksamkeit und Einmischungen abwenden. Kinder können die Geheimnisse, die sie hüten, jedoch nicht immer frei wählen, und sie haben kaum Einfluß darauf, ob und wie sie in die Geschichten anderer hineingezogen werden. Manche Geheimnisse, wie Inzest, spiegeln sowohl den Mißbrauch der Macht durch die erwachsene Person als auch den blanken Terror, die Verwirrung und die Hilflosigkeit des Kindes.

Eltern halten in aller Regel gewisse Dinge vor ihren Kindern geheim. Erwachsene brauchen ihre Privatsphäre und haben das natürliche Bedürfnis, ihre Kinder und sich selbst vor unnötigen schmerzlichen Enthüllungen zu schützen. Eltern treffen jeden Tag Entscheidungen darüber, welche Informationen sie ihren Kindern zukommen lassen und wann und auf welche Weise sie diese Informationen vermitteln.

Aber Eltern unterscheiden sich drastisch darin, bis zu welchem Grad sie es für nötig halten, ihre Kinder »vor der Wahrheit zu schützen«. Beas Mutter, Ruth, versuchte zum Beispiel, ihre Tochter völlig von den unvermeidlichen traurigen und kummervollen Erfahrungen, die das Leben mit sich bringt, abzuschirmen. Als Bea dann erwachsen war, gab es zwischen Mutter und Tochter kaum noch wirkliche Kommunikation oder echten Austausch von Gefühlen. Andere Eltern machen es umgekehrt. Sie erzählen ihren Kindern zu viel und schirmen sie nicht genügend vor den Problemen der Erwachsenen ab, oder sie üben Druck auf ihre Kinder aus, ihnen alles zu sagen. Beide Extreme spiegeln die Bemühungen angstgeprägter Familien um Anpassungsstrategien an das Leben; beide Extreme sind problematisch.

Wie unterscheiden wir ein Familiengeheimnis von den zahllosen Dingen, die Eltern ihren Kindern nicht erzählen und umgekehrt? Der Begriff »Familiengeheimnis« bezieht sich in aller Regel auf Ereignisse und Fakten, statt auf Gedanken und Gefühle, und bleibt gewöhnlich für Bereiche reserviert, die in unserer Kultur emotional belastet sind. Familiengeheimnisse drehen sich meistens um Dinge wie Alkoholismus, Drogenabhängigkeit, Haftstrafen, Selbstmord, physische Krankheiten oder psychische Störungen, vorzeitige Verluste, Emigration, Abstammung, Unfruchtbarkeit, Adoption, sexuelle Orientierung, Affären, beruflichen und ökonomischen Status, Scheidung, Inzest und Gewalt. Wenn eine Mutter sich darüber ausschweigt, was die neuen Gartenmöbel gekostet haben, wird dieser Akt des Verbergens kaum Eingang in die Chronik der Familiengeheimnisse finden, obwohl das Verschweigen dieser Information für sie durchaus eine tiefe Bedeutung haben kann.

Der Grad, bis zu dem eine Information verdeckt, vernebelt oder mit Fiktion umgeben wird, ist ein Barometer der Angstspannung in der Familie. Umgekehrt zeigt der Grad der Angstspannung die persönliche Bedeutung, die Eltern einem bestimmten Thema aus ihren eigenen Herkunftsfamilien zumessen, und das Maß an Stigmatisierung, dem ein Thema im weiteren kulturellen Milieu unterliegt.

Als ich in der sechsten Klasse war, hielt meine Freundin Arlene die Scheidung ihrer Eltern auf die Bitte ihrer Mutter hin vor allen ihren Klassenkameradinnen und -kameraden geheim. Ihre Mutter fühlte sich nicht nur für das Scheitern der Ehe verantwortlich, sondern Arlene sollte auch nicht unter dem Stigma leiden, in ihrer Klasse das einzige Kind aus einer »zerstörten Familie« zu sein. Jetzt, in den neunziger Jahren, wäre diese Geheimhaltung etwas äußerst Ungewöhnliches, denn Scheidungen sind an der Tagesordnung, und in den meisten Gemeinschaften stellen sie kein Stigma mehr dar.

Stigma und Geheimhaltung sind miteinander verflochten und verstärken sich wechselseitig. Je stärker ein Thema stigmatisiert ist und mißverstanden wird, desto wahrscheinlicher ist es, daß Betroffene Zuflucht zur Geheimhaltung nehmen. Aber die Geheimhaltung verstärkt die Schamgefühle nur noch mehr und steigert das Gefühl, Stigmatisierte zu sein.

Dieser Teufelskreis kann durch individuelle Erkenntnis und individuellen Mut allein nicht durchbrochen werden. Vielmehr kommt es erst dann zu Veränderungen, wenn die Einzelnen sich zusammenschließen und kollektiv eine politische und soziale Macht bilden, mit der man rechnen muß. Die Bürgerrechtsbewegung, die Adoptions-Reformbewegung und die Frauenbewegung sind Beispiele, die zeigen, wie eine soziale Bewegung die vorher stigmatisierten Bedeutungen verändern kann, die bestimmten Gruppen von der dominanten Kultur auferlegt wurden. Wenn sich neue Bedeutungsinhalte entwickeln und etablieren, treten mehr und mehr Leute hervor und decken ihre Geheimnisse auf. Als Folge davon beginnen die Einzelnen eine positive Identität und Stolz zu entwickeln, wo einmal Stigmatisierung und Geheimhaltung das Bild bestimmten. Der Informationsfluß zwischen Familienmitgliedern wird dann freier – es kann zum Beispiel ausgesprochen werden, daß die Mutter wirklich Alkoholikerin ist –, und das Beziehungspotential innerhalb der Familie und zwischen der Familie und der Gemeinschaft wird gestärkt.

Natürlich kann man jeden beliebigen Inhalt zu einem Geheimnis machen, und Scham und Stigma müssen dabei nicht unbedingt eine Rolle spielen. Aber auch ein so triviales und neutrales Geheimnis wie das von Vicky – daß sie ihren Ehemann durch eine Partnerschaftsannonce kennenlernte – kann auf Familienbeziehungen dramatische Auswirkungen haben, indem es Komplizen und Außenseiter, verborgene Allianzen und Dreieckskonstellationen schafft, die von allen Beteiligten einen hohen Preis fordern. Geheimnisse beeinflussen Beziehungen, sogar wenn nur eine einzige Person in einer Familie das Geheimnis hütet und niemandem davon erzählt. Die negative Macht der Geheimhaltung entstammt sowohl der emotionalen Bedeutung dessen, was nicht ausgesprochen wird, als auch den verwickelten Allianzen, Dreieckskonstellationen und Distanzierungen, die durch Geheimnisse entstehen können.

Die Therapeutin Evan Imber-Black gibt in ihrem Buch *Secrets in Families and Family Therapy* (»Geheimnisse in Familien und Familientherapie«) ein dramatisches Beispiel für die unvorhersehbaren Verschiebungen, zu denen es in Beziehungsdreiecken kommen kann, wenn Geheimhaltung in einer Familie zum Modus vivendi geworden ist: Eine Mutter traf mit ihrem Sohn die Abmachung, seine Drogenabhängigkeit vor dem Vater geheimzuhalten, plauderte das Geheimnis aber wenige Stunden später aus. Der Vater versprach seinerseits, dieses Wissen vor dem Sohn und vor Imber-Black, der Familientherapeutin, geheimzuhalten. Zur nächsten Therapiesitzung erschien der Vater allein, enthüllte Imber-Black das Geheimnis und bestand darauf, daß die Therapeutin seiner Ehefrau und dem Sohn nichts von dieser Enthüllung erzählen dürfe. In einer folgenden Sitzung, an der die ganze Familie teilnahm, konzentrierte Imber-Black sich auf den Informationsfluß zwischen den Familienmitgliedern und darauf, wie ihr Wunsch, einander vor Scham zu bewahren, mit dem von allen empfundenen Gefühl des permanenten Verrats in Beziehung stand.

Wie die folgende Geschichte zeigt, sind die durch Geheimhaltung geschaffenen verborgenen Allianzen jedoch nicht immer im Fluß. Vielmehr können Dreieckskonstellationen sich im Laufe der Jahre, der Jahrzehnte, der Generationen zu rigiden Haltungen verfestigen. Geheimhaltung wird in aller Regel im Namen des Beschützens geübt, und implizite Appelle an die Familienloyalität sorgen dafür, daß die Geheimnisse auch geheim bleiben. Es ist allerdings schwierig, herauszufinden, wer wen beschützt und wovor – insbesondere wenn man die schrecklichen Konsequenzen der Geheimhaltung für das Leben der einzelnen Familienmitglieder und der ganzen Familie in Betracht zieht.

»Dein Vater kann mit schwierigen Dingen nicht umgehen«

Als Linda zu mir in Therapie kam, war sie zweiundzwanzig Jahre alt und seit kurzem mit ihrem ersten Kind schwanger. Sie war die älteste von vier Töchtern aus einer Bauernfamilie in Kansas, und sie studierte an einer Fachhochschule Verwaltung im öffentlichen Gesundheitswesen. Vom Beginn ihres Studiums an war sie unfähig gewesen, ohne Hemmungen vor einer Gruppe von Menschen zu sprechen, und hatte manchmal sogar panische Angst davor, sich im Seminar zu einer Frage oder einem Redebeitrag zu melden. So wie sie es schilderte, hatte sie Angst, etwas Dummes oder Unpassendes zu sagen.

Trotz früherer Therapieversuche hatte Linda ihre Schwierigkeiten nicht überwunden. Nun war es ein noch qualvolleres Symptom, das sie dazu brachte, erneut therapeutische Hilfe in Anspruch zu nehmen. Seit sie wußte, daß sie schwanger war, hatte sie permanent Angst davor, sich eine Krankheit zuzuziehen, die eine Röntgendiagnose erfordern würde, Angst, daß der Fötus durch die Röntgenstrahlen geschädigt werden könnte.

Linda verstand selbst nicht, warum diese Angstvorstellung sie verfolgte, denn sie hatte in der Vergangenheit weder schwere Krankheiten gehabt noch neigte sie – abgesehen von ihrer Angst vor dem öffentlichen Sprechen – dazu, sich übermäßige Sorgen zu machen.

Bei der zweiten Therapiesitzung, während ich ein Genogramm ihrer Familie aufzeichnete, enthüllte Linda ein Familiengeheimnis, das sie anfangs im Hinblick auf ihre Symptome für irrelevant gehalten hatte. Im Alter von zehn Jahren hatte Linda am Begräbnis eines Bauern aus der Nachbarschaft teilgenommen. Die Tochter dieses Bauern erzählte ihr nach der Beerdigung, daß sie, Linda, einen Bruder gehabt habe – das erste Kind ihrer Mutter –, der im Alter von vier Wochen »an einem Herzproblem oder etwas ähnlichem« gestorben war, und zwar an einem Weihnachtstag. Linda glaubte dem Mädchen anfangs nicht, aber als sie nach Hause kam, fragte sie die Mutter danach, und diese bestätigte den Sachverhalt, weigerte sich aber, weiter darüber zu sprechen.

Während des kurzen, spannungsvollen Gesprächs forderte die Mutter Linda auf, mit anderen Familienmitgliedern nicht über dieses Thema zu sprechen. Es sei nicht nötig, sagte sie, Lindas jüngere Schwestern zu beunruhigen oder den Vater an den Verlust zu erinnern, denn er könne mit schwierigen Dingen nicht umgehen. Es sei das beste, wenn er nicht einmal erfahre, daß Linda von der Sache wußte. Aus einem tiefen Gefühl familiärer Loyalität heraus drängte Linda dieses Wissen in den Hintergrund und dachte nicht weiter darüber nach. Ich war die erste Person, der sie je von diesem Geheimnis erzählt hatte.

Als Linda aufwuchs, hatte das Wissen um den Tod ihres Bruders ihr geholfen, Dinge zu begreifen, die sonst unerklärlich und mysteriös geblieben wären. Jedes Jahr in der Weihnachtszeit – wenn der Todestag des ersten Kindes näherrückte –, schien die Mutter in einer dunklen Wolke zu verschwinden. Der Vater dagegen drückte tiefe Enttäuschung darüber aus, daß er keinen Sohn hatte, der ihm auf dem Hof zur Hand ging. Alle Töchter litten unter dieser offensichtlichen Sorge und Unzufriedenheit der Eltern, aber nur Linda kannte die ganze Wahrheit.

Von solchen Familiengeheimnissen geht unter anderem deshalb soviel negative Energie aus, weil Eltern zwar die entscheidende Tatsache, nicht aber die Intensität der spannungsvollen Gefühle verbergen können, die sich um das fragliche Ereignis zentrieren. In meiner Familie konnte zum Beispiel die Krebsdiagnose meiner Mutter verheimlicht werden, aber nicht die permanente Todesangst, die in der Luft lag. Wenn Kinder eine Störung im Energiefeld spüren, sich aber nicht frei fühlen, Fragen zu stellen, quälen sie sich mit unbewußten Phantasien, die nie zur Ruhe kommen. Die Familientherapeutin Peggy Papp merkt dazu an: »Wenn Kinder spüren, daß die Erwachsenen Informationen vor ihnen zurückhalten, werden sie verwirrt und ängstlich, verlieren das Vertrauen und schreiben sich schließlich selbst die Schuld an den Vorgängen zu. Da sie nach Erklärungen für das Unerklärliche suchen, erschaffen sie ihre eigenen Überzeugungen, Mythen und Phantasien. Diese werden oft durch auffälliges Verhalten ausagiert und werden zur Metapher für das Verborgene innerhalb des Familiensystems. Die Spannungen und Konflikte, die von Geheimnissen ausgehen, bleiben so lange ungelöst, wie die Informationen, die zu ihrer Lösung notwendig sind, unzugänglich bleiben.«

Linda wußte um das Geheimnis. Aber das Thema war tabu, also stellte sie keine Fragen über all die Dinge, die sie *nicht* wußte: Woran war ihr Bruder wirklich gestorben? Was hatte die Krankheit verursacht? Warum konnte sie nicht behandelt werden? Wo war ihr Bruder begraben? Welchen Namen hatte er gehabt? Warum war sein Tod so schrecklich, daß niemand darüber reden durfte? Wenn Linda selbst plötzlich stürbe, würde ihr Name dann in der Familie nie mehr erwähnt werden? Bedeutete der Tod, daß man für immer aus der Familiengeschichte verbannt und aus dem Gedächtnis der Familie gelöscht war? Und wie hatte der Tod des Erstgeborenen Lindas Eintritt in die Familie beeinflußt?

Wenn ein Thema für weiterführende, klärende Gespräche tabu ist, unterdrücken Kinder ihre Gefühle und auch ihre natürliche Neugier, der Welt, die sie umgibt, Sinn zu entnehmen. Da sie die Ängste ihrer Mutter spürte, unterdrückte Linda ihre Fragen und verbannte alle Gedanken an ihren Bruder aus ihrem Bewußtsein. Als sie dann erwachsen war und ihr erstes Kind erwartete, kamen diese unterschwelligen Emotionen jedoch in

Form von Symptomen an die Oberfläche, die das Problem durch eine Metapher darstellten. Röntgenstrahlen schaden nicht nur (wie es in Lindas Sorge um die Gesundheit und das Überleben ihres ungeborenen Kindes zum Ausdruck kam), sondern sie machen auch sichtbar, was im Inneren ist und dem Blick sonst verborgen bleibt. Außerdem spiegelte vielleicht auch Lindas alte Angst, etwas Dummes oder Unpassendes zu sagen, wenn sie vor einer Gruppe von Menschen sprechen sollte, die Last der Geheimhaltung und ihren unbewußten Wunsch, die Wahrheit offen auszusprechen.

Als Linda einmal den Schritt getan hatte, das Tabuthema im Licht ihres wachen Tagesbewußtseins unter die Lupe zu nehmen, fühlte sie sich gleich leichter, ruhiger und weniger belastet. Dann erzählte sie ihrem Mann von dem Geheimnis, über das sie in der Therapie gesprochen hatte. Er war froh, diese Information zu bekommen, die ein Licht auf Lindas scheinbar unerklärlichen Ängste über eine drohende Gefahr für ihr Ungeborenes warf. Da sie nun Unterstützung hatte, und da es ihr wichtig war, ihre Ängste in den Griff zu bekommen, brachte Linda den Mut auf, das Geheimnis in ihrer Familie anzusprechen.

Zuerst sprach Linda mit Fern, ihrer Mutter. Sie wählte einen ruhigen Moment und erzählte ihrer Mutter von den Ängsten, die sie in bezug auf ihr ungeborenes Kind empfand. Sie bat Fern, ihr bei der Bewältigung ihrer Ängste zu helfen, indem sie ihr etwas mehr über den Tod ihres Bruders erzählte. Linda begann mit einigen sachlichen Fragen (Wie hieß er eigentlich? Hattest du eine normale Schwangerschaft? Wer hat zuerst gemerkt, daß etwas nicht in Ordnung war?), statt gleich schwierige Gefühle anzusprechen oder zu erwarten, daß sie in einem Anlauf die gesamte Problematik erfahren und klären könnte. Sie sagte ihrer Mutter auch, daß sie erst, seit sie schwanger geworden sei, verstehen könne, wie vernichtend es sein müsse, ein Kind zu verlieren. Sie hatte mit einer kühlen Reaktion von Fern gerechnet. Statt dessen brachen beide Frauen in Tränen aus. In einem späteren Gespräch sagte Linda ihrer Mutter, daß sie vorhabe, auch mit anderen Familienmitgliedern, John, den Vater eingeschlossen, über den Tod des Bruders zu sprechen. An diesem Punkt kochten Ferns Ängste hoch, und sie warf Linda vor, sie sei selbstsüchtig, illoyal und respektlos. Aber es gelang Linda, zu ihrer Position zu stehen, ohne auf Distanz zu gehen oder defensiv zu werden. Sie sagte ihrer Mutter: »Weißt du, Mama, wahrscheinlich hast du recht; ich *bin* selbstsüchtig, weil ich das für mich selbst tun muß. Es tut mir leid, wenn ich dich damit verletze, denn das war wirklich nicht meine Absicht.« Linda erklärte Fern, das Geheimnis schaffe Distanz zwischen ihr und den anderen Familienmitgliedern, und es sei ihr zu belastend, weiterhin Geheimhaltung zu üben. Sie sagte ihrer Mutter auch, sie liebe ihre Familie und sie lege großen Wert darauf, mit allen Familienmitgliedern über alle wichtigen Dinge sprechen zu können. Linda versuchte nicht, ihre Mutter zu verändern oder zu überzeugen, sondern bemühte sich nur, so klar wie möglich darzustellen, welchen Standpunkt sie einnahm und was sie um ihrer selbst willen tun mußte.

Wenn man ein Familiengeheimnis ausgräbt, führt eine Enthüllung zur nächsten. Linda erfuhr allmählich von Verlusten in den vorangegangenen Generationen, die nie betrauert wurden und über die nie offen gesprochen wurde. Sie erfuhr von ihrem Vater, daß ihr Bruder nicht an einem Herzproblem, sondern an einer Virusinfektion gestorben war. Ihre Eltern hatten furchtbar mit sich gehadert, weil sie den Arzt nicht rechtzeitig gerufen hatten. Deshalb hatten sie sich nie bemüht, falschen Gerüchten über die Ursache für den Tod des Säuglings entgegenzutreten. Als Linda ihre Phantasien durch Fakten ersetzte, konnte sie ihre eigene Schwangerschaft unabhängig von der leidvollen Erfahrung ihrer Mutter sehen. Ihre Angst, sich vor anderen Menschen frei zu äußern, verringerte sich, und ihre Obsession in bezug auf Röntgenstrahlen verschwand völlig. Lindas Eltern entwickelten jedoch anfangs stärkere Ängste, denn das empfindliche Gleichgewicht ihrer distanzierten Ehe wurde gestört, als ihre Tochter die Mauer der Geheimhaltung und des Schweigens durchbrach.

Für Fern und John war die erneute Konfrontation mit ihrer Trauer um den Tod des Erstgeborenen nicht der einzige schwierige Aspekt der Veränderung, die Linda initiiert hatte. Linda durchbrach auch ein über viele Generationen weitergegebenes Erbe der Vater-Tochter-Distanz, als sie auf ihren Vater zuging. Durch ihr Bemühen, dem Vater ihre eigenen Ängste mitzuteilen und ihn nach den Verlusten in seinem Leben zu fragen, stellte Linda den Mythos in Frage, daß Väter vor dem emotionalen Leben der Familie beschützt werden (oder, genauer gesagt, davon ausgeschlossen bleiben) müssen. Dadurch, daß Linda zu Fern sagte: »Ich kann etwas so Wichtiges nicht vor Vater geheimhalten«, weigerte sie sich, Johns Außenseiterstatus weiter zu unterstützen. Das schlug Wellen, die sich durch das gesamte System fortpflanzten und schließlich alle Familienbeziehungen in Bewegung brachten.

Eingeweihte und Außenseiter

Bei Familiengeheimnissen gibt es zahllose Methoden, die Grenzen zwischen Eingeweihten und Außenseitern festzulegen und umzudefinieren. In Lindas Familie dachte John zum Beispiel, daß nur er und seine Frau ein Geheimnis hätten, das sie vor den Kindern bewahrten. Tatsächlich hatten seine Frau und seine Tochter aber seit Lindas zehntem Lebensjahr ein Geheimnis vor ihm gehabt.

Geheimnisse können im Familienleben unterschiedliche Stellenwerte haben. Eine Mutter kann ein Geheimnis haben – zum Beispiel ihre Abhängigkeit von Valium –, das sie niemandem erzählt. Oder sie erzählt es ihrer heranwachsenden Tochter unter dem Siegel der Verschwiegenheit. Vielleicht wissen alle Familienmitglieder von ihrer Tablettensucht, tun aber untereinander so, als wüßte niemand davon. Oder die Kinder werden gewarnt, keinem Menschen außerhalb des unmittelbaren Familienkreises von dem Geheimnis der Mutter zu erzählen.

Eine andere Art von Geheimnis kann ein Kind, einen Elternteil und eine außenstehende Person miteinander verbinden, zum Beispiel wenn eine Mutter sich mit einer Lehrerin oder Therapeutin über ein Problem des Kindes berät und der Vater nichts davon erfährt.

In ihrem Buch *Deborah, Golda and Me* (»Deborah, Golda und ich«) teilt Letty Cottin Pogrebin die Beobachtung mit, daß die Frauen in ihrer Familie die meisten Geheimnisse hatten und daß die Informationen dann Stück für Stück, in kleinen Dosen, herausgelassen wurden, wie man ein Medikament ausgibt, das mit Vorsicht zu genießen ist. Sie stellt die Überlegung an, daß Scham vermutlich der Hauptgrund für diese Verschwiegenheit und Vorsicht war, denn Frauen lernen in ihrer Sozialisation mehr als Männer, auf den äußeren Eindruck zu achten und sich – in Ermangelung konkreterer Wertmaßstäbe – mehr als Männer daran zu halten, »wie das ausschaut« und »was die Leute denken«. Pogrebin geht auch der Frage nach, ob das Verdeckthalten bestimmter Verhaltensweisen Frauen es erlaubte, sich nach außen als mustergültig darzustellen und trotzdem zu tun, was sie wollten.

Bei der Schilderung der Geheimnisse und Koalitionen in ihrer Familie – wer mit wem unter einer Decke steckte – zieht Pogrebin auch die Verbindung zwischen Geheimhaltung und Macht: »Während Männer die Geschichte von Nationen und Zivilisationen bestimmen, benutzen Frauen die Familiengeschichte als Instrument von Macht und Einfluß. Und wenn Wissen Macht ist, dann ist geheimes Wissen potenzierte Macht; es kann zurückgehalten, ausgetauscht und als Kapital eingesetzt werden. Für Frauen, die traditionell von prestigeträchtigen Berufen und von der Ausübung öffentlicher Macht ausgeschlossen waren, lag in den Geheimnissen, die sie hüteten, vielleicht die einzige Form von Macht, die sie kannten.«

Ich schließe mich Pogrebins Prämisse an. Obwohl Frauen und Männer vielleicht nicht bewußt beabsichtigen, einander auszuschließen, gibt es zweifellos eine Verbindung zwischen der Außenseiterposition von Frauen in der öffentlichen Sphäre und der Außenseiterposition von Männern in der privaten Sphäre des emotionalen Lebens der Familie.

Als Fern ihrer zehnjährigen Tochter sagte: »Vater braucht nichts davon zu erfahren«, gab sie als Begründung an, daß ihr Mann vor unnötigen Aufregungen geschützt werden müsse. Aber als Linda – nun zweiundzwanzig Jahre alt und schwanger – schließlich doch mit ihrem Vater über das Geheimnis sprach, wurde klar, daß die Mutter diejenige war, die sich am meisten vor ihren Gefühlen schützen mußte, vor Trauer und Wut, die sich auf die Verlusterfahrung und auf den emotionalen Rückzug ihres Mannes bezogen. Vielleicht wollte sie auch ihre Position als emotionales Zentrum für die Kinder verteidigen. Fern vermittelte allen ihren Töchtern, daß der Vater unfähig sei, schwierige emotionale Probleme zu bewältigen, und daß man ihn in Ruhe lassen müsse. Welche Absichten sie damit auch immer verfolgte – sie verstärkte jedenfalls Johns Außenseiterposition in der Familie.

Dennoch gehen Familiengeheimnisse in aller Regel mit starkem Machtverlust einher, sogar für diejenigen, die die Geheimnisse hüten. Geheimnisse unterminieren die Verbundenheit, blockieren wirkliches Engagement und Vertrauen und nehmen der Familie ihre Vitalität und Spontaneität. Geheimnisse berauben nicht nur die einzelne Person ihres Beziehungspotentials innerhalb der Familie, sie berauben die Familie ihrer äußeren Hilfsquellen. Wenn ein Geheimnis vor der Außenwelt verborgen wird (»Sag niemandem, daß Vater arbeitslos geworden ist«), sinkt die Selbstachtung der Familie, und es stellt sich oft ein erstickendes Klima der Scham, des Schweigens und der sozialen Isolation ein.

Geheimnisse unterstützen pathologische Familienprozesse, indem sie die Eingeweihten durch unechte Bande zusammenschweißen und die Außenseiter an den Rand drängen. Leute, die Geheimnisse haben, sind oft nur noch physisch, aber nicht mehr emotional präsent. »Sie sind innerlich weggetreten«, wie eine Freundin es ausdrückt. Wenn die Außenseiter der Familie von der Wahrheit abgeschnitten bleiben, werden sie zunehmend unfähiger, sich an die Vergangenheit zu erinnern, in der Gegenwart Fakten zu sammeln und für die Zukunft vorauszuplanen. Und was als einzelnes Familiengeheimnis beginnt, weitet sich oft zu ständig anwachsenden Zyklen von Lügen, Schweigen, Verdrängung und Verleugnung aus.

Die negativen Auswirkungen der Geheimhaltung auf Kinder können für Jahre oder sogar Jahrzehnte unbewußt bleiben, bis das Kind ein Alter erreicht, das für einen Elternteil mit einem traumatischen Ereignis verbunden war, oder bis es in ein bestimmtes Entwicklungsstadium im Lebenszyklus eintritt. Linda zum Beispiel lebte ihr Leben relativ unbeeinträchtigt, trotz ihrer Angst vor dem Sprechen in der Öffentlichkeit, bis sie mit ihrem ersten Kind schwanger wurde. Zu diesem Zeitpunkt stiegen ihre Ängste so stark an, daß sie fast zu einer Behinderung wurden.

Manche Kinder reagieren unmittelbar auf die Geheimhaltung, so wie ich auf das Schweigen reagierte, das die Krebsdiagnose meiner Mutter umgab. Das auffällige oder gestörte Verhalten eines Kindes oder Jugendlichen kann eine unkontrollierte, angstvolle Reaktion auf Geheimhaltung sein. Oder es ist ein metaphorischer Ausdruck dessen, was verborgen wird, und kann die Funktion eines Alarmsignals haben.

Geheimnisse, Symptome und Alarmsignale

Vor vielen Jahren wurde ich von einem wohlhabenden Ehepaar aufgesucht, das im sozialen Leben von Kansas City eine bedeutende Rolle spielte. Sie machten sich Sorgen um ihre heranwachsende Tochter Catherine, deren Abrutschen in die Verwahrlosung ihnen peinlich war und sie ängstigte. Catherine hatte eine individuelle Psychotherapie abgelehnt, war aber einverstanden, gemeinsam mit ihren Eltern zu mir in die Beratung zu kommen.

Zu Beginn unserer ersten Sitzung brachte Catherines Vater ungeschminkt zum Ausdruck, wie er das Problem sah, und seine Frau nickte dazu. »Catherine sieht aus wie eine Pennerin, benimmt sich wie eine Pennerin und hängt mit Pennern herum.« Die Art, wie sie sich seit kurzem zurechtmachte – eine Mischung aus Punk- und Pornostil –, demütigte ihre Eltern, die in der Geschäftswelt von Kansas City beide sehr bekannt waren und besonders großen Wert auf Image und Status legten. Außerdem blieb Catherine neuerdings ganze Nächte lang weg, ließ sich auf wechselnde Abenteuer mit Männern ein und gab sich nicht die geringste Mühe, das vor den Eltern zu verbergen. Ihr Vater reagierte mit Moralpredigten auf dieses Verhalten, während die Mutter panische Angst hatte, ihre Tochter könnte sich mit AIDS infizieren. Catherine bot den Eltern trotzigen Widerstand und beharrte darauf, sie könne mit ihrem Leben machen, was sie wolle.

Meine anfänglichen Versuche, die Eltern anzuregen, als Team zu arbeiten und klare Regeln zu setzen, erwiesen sich nicht als hilfreich. Da ich den Verdacht hatte, daß wichtige Informationen verschwiegen wurden, bat ich die Familie, Catherines älteren Bruder zur Teilnahme an den Sitzungen einzuladen, und es kam tatsächlich ein Familiengeheimnis zum Vorschein. Catherines Bruder ließ verlauten, daß der Vater eine Affäre mit seiner Geschäftspartnerin habe und daß die Mutter tue, was sie nur könne, um die Augen vor dieser Tatsache zu verschließen.

»Die beiden Turteltauben vögeln in jedem Luxushotel von Kansas«, erklärte er, »und jeder weiß es – nur Mama nicht.«

Auch Catherine hatte ihren Vater in Verdacht, seit die Affäre vor etwa einem Jahr begonnen hatte; sie hatte Gesprächsfetzen aufgeschnappt, wenn der Vater mit seiner Geschäftspartnerin am Telefon flirtete. Es war nicht ihre bewußte Absicht, in der Familie die Alarmglocke zu schlagen, aber durch ihr Verhalten, das alles andere als dezent war, tat sie genau das. Obwohl Catherine mit Wut und Verachtung auf den Betrug und die Heuchelei des Vaters reagierte, war sie noch viel wütender über die mangelnde Bereitschaft ihrer Mutter, sich der Realität zu stellen und eine klare eigene Position zu beziehen.

Mit ihren sechzehn Jahren hatte Catherine verständlicherweise wenig Ahnung von der ökonomischen, emotionalen und sozialen Abhängigkeit und Angreifbarkeit verheirateter Frauen. Wenn sie ihre Mutter betrachtete – mit besorgtem Seitenblick auf ihre eigene Zukunft –, sah sie nur eine Frau, die »verlogen«, »feige« und »oberflächlich« war und die sich nicht verteidigte und keinen eigenen Standpunkt bezog. Catherine war wütend darüber, daß ihre Mutter scheinbar nicht fähig war, gegen die Affäre zu protestieren oder auch nur darauf zu reagieren. Für Catherine kam es schließlich so weit, daß *sie* den Job für beide Eltern erledigte.

Symptome können die Funktion haben, den Status quo im Familienleben sowohl anzugreifen als auch zu erhalten. Catherines auffälliges Verhalten machte es der Familie unmöglich, die Dinge im alten Gleis weiterlaufen zu lassen, und brachte sie schließlich in die Beratung. Es gelang Catherine tatsächlich, das falsche Image von Wohlanständigkeit in ihrer Familie zu entlarven. Aber gleichzeitig schützte sie ihre Eltern davor, sich mit der geheimen Affäre des Vaters auseinanderzusetzen und sich mit der tiefen Entfremdung in ihrer Ehe, die dahinterstand, zu konfrontieren. Wie ein Blitzableiter zog Catherine die gesamte negative Energie, die in der Luft lag, auf sich. Sie gab beiden Eltern permanenten Anlaß zur Sorge und war zu dem Zeitpunkt, als die Familie in die Beratung kam, das Thema Nummer eins in den Gesprächen der Eltern und vielleicht das einzige ungefährliche Gesprächsthema des Paares.

Kurz nachdem das Geheimnis aufgedeckt wurde und die Eltern in den Mittelpunkt der Aufmerksamkeit rückten, begann Catherine, sich zu beruhigen. Sie unterzog sich auf eigene Initiative einem HIV-Test, der negativ ausfiel, und kündigte in einer der folgenden Therapiesitzungen an, sie werde jetzt für einige Zeit »Urlaub vom Sex« nehmen und ihre Versäumnisse in der Schule aufarbeiten. Catherines Mutter konnte ihren Kopf nicht mehr in den Sand stecken, obwohl sie sich anfangs wie gelähmt fühlte und nicht wußte, wie sie auf die Affäre ihres Mannes reagieren sollte. Als die Karten auf dem Tisch lagen, sagte sie zuerst, sie fühle sich innerlich abgestorben und wisse nicht, was sie sagen solle. Als sie aber dann auf das Resultat des HIV-Tests wartete, brachen Angst und Wut in ihr los wie ein Tornado.

Als Therapeutin konzentrierte ich mich nun vor allem darauf, den Eltern zu helfen, sich mit der Affäre auseinanderzusetzen und ihre Hauptaufmerksamkeit auf ihre eigenen Eheprobleme zu richten, denen sie vorher ausgewichen waren, indem sie sich auf Catherine konzentrierten. Ich entließ Catherine und ihren Bruder aus den Therapiesitzungen und erklärte ihnen, sie könnten ihr Leben nun ohne Hilfe weiterleben, während ihre Eltern sich mit Erwachsenenproblemen auseinandersetzen mußten, die nur sie selbst angingen. Erst sehr viel später arbeitete ich noch einmal kurz mit Catherine und den Eltern gemeinsam daran, die Kommunikation wieder herzustellen und gegenseitige Achtung zu etablieren.

Ich habe mich hier auf die negativen Auswirkungen der Geheimhaltung in Familien konzentriert, aber das Thema ist so komplex, daß wir ihm mit oberflächlichen Generalisierungen und raschen Schlußfolgerungen nicht beikommen können (»Alle Geheimnisse in Familien sind vom Übel und sollten sofort aufgedeckt werden«). Für Eltern geht es nicht darum, auszuholen und »alles auf den Tisch zu legen«, und für Therapeuten geht es nicht darum, alles Verborgene aufzuspüren. Wie wir gesehen haben, können Enthüllungen, Offenlegungen und Konfrontationen mehr Schaden anrichten als Nutzen bringen, wenn Familienmitglieder aufeinander losgehen – oft in einem Kontext von Distanz oder Spannung – und versuchen, zu schnell zuviel zu erreichen. Die Aufdeckung eines Geheimnisses kann unproduktiv sein, wenn sie in einem mit Angstspannung geladenen emotionalen Feld stattfindet, bevor mindestens eine erwachsene Person motiviert und reflektiert genug ist, die eigenen Spannungen in den Griff zu bekommen.

Es gibt wenig Übereinstimmung darüber, was ein Familiengeheimnis ausmacht oder was als normale oder funktionale Geheimhaltung in Familien definiert werden kann. Manche Familientherapeutinnen und -therapeuten meinen, daß alle Geheimnisse toxische Wirkungen haben. Andere schauen auf den strategischen Wert und den Anpassungswert von Geheimnissen, die unterschiedliche Funktionen haben können, je nach ihrem Standort und ihrem Stellenwert in einer bestimmten Familie, ethnischen Gruppe, Generation, Gemeinschaft, Schicht oder Kultur. Aus meiner Sicht liegt die Herausforderung beim Aufdecken von Geheimnissen darin, ein emotionales Klima zu schaffen, in dem heikle Informationen mitgeteilt werden können und in dem die Gespräche fortgesetzt werden können, lange nachdem das Geheimnis enthüllt wurde.

Es ist eine Sache, einem Kind im Vorschulalter zu erzählen, daß es adoptiert wurde. Es ist eine ganz andere Sache, ein ruhiges emotionales Klima zu schaffen, in dem das Kind sich sicher fühlen kann, Fragen zu stellen und authentische Gefühle zum Ausdruck zu bringen, auch die Trauer über den Verlust wichtiger Menschen, die Trennung von der Geburtsmutter und die Möglichkeit, daß es die Geburtseltern vielleicht nie kennenlernen wird. Wenn Kinder heranwachsen, stellen sie neue Fragen, oder die alten Fragen nehmen im Laufe der Zeit neue Bedeutung an. Für ein Kind im Kindergartenalter bedeutet die Frage »Wer ist meine Mutter« etwas anderes als für eine Heranwachsende, die Informationen über ihre Herkunft haben will, um ihre eigene Identität zu klären und ihre Welt zu begreifen. Aber um welches Thema es sich auch handelt – mindestens ein Familienmitglied wird immer einen Preis zahlen, wenn ein wichtiges emotionales Problem nicht bemerkt, angesprochen oder sogar erinnert werden kann. Im Schatten der Geheimhaltung werden Kinder besonders anfällig dafür, Verhaltensauffälligkeiten oder Symptome zu entwickeln. Kinder sind die abhängigsten Familienmitglieder, und aufgrund dieser Tatsache halten sie sich mit eiserner Loyalität an unausgesprochene Familienregeln und -traditionen. Selbst wenn Kinder ein unerträgliches, empören-

des Verhalten an den Tag legen, wissen sie auf einer tiefen, unbewußten Ebene ganz genau, wonach sie nicht fragen dürfen.
Wenn sie den Unterstrom von Aggression, Angst oder Distanz
in der Familie spüren, entwickeln sie in aller Regel Schuldphan-
tasien, um das fehlende Stück in das Puzzle einzufügen oder
sich das Unerklärliche zu erklären. Kinder entwickeln auch eine
Scheuklappenmentalität und verlieren dadurch weitaus mehr
aus dem Blickfeld als das ursprüngliche Geheimnis.

Denken verboten

Peggy Papp arbeitete als Familientherapeutin mit Billy, einem
elfjährigen Jungen, der ein Lerndefizit im Fach Geschichte
hatte: Er war unfähig, sich Daten oder Orte zu merken. Sein
Symptom war merkwürdig, denn in allen anderen Fächern
zeigte er gute Leistungen. In der therapeutischen Arbeit fand
Papp heraus, daß Billy daran gehindert worden war, etwas über
seine eigene Geschichte zu erfahren, die chaotisch und voller
Geheimnisse war. Billys Mutter wollte ihren Sohn vor dem Wissen um die Alkoholabhängigkeit und die zahllosen Entlassun-
gen und Stellenwechsel seines Vaters schützen. Billy wollte seinerseits die Mutter schützen, indem er ihr keine unangenehmen
Fragen stellte – zum Beispiel, warum die Familie dauernd um-
zog und aus welchem Grund seine Mutter und er plötzlich
allein lebten, ohne den Vater.

Für Billy war die Vergangenheit ein gefährliches Territorium,
das nicht erforscht werden konnte – ja man durfte nicht einmal
darüber nachdenken. Als es Papp gelang, Billy bei der Integra-
tion der Fakten seiner Vergangenheit in sein gegenwärtiges Leben zu helfen, konnte er sich an historische Daten und Orte erinnern, und sein Lerndefizit verschwand. Die Tabus, die Billy
daran gehindert hatten, Wissen über seine Familiengeschichte
zu erwerben, hatten sich zu einem generellen Verbot ausgewei-
tet, etwas über die Geschichte der ihn umgebenden Welt zu lernen.

In demselben Zusammenhang berichtet Papp über die Arbeit
einer anderen Therapeutin, die ein Mädchen wegen einer selek-
tiven mathematischen Lernstörung behandelte. Die Lernstörung stand, wie sich herausstellte, mit der Tatsache in Verbin-

dung, daß die Heranwachsende nie etwas über ihre Adoption erfahren hatte. Sobald sie in der Therapie die Erlaubnis hatte, die Fakten ihres eigenen Lebens zusammenzuzählen (sie war fünfzehn Monate alt, als ihre Adoptiveltern heirateten), verschwand ihre mathematische Lernstörung.

Jedes wichtige Familiengeheimnis oder jede Irreführung in bezug auf das Reale kann sich zu einem generellen Verbot ausweiten, das sich gegen Wissen, Sehen, Sprechen, Fühlen und Fragen richtet. Das geschieht sogar, wenn es gesellschaftliche Vorschriften sind, die der Geheimhaltung und Vernebelung im Familienleben Vorschub leisten, wie bei der allgemein verbreiteten Praxis, die weiblichen Genitalien falsch zu benennen (»Jungen haben einen Penis, und Mädchen haben ein Loch, aus dem das Baby herauskommt«). Falsche und vernebelnde Botschaften erzeugen weitergehende Tabus, die das Kind daran hindern, die Erfahrung seiner inneren Welt und der äußeren Realität klar zu artikulieren.

Eine Frau, die bei mir in Therapie war, hatte keine klaren Vorstellungen von Geographie, keinen Ortssinn und konnte keine Karten lesen – eine Verwirrung, die mit dem Verbot in Verbindung stand, ihre Genitalien zu »lokalisieren«. In der therapeutischen Arbeit kam zutage, daß die Ursache für ihre Unfähigkeit, die Geographie ihrer Genitalien zu begreifen, ein Versprechen war, »nicht hinzuschauen«. Hinzuschauen hätte bedeutet, daß sie etwas gesehen hätte – ihre Vulva und besonders ihre Klitoris –, das eigentlich gar nicht dasein durfte. »Was ich hatte, fühlte sich gut an, aber es hatte keinen Namen«, erklärte sie. »Es durfte nicht existieren. Nur Jungen hatten auch außen etwas. Also konnte ich nicht meine Klitoris haben und trotzdem ein Mädchen sein.« Ein anderes Mal sagte sie: »Jeder weiß, daß Männer einen Penis haben, und jeder kann das Wort aussprechen – sogar bei Parties. Aber das einzige Wort, das Leute benutzen, wenn sie von den weiblichen Geschlechtsteilen sprechen, ist ›Vagina‹.«

Ist die Klitoris ein gesamtgesellschaftliches Familiengeheimnis? Die Vorstellung klingt so absurd, daß wir sie schon wieder in Betracht ziehen dürfen. Die Tatsache, daß dieses Geheimnis normalisiert oder kulturell sanktioniert ist, ändert nichts daran, daß es einen Angriff auf die weibliche Realität darstellt. Das

Sanktionierte macht es uns nur schwerer, die Folgen dieser Geheimhaltung klar ins Auge zu fassen. Wenn wir Frauen das »Triviale« oder »Unwichtige« (wie etwa die kulturelle Vorschrift, unser Alter geheimzuhalten, darüber zu witzeln oder sogar zu lügen) öffentlich unter die Lupe nehmen, bewegen wir uns vielleicht auf den Angelpunkt der Einflüsse zu, die uns in Schläfrigkeit und Machtlosigkeit halten.

Familiengeheimnisse sind scheinbar Privatangelegenheiten, die sich aus den innersten Zusammenhängen des Familienlebens ableiten. Es ist jedoch der gesellschaftliche Kontext, der darüber bestimmt, welche Geheimnisse ausgesprochen, ja mehr noch, welche Geheimnisse erinnert und gehört werden können. Heute sind meine Kolleginnen und ich zum Beispiel mit einer verblüffend großen Anzahl von Frauen konfrontiert, die als Kinder sexuell mißbraucht wurden. Warum hörten wir diese Geschichten vor fünfzehn Jahren nicht? Verwehrte das kulturelle Klima jener Zeit es unseren Klientinnen, sich zu erinnern? Oder erinnerten die Frauen sich an diese Vorfälle und erzählten ihren Therapeutinnen dennoch nichts darüber? Oder sagten sie es ihren Therapeuten und Therapeutinnen und wurden nicht gehört? Wie man es auch verstehen will – im emotionalen Klima der Gesellschaft hat ein Wandel stattgefunden, der die ehrliche Erinnerung und das offene Aussprechen selbst der entsetzlichsten Familiengeheimnisse ermöglicht.

Vor allem kommen unter Frauen Diskussionen über Gewalt und sexuellen Mißbrauch in Gang, seit sich zwischen dem geschlossenen Raum der Therapie und der öffentlichen Sphäre ein freierer Informationsfluß entwickelt hat. Wenn Frauen den Übergang vom Privaten zum Öffentlichen vollziehen, können sie anfangen, ihre persönlichen Erfahrungen innerhalb des weiteren Kontexts von Geschlecht und Macht zu begreifen. Wenn immer mehr Frauen sich erinnern, wird in uns allen die Erinnerungsfähigkeit erneuert, und wir alle werden eher bereit sein, Totgeschwiegenes ans Licht zu bringen.

Die Präsenz machtvoller sozialer und politischer Bewegungen – der Bürgerrechtsbewegung, der Frauenbewegung und der Menschenrechtsbewegung, um nur einige zu nennen – beweist, daß wir nicht mehr vergessen und schweigen, sobald wir einmal begonnen haben, uns zu erinnern und unsere Stimme zu erheben. Und es wird auch nicht mehr möglich sein, unsere Geschichten aus der Geschichte und für die Zukunft auszuradieren.

11. Kapitel

Die Affäre: Ein folgenschweres Geheimnis

Jane lebte seit fünf Jahren mit ihrem Freund Andrew zusammen, als sie sich plötzlich stark zu Bill hingezogen fühlte, einem Mann, mit dem sie in einer kleinen Veterinärpraxis eng zusammenarbeitete. Ihr zunächst spielerischer Flirt nahm im Lauf der Zeit intensivere Formen an. Mehrere Monate lang blieb die sexuelle Spannung, die offensichtlich zwischen ihnen existierte, unausgesprochen und unausgelebt. Aber Bill ging Jane unter die Haut. Zu Hause war sie in Gedanken und Phantasien mit ihm beschäftigt, während sie mit Andrew schlief. Der Charakter ihrer Zusammenarbeit und die räumlichen Bedingungen der Praxis sorgten dafür, daß Jane mit Bill ständig in engem physischem Kontakt war, dem sie nicht ausweichen konnte, selbst wenn sie es gewollt hätte.

Jane stellte ihre primäre Bindung an Andrew nie in Frage. Sie dachte auch nicht einen Augenblick lang daran, ihn Bills wegen zu verlassen. Sie war allerdings überrascht, wie intensiv sie diese Anziehung empfand und – vor allem – wie sehr sie emotional davon in Anspruch genommen war. Sie war unsicher, was das zu bedeuten hatte, und sie war sich, wie sie später sagte, nicht darüber im klaren, ob ihre Gefühle real waren oder ob sie dabei war, eine »verrückte, suchtartige Obsession« zu entwickeln. Als Jane durch die starke Anziehung immer mehr unter Spannung geriet, kam sie zu dem Schluß, der einzige Weg, Klarheit über ihre Gefühle zu gewinnen, sei, Bill näherzukommen, statt die Distanz zwanghaft aufrechtzuerhalten.

Jane und Andrew hatten die Vereinbarung getroffen, offen über sexuelle Versuchungen zu sprechen, und bis dahin hatte Jane sich daran gehalten und es Andrew nie verheimlicht, wenn sie sich zu einem anderen Mann hingezogen fühlte. Aber dieses

Mal war es anders. Jane fürchtete, Andrew würde tief verletzt sein, wenn er wüßte, wie faszinierend Bill für sie war, und sie sah voraus, daß die emotionale Atmosphäre zu Hause so spannungsvoll werden könnte, daß sie sich gezwungen fühlen würde, sich ganz von Andrew zu trennen. Sie stellte sich vor, wie Andrew sie jeden Tag nach der Arbeit mit Fragen bestürmen oder sie sogar drängen würde, den Job, der ihr sehr wichtig war, aufzugeben. Jane wollte genug Zeit und Spielraum haben, auf Bill zuzugehen und sich über ihre Gefühle klarzuwerden – Zeit und Spielraum, die ihr nicht zur Verfügung stünden, wenn sie die Karten offen auf den Tisch legte.

Jane vermutete auch, wenn sie ihre Beziehung zu Bill an diesem Punkt abbräche, würde sie damit nur erreichen, daß sie an ihn fixiert bliebe, und sei es auch nur in der Phantasie. Sie glaubte, engerer Kontakt würde die Dinge normalisieren, die Beziehung konkreter machen und ihr schließlich helfen, sich einen Weg aus ihrem emotionalen Dschungel zu bahnen. Außerdem stellte Andrew ihr über ihre Arbeitsbeziehungen keine Fragen, was darauf hindeutete, daß er über mögliche Rivalen vielleicht gar nichts wissen wollte.

Als Jane zum ersten Mal mit Bill schlief und sich schwor, daß sich das nicht wiederholen würde, empfand sie zu Hause überwältigende Schuldgefühle. In einem Augenblick der Panik erzählte sie Helene die ganze Geschichte; Helene war eine langjährige gute Freundin, die auch für Andrew wie eine Schwester war. Daß sie mit ihr über ihr Geheimnis sprechen konnte, milderte Janes Ängste jedoch nur vorübergehend, denn Helene fühlte sich in ihrer Rolle als Eingeweihte zunehmen unwohler. »Ich kann mir das nicht mehr anhören«, sagte sie Jane schließlich während eines nächtlichen Telefongesprächs. »Ich habe das Gefühl, daß sich zwischen Andrew und mir eine riesige Kluft auftut, und die ganze Angelegenheit macht mir Sorgen.« Jane bekam furchtbare Angst, daß Helene ihr Schweigen brechen könnte.

Dann entwickelte sie die Angstphantasie, sie könnte sich bei Bill mit AIDS infiziert und den Virus an Andrew weitergegeben haben. Jane bekam Schlafstörungen; am frühen Morgen schreckte sie oft angstgeschüttelt aus einem unruhigen Halbschlaf auf. Alles in allem hatte Jane nur dreimal mit Bill geschlafen und jedesmal mit Kondom. Trotzdem nahmen ihre Ängste und Schuldgefühle ständig zu und zentrierten sich um den grauenerregenden Gedanken, sie könnte das tödliche Virus auf Andrew übertragen haben.

Als Reaktion auf ihre eskalierenden Ängste hörte Jane auf, mit Bill zu schlafen, und unternahm konzentrierte Anstrengungen, ihre Nähe zu Andrew wiederherzustellen. Als Bill sich in eine andere Frau verliebte, war Jane verletzt, fühlte sich aber letztlich erleichtert. In den darauffolgenden Monaten wurde Bills Bindung an seine neue Geliebte immer enger, und Janes Verliebtheit nahm allmählich ab. Trotzdem erzählte sie Andrew nichts von der Affäre, weil sie ihr noch nicht lange genug zurückzuliegen schien. »Später . . .«, beschwichtigte sie sich selbst. Und zu anderen Zeiten sagte sie sich: »Wozu sollte es gut sein, die Sache wieder aufzurühren? Es ist vorbei.«

Mehrere Monate später – etwa ein Jahr, nachdem ihre Beziehung zu Bill sich aufgeheizt hatte – erzählte sie Andrew schließlich von der Affäre. Helene hatte sie gedrängt, die Wahrheit zu sagen, weil das Geheimnis innerhalb ihrer engen Dreierfreundschaft auf Andrews Kosten ging. Jane fiel es nicht leicht, die Sache in allen Einzelheiten zu schildern, und sie schaffte es auch nicht in einem Anlauf, aber sie setzte den Prozeß, die Karten auf den Tisch zu legen, in Gang. Andrew war wütend und fühlte sich vernichtet, aber ihre Beziehung überlebte und vertiefte sich im Lauf der Zeit, als sie schließlich lernten, in bezug auf Nähe und Offenheit mehr voneinander zu verlangen.

Eine Affäre ist ein folgenschweres Geheimnis, weil sie die darin verwickelten Personen zunehmend und in immer weiteren Dimensionen dazu bringt, sich in ihren primären Beziehungen zu verstellen und wie Betrüger aufzuführen. Je länger Jane ihre emotionale und sexuelle Liaison mit Bill fortsetzte, desto gehemmter und weniger zentriert fühlte sie sich in ihrer Beziehung zu Andrew, so daß sie schließlich in ihrer primären Beziehung physisch, aber nicht mehr emotional präsent war. Oft erschien sie aufmerksam und zugewandt, dann in dem Maß, in dem ihre Ängste und Schuldgefühle sich steigerten, strengte sie sich an, für ihren Partner dazusein. Aber ihre Aufmerksamkeit war eher gewollt als spontan, eher aufgesetzt als tief empfunden. In seinem Buch »Angenommen, mein Partner geht fremd . . .« weist der Familientherapeut Frank Pittman darauf hin, daß es eher die Geheimhaltung als die prickelnde Sexualität in einer Affäre ist, die in einer Ehe oder festen Beziehung Distanz und Desorientierung schafft. Die Geheimhaltung trägt auch dazu bei, daß der Liebhaber faszinierender wird als der Ehe- oder Lebenspartner. In aller Regel weiß der Affärenpartner alles über den Ehemann – oder die Affärenpartnerin alles über die Ehefrau –, während der Ehepartner nichts weiß oder allenfalls etwas ahnt. Der Austausch von Fakten und Gefühlen zwischen den beiden Personen, die in die Affäre verstrickt sind, kann relativ frei und unzensiert sein; für die Beziehung zwischen der untreuen Person und dem festen Partner trifft das Gegenteil zu. Ganz gleich, wie groß das Potential für Nähe in einer Ehe ist – es ist unmöglich, sich einer Person nahe zu fühlen, vor der man etwas verbirgt, die man irreführt, durcheinanderbringt und betrügt.

Also sorgen allein die Positionen, die die drei Mitspieler in diesem Dreieck einnehmen, dafür, daß der feste Partner in einer Außenseiterrolle bleibt und daß die Distanz immer größer wird. Pittman rät Männern, die sich in die andere Frau verliebt haben: »Behalten Sie im Auge, daß ein Mann sich immer der Frau am nächsten fühlt, die seine Geheimnisse teilt. Und er fühlt sich unbehaglich in der Gegenwart derer, die er belügt. Wenn Sie Ihre Frau hintergangen und Ihre intimsten Gedanken und Gefühle mit Ihrer Affärenpartnerin geteilt haben, werden Sie natürlich in die letztere verliebt sein und glauben, daß Sie Ihre Frau nicht mehr lieben. Wenn Sie also eine Affäre haben, ist das zwar nicht gerade ein Liebesbeweis für Ihre Frau, bededeutet aber nicht notwendigerweise, daß Sie Ihre Frau nicht mehr lieben. Schauen Sie, was passiert, wenn Sie Ihrer Frau die Wahrheit sagen und anfangen, die andere Frau zu belügen!« Wer an der Lüge beteiligt ist – so Pittmans Schlußfolgerung –, ist weniger bedeutsam; es geht darum, *wen* man belügt.

Das Unbewußte sucht Wahrheit

Was machte es Jane unmöglich, ihr Doppelleben fortzusetzen? Manche von uns halten eine Affäre oder mehrere Affären jahre- oder sogar jahrzehntelang aufrecht, ohne je mit ihrem Partner reinen Tisch zu machen. In manchen Kulturen oder Familien gilt Untreue als Kavaliersdelikt, oder sie wird durch unser soziales Umfeld und unseren Freundeskreis sanktioniert. Oder aber wir sind theoretisch vom Wert der Treue überzeugt, handeln aber nicht danach und gestehen uns die Widersprüche zwischen unseren Überzeugungen und unserem Handeln nicht einmal ein. Wir unterteilen unsere Erfahrungen in Sektoren und trennen Wertvorstellungen und Verhaltensweisen, die zueinander in Widerspruch stehen, so daß sie sich nicht aneinander reiben und uns in Schwierigkeiten bringen. Und natürlich haben wir alle eine hervorragend ausgebildete Fähigkeit, zu rationalisieren und nicht nur andere, sondern auch uns selbst zu belügen. Aber Jane war nicht so veranlagt. Sie glaubte an den Wert der Monogamie und sehr viel stärker noch – der Ehrlichkeit. Als sie sich in eine zuerst emotionale und dann sexuelle Affäre mit Bill verstrickt fand, griff sie nicht zu Selbsttäuschungsmanövern, um ihr Gewissen zu beruhigen. Sie sagte sich nicht: »Was Andrew nicht weiß, macht ihn nicht heiß«, oder »Durch meine Geschichte mit Bill wird es mit Andrew im Bett wieder interessanter, also ist es gar nicht so schlecht«. Jane wußte, daß sie Andrew die Wahrheit schuldig war. Sie vertrat die Überzeugung, daß jeder und jedem das Recht zusteht, ein Leben zu führen, das auf Fakten und nicht auf Täuschung basiert. Gleichzeitig fühlte Jane tief aus dem Bauch heraus, daß sie ihrer Beziehung zu Bill Zeit geben mußte, sich zu entwickeln, unbeeinträchtigt durch Andrews Emotionalität. »Ich tat, was ich tun mußte«, erklärte sie später, »also konnte ich einfach nichts sagen.« Aber obwohl Jane ihre Affäre mit Bill als unausweichlich oder unwiderstehlich ansah, ging sie gegen die Forderungen ihres Gewissens. Der Widerspruch zwischen ihren Wertvorstellungen und ihrem Verhalten forderte schließlich seinen emotionalen Preis. Jane kam nicht wirklich durch Nachdenken aus ihrem moralischen Dilemma heraus - das heißt, ihre Entscheidung, sich von Bill zurückzuziehen, kam nicht vom Kopf her. Man könnte sagen, daß ihr Unbewußtes, das durch ihren Körper sprach, sie schließlich dazu drängte, ihrer Affäre mit Bill Grenzen zu setzen und Andrew später davon zu erzählen. Wenn wir unseren zentralen Wertvorstellungen zuwiderhandeln, streben das Unbewußte und der Körper nach Wahrheit. Wenn wir ein erstes

Signal ignorieren – wie Jane zuerst ihre Ängste ignorierte –, bekommen wir ein stärkeres Signal und dann ein noch dringlicheres, bis wir schließlich gezwungen sind, zu reagieren.

Als es Jane nicht gelang, der Intensität ihrer Beziehung zu Bill Grenzen zu setzen oder mit Andrew darüber zu sprechen, erlebte sie zunehmend stärkere Angstgefühle. Da sie ihre Ängste nicht mehr ertragen konnte, etablierte sie eine potentiell instabile Dreieckskonstellation, indem sie sich einer Freundin anvertraute, die auch mit Andrew eng befreundet war. Daß sie ausgerechnet diese Freundin einweihte – eine unbewußte Wahl –, trieb ihre Ängste noch weiter in die Höhe. Nun machte sie sich permanent Sorgen darüber, wie lange Helene bereit sein würde, ein Geheimnis zu hüten, das auf Andrews Kosten ging.

Jane versuchte beharrlich, ihre Ängste durchzustehen, ohne Bill loszulassen und ohne mit Andrew reinen Tisch zu machen, aber es gelang ihr nicht. Die obsessive Angstvorstellung, sie könnte das todbringende HIV-Virus im Körper tragen und an Andrew weitergegeben haben, raubte ihr den Schlaf. An diesem Punkt gab Jane die sexuelle Beziehung zu Bill auf und wandte sich Andrew wieder stärker zu. Wenn die Affäre mit Bill weitergegangen wäre, hätte Jane vielleicht unbewußt dafür gesorgt, »ertappt« zu werden, wie es so oft geschieht, wenn die mit dem Betrug einhergehenden Ängste ansteigen. Oder sie hätte ein ernsteres physisches oder emotionales Symptom entwickelt. Eine Freundin erzählte mir von einem alten Landarzt aus ihrer Kindheit, der zu sagen pflegte: »Wenn wir etwas Unrechtes tun und uns selbst weismachen, wir wüßten nicht, was wir tun, dann werden wir krank, körperlich oder im Kopf, oder beides.«

Wir alle kennen natürlich Leute, die offenbar nicht genug Schuldgefühle haben, wenn sie andere belügen und betrügen. Manche dieser Leute sitzen in hohen Regierungsposten oder teilen unsere Betten. Zum einen oder anderen Zeitpunkt fallen wir vielleicht selbst unter diese Kategorie. Manchmal ist die Schuld aber dennoch da, ungefühlt und uneingestanden, bis sie durch die Zeit oder durch die Umstände wachgerufen wird.

Ein Top-Manager suchte einmal meine Hilfe wegen schwerer Depressionen nach dem Tod seines fünfzehnjährigen Sohnes. Er hatte jahrelang eine Affäre mit seiner Assistentin und empfand offenbar keine Schuldgefühle oder Gewissensbisse darüber, daß er seine Frau permanent belog. Aber während er eines Abends mit seiner Geliebten bei einem heimlichen romantischen Souper saß, wurde sein Sohn beim Joggen von einem Lastwagen angefahren und getötet.

Als dieser Mann vom Tod seines Sohnes erfuhr, fühlte er so überwältigende Ängste, daß er die Affäre am nächsten Tag beendete. Dann, auf dem Weg zur Beerdigung, erzählte er seiner Frau die ganze Geschichte. Er überprüfte die Motivation für sein Geständnis nicht und machte sich auch keine Gedanken über den Zeitpunkt, den er dafür gewählt hatte. Seine »Ehrlichkeit« war ein reflexartiger Versuch, sich ein Ventil für den Ansturm von Gefühlen zu schaffen, die ihn zu überwältigen drohten. Als er während seiner Krise zu mir in die Beratung kam, war seine Trauer um seinen Sohn durch die Vermischung mit der Phantasie erschwert, er habe durch sein Verhalten zu dessen Tod beigetragen. Er hatte es arrangiert, daß seine Assistentin versetzt wurde, und der Gedanke, je wieder eine Affäre zu haben, lag jenseits seiner Vorstellungskraft. Ein Jahr später hatte er jedoch eine neue sexuelle Beziehung begonnen, die er vor seiner Frau verheimlichte. Sein offenes Eingeständnis der ersten Affäre war durch einen akuten Panikschub ausgelöst worden, nicht durch Ängste, die eine Vergewaltigung tiefempfundener und voll integrierter Wertvorstellungen und Überzeugungen signalisiert hätte. Vor allem aber hatten er und seine Frau sich nicht ernsthaft mit ihrer eigenen Beziehung auseinandergesetzt, nachdem die erste Affäre ans Licht gekommen war. Statt dessen hatten sie auf den traumatischen Verlust reagiert, indem sie sich einander noch mehr entfremdeten und sich in ihrer Distanz einrichteten.

Die Karten auf den Tisch ... – Und was dann?

Warum ein Geheimnis ans Tageslicht kommt, ist nicht das Entscheidende – wichtig ist, was passiert, nachdem es entdeckt oder offengelegt wurde. Die Entdeckung einer Affäre kann in einer Ehe Verwüstungen anrichten oder kann sie stärken, je nachdem, wie weit beide Partner sich an das Prinzip der Aufrichtigkeit und aneinander gebunden fühlen.

Andrew fühlte sich zu Anfang vernichtet, als er von Janes

Liaison mit Bill erfuhr. Zwischen ihm und Jane kam es abwechselnd zu explosiven Auseinandersetzungen, nächtlichen Marathongesprächen und leidenschaftlichem Sex. Dieses erhöhte Niveau sowohl der negativen als auch der positiven Intensität überraschte beide; mitten in der Krise war ihre Beziehung von neuer Vitalität erfüllt. Emotionale Intensität – ob negativ oder positiv – ist jedoch oft eine angstgetriebene Reaktion, die klares Nachdenken über die Beziehung eher behindert als fördert. Sie ist ein notwendiger erster Schritt in der Verarbeitung der Verletzungen, die sexuelle Untreue auslöst, aber auch nicht mehr.

Wie verarbeitet ein Paar Untreue, und wie wird das Vertrauen wieder aufgebaut? Zunächst einmal erkannten Jane und Andrew, welche ungeheure Distanz sich in ihrer Beziehung entwickelt hatte, bevor es zu der Affäre kam. Beide waren im Umgang miteinander nachlässig geworden und hatten einander nicht mehr genügend Aufmerksamkeit entgegengebracht. Andrew zum Beispiel hatte wichtige Informationen über seine Partnerin einfach nicht registriert, unter anderem die offensichtlichen Signale während der Zeit der Affäre, daß etwas anders war als sonst oder daß etwas »nicht stimmte«. Wenn wir die verbalen und nonverbalen Botschaften der anderen Person nicht mehr aufnehmen und verarbeiten, werden wir uns selbst gegenüber unehrlich.

Wir sind mehr oder minder alle selbst dafür verantwortlich, wie es in unseren Beziehungen läuft; wir übergehen Unehrlichkeit oder laden geradezu dazu ein. Aber Andrew war weder der Verursacher von Janes Affäre noch hätte er sie verhindern können. Entscheidend ist, daß Andrew und Jane die Offenlegung der Affäre als Sprungbrett zu einem höheren Niveau von Wahrhaftigkeit und Offenheit benutzten. Die Affäre rief ihnen nachdrücklich in Erinnerung, daß sexuelle Versuchungen ein realer Teil des Lebens sind, insbesondere – aber nicht ausschließlich – wenn sich in einer primären Beziehung zuviel Distanz etabliert hat. Wenn wir zu verleugnen versuchen, daß unsere Partner und wir selbst für sexuelle Anziehung von außen anfällig sind, benehmen wir uns wie Schlafwandler. Jane und Andrew beschlossen, das Thema sexuelle und romantische Anziehung im Bewußtsein zu behalten, darüber im Dialog zu bleiben und sich gleichzeitig nicht allzu ängstlich aufeinander zu fixieren. Sie erkannten, daß gegenseitiges Vertrauen – wenn »Vertrauen« bedeutet, einander als selbstverständliche Gegebenheit hinzunehmen und nicht mehr hinzuschauen – nichts nützte.

Das Unehrliche und Heimliche an Janes Affäre war Andrew unerträglich; er wollte die Fakten wissen, auch wenn das wehtat. Wie konnten sie ein emotionales Klima schaffen, in dem Ehrlichkeit in bezug auf Sexualität zunehmend möglich sein würde? Ein erster Schritt in diese Richtung war die Erneuerung ihres Versprechens, einander offen zu sagen, wenn sie sich stark zu anderen Menschen hingezogen fühlten, bevor sie diese Anziehung auslebten. Unter diese Absprache fiel auch romantische oder stark emotionale, nicht nur sexuelle Anziehung. Der zuhörende Teil würde versuchen, mit ehrlichen Gefühlen zu reagieren, ohne den anderen durch Kontrolle oder übermäßige Reaktivität für seine Offenheit zu bestrafen. Beide würden sich frei fühlen, den anderen nach solchen Interessen zu fragen und daran zu erinnern, daß Ehrlichkeit, nicht Monogamie, die wichtigste Wertvorstellung war, die sie miteinander teilten.

In ihrem Buch *The Monogamy Myth (»Der Mythos Monogamie«)* unterstreicht Peggy Vaughan die Tatsache, daß wir Monogamie nicht voraussetzen können, ohne sie zu diskutieren, und daß wir sie auch nicht erreichen können, indem wir dem anderen Versprechen abringen oder Drohungen äußern. Natürlich kann nur Ehrlichkeit die Grundlagen für Monogamie schaffen. Bei Attraktionen und Versuchungen, die man vor dem Partner geheimhält, ist die Tendenz weitaus größer, daß sie sich intensivieren und ausgelebt werden.

Dem gemeinsamen Ziel gemäß, die Intimität in der Beziehung zu steigern, verlangte Andrew schließlich detaillierte Informationen über Janes sexuelle und emotionale Erfahrungen mit Bill. Obwohl es ihm wehtat, die Einzelheiten zu hören, wußte Andrew, daß er mit den Fakten besser zurechtkommen würde als mit Phantasien und Ängsten. Als Andrew allmählich die Fragen stellte, deren Beantwortung er ertragen konnte, wurde Jane in ihren Mitteilungen offener und freimütiger. Daraufhin erzählte Andrew mehr über seine eigene sexuelle Geschichte und seine sexuellen Phantasien. Auch er hatte von einigen Grenzüberschreitungen zu berichten.

Andrew sprach mit einigen guten Freunden und vertrauten

Familienmitgliedern über Janes Affäre und nahm die sehr willkommene Unterstützung in Anspruch, ohne daß er seine Vertrauten dazu einlud, seine Partei zu ergreifen oder Jane zu verteidigen. Er versuchte, so viel wie möglich darüber in Erfahrung zu bringen, wie andere mit Untreuekrisen umgingen – als der betrogene oder der untreue Teil – und was seine Freunde und Vertrauten über das generelle Thema der sexuellen Anziehung außerhalb von festen Beziehungen dachten. Jane tat dasselbe. Wie gingen zum Beispiel ihre Schwestern mit sexuellen Versuchungen außerhalb ihrer Ehen um? Welche Überzeugungen und Wertvorstellungen vertraten andere, wenn es darum ging, selbst offen über ihre sexuellen Gefühle und Phantasien zu sprechen oder ihre Partner danach zu fragen? Was erwarteten ihre Freundinnen und Freunde von sich selbst und ihren Partnern im Hinblick auf Wahrhaftigkeit in sexuellen Dingen? Wo zogen andere die Grenze zwischen Privatheit und Geheimhaltung?

Als Jane und Andrew in ihren Freundeskreisen ernsthaftere Gespräche über dieses Thema führten, waren beide überrascht, welche bemerkenswerten Unterschiede es in den Einstellungen zur Aufrichtigkeit in sexuellen Dingen gab. Die voneinander abweichenden Meinungen der Freundinnen und Freunde halfen Andrew und Jane, ihre eigenen Wertvorstellungen in diesem Bereich zu differenzieren und zu klären. Der offene Austausch mit anderen war ein wesentlicher Bestandteil ihres Prozesses, in der Beziehung zueinander mehr Offenheit zu entwickeln.

Menschen unterscheiden sich sehr in ihren Einstellungen dazu, was in der Beziehung zwischen festen Sexualpartnern ein hinreichendes Maß an Offenheit und Wahrhaftigkeit darstellt. Wir alle haben unsere eigene Philosophie zu diesem Thema, auch wenn wir sie vor uns selbst oder vor unserem Partner nicht artikulieren. Was für eine Frau in bezug auf ihren Partner zentrale Bedeutung hat, erscheint einer anderen vielleicht irrelevant, trivial oder als aufdringliche Einmischung. Schauen wir uns zum Beispiel die sehr unterschiedlichen Einstellungen von Janes Schwestern an – Frauen, die in anderen Bereichen in ihren Wertvorstellungen und Ansichten übereinstimmen. Wenn es um Ehrlichkeit und Treue geht, ist Bess in erster Linie daran interessiert, was ihr Mann tut. Mary Anne dagegen geht es vor allem darum, daß ihr Mann im Bett *emotional* präsent ist.

Bess sagt: »Meine einzige Forderung ist, daß George die Finger von anderen Frauen läßt, nach dem alten Motto: ›Appetit kann man sich draußen holen, aber gegessen wird zu Haus.‹ Ich will nicht wissen, an wen er denkt, wenn wir zusammen schlafen, und ich würde ihn nie danach fragen. Phantasien sind etwas ganz Persönliches, und ich sehe keinen Sinn darin, sie mitzuteilen. George kann meinetwegen an den Papst denken, wenn ihm das Spaß macht, solange er in *meinem* Bett liegt und nicht im Bett einer anderen Frau.«

Mary Anne sagt: »Ich würde mich am meisten betrogen fühlen, wenn Sid eine Liaison des Herzens hätte, selbst wenn er sie sexuell nicht ausleben würde. Im letzten Jahr war Sid sehr in eine Arbeitskollegin verliebt, und er dachte monatelang immer an sie, wenn wir zusammen schliefen. Es war unglaublich schmerzhaft für mich, daß ich darüber nicht Bescheid wußte und erst sehr viel später erfuhr, was mit ihm los war. Ich fand es so unaufrichtig von Sid, seine Verliebtheit vor mir geheimzuhalten. Jetzt haben wir vereinbart, offen darüber zu sprechen, wenn so etwas passiert. Wir beichten nicht jede flüchtige Phantasie über andere Männer oder Frauen, und wir fragen uns auch nicht gegenseitig aus, nachdem wir miteinander geschlafen haben. Aber wenn eine Phantasie so intensiv oder dauerhaft wird, daß einer von uns innerlich nicht mehr wirklich präsent ist, wenn wir miteinander im Bett sind, dann sprechen wir darüber. Wenn wir offen damit umgehen, überwinden wir das Problem und kommen einander wieder näher.«

Mary Anne verlangt im Hinblick auf Intimität mehr von ihrem Mann als Bess. Dieser Unterschied zwischen ihnen hat nichts mit richtig oder falsch, mit gut oder schlecht zu tun, denn es gibt kein allgemeingültiges Maß von Distanz oder Nähe, das für alle Paare stimmig ist oder auch nur für ein einziges Paar im Laufe der Zeit immer gleich bleibt. Es ist jedoch sinnvoll, unsere eigenen Überzeugungen und Erwartungen in bezug auf Ehrlichkeit in sexuellen Dingen klarzustellen und entsprechend zu handeln. Wir haben nie die Garantie, daß der andere uns die Wahrheit sagt, aber wenn wir die Wahrheit *wirklich* wissen wollen, dann müssen wir mit der Zeit auch lernen, *wirklich* zu fragen, aus einem Interesse heraus, das vom Herzen kommt.

Jane und Andrew reagierten auf die Untreuekrise, indem sie ihre Verbundenheit miteinander vertieften. In aller Regel reagieren Menschen auf solche Krisen jedoch dadurch, daß sie ihre Partner kontrollieren oder ihnen das Versprechen abnehmen, künftig monogam zu sein. Vielleicht ist unser Wunsch, daß der Partner uns Treue schwört, verständlich, aber wir alle können keinen Eid darauf ablegen, was wir im Laufe unseres gesamten Lebens tun oder nicht tun werden. Ein solches Versprechen zu geben wäre eine Form des Betrugs. Bei kirchlichen Trauungszeremonien schwören die künftigen Ehepartner vor Gott und den Menschen, einander anzugehören und allen anderen Versuchungen zu entsagen, aber sowohl die Scheidungsraten als auch die Statistiken über außereheliche Sex zeigen eine andere Wirklichkeit. Ein gutes Dutzend Säugetiere (unter anderem Wölfe und Gibbons) sind monogamer als unsere Spezies. Wir sind darauf angelegt, sowohl die Sicherheit zu suchen, die ein Lebenspartner gibt, als auch die Aufregung und Lebendigkeit, die von sexueller und emotionaler Abwechslung ausgeht.

Gesellschaftliche Unwahrheiten über Monogamie – wie zum Beispiel die Behauptung, daß Monogamie die natürliche und einzig richtige Lebensform für alle sei – verführen uns dazu, uns selbst und unseren Partnern gegenüber alles andere als ehrlich zu sein. Ein weiterer kultureller Mythos, der zur Unehrlichkeit einlädt, ist die Annahme, daß der »wirkliche Grund« für eine Affäre ein mit Mängeln behafteter Ehepartner oder eine schlechte Ehe sei. Es stimmt durchaus, daß eheliche Distanz und Unzufriedenheit oft durch die Fixierung auf eine dritte Partei bewältigt wird – sei es ein Mensch, mit dem man ein sexuelles Abenteuer hat, ein Kind, ein Therapeut oder sonst irgend jemand. Aber wie alle anderen Dreieckskonstellationen sind auch Affären oft eine reflexartige Reaktion auf Ängste, die aus einer verborgenen Quelle kommen.

Jane zum Beispiel begann mit Bill zu schlafen, als sie sich dem Lebensalter näherte, in dem ihr Vater bei einem Arbeitsunfall zu Tode gekommen war. In aller Regel fangen Leute unmittelbar nach einem wichtigen Verlust Affären an – oder, wie in Janes Fall, in einem Schlüsselalter, das mit einem früheren wichtigen

Verlust in Verbindung steht. Das Lügen über eine Affäre kann ein Signal sein, daß ein mit stärkeren Ängsten geladenes wichtiges emotionales Problem nicht erkannt oder nicht angesprochen wird. Die Mythen, wir seien eine monogame Spezies und Affären seien entsetzliche Verirrungen, zu denen es unter vernünftigen Leuten und in guten Liebesbeziehungen nicht kommen könne, verleiten uns zu Selbstbetrug und Verleugnung: »Mein Mann fühlt sich nie zu anderen Frauen hingezogen«, rufen Isolation und Scham hervor: »Wenn mein Mann mich betrügt, würde ich nicht wollen, daß irgend jemand davon erfährt« und verursachen übertriebene Gefühle des Versagens und der persönlichen Verantwortung: »Was habe ich falsch gemacht – was hat ihn in die Arme einer anderen Frau getrieben?« Folglich zögern viele Menschen, offen und freimütig über die Realität von Affären zu sprechen, sowohl bevor sie passieren als auch hinterher.

Jane und Andrew nahmen die Krise zum Anlaß, in ihrer Beziehung eine tiefere Ebene von Wahrhaftigkeit zu etablieren, aber nicht alle Paare reagieren in dieser Weise. Betrachten wir das folgende Beispiel, das eher dem typischen Verlauf der Ereignisse entspricht:

Rosa meldete sich bei mir zu einer kurzen Beratung an, nachdem sie von der Untreue ihres Mannes erfahren hatte. Sie erzählte mir, daß sie vor einigen Monaten Verdacht geschöpft habe, weil es in ihrer Ehe zu einer merkwürdigen Fremdheit gekommen sei. Sie hatte ihren Mann bei den Schultern gefaßt, ihm fest in die Augen gesehen und ihm in entschlossenem Ton gesagt: »John, ich habe das starke Gefühl, daß du eine Affäre hast. Wenn du mich betrügst, bleibe ich nicht bei dir. Ich muß jetzt wirklich die Wahrheit wissen!«

John sagte: »Es läuft absolut nichts«, also war Rosa tief empört, als sie später herausfand, daß doch etwas lief. »Es ist wirklich unglaublich«, sagte sie ihren Freundinnen, »daß John mir direkt ins Gesicht log.« Rosa stellte John keine Fragen über seine Beziehung, sondern bestand darauf, daß er sie beendete, was er auch tat. Dann verlangte sie ihm den Schwur ab – wieder und wieder –, daß er sie nie mehr betrügen werde. John gab Rosa sein Treueversprechen, und sie wiederholte ihre Grundsatzerklärung: »Wenn ich je herausfinde, daß du mit einer anderen Frau schläfst, ist es aus zwischen uns – endgültig!« Zu mir sagte sie: »Ich fühle mich furchtbar verletzt und komme einfach nicht darüber hinweg. Ich weiß nicht, wie ich ihm je wieder vertrauen soll.«

Rosa hatte allen Grund, sich das zu fragen. Drohungen und Versprechungen können weder Treue garantieren noch Vertrauen schaffen. Wir können nicht bewirken und sicherstellen, daß ein Partner immer monogam bleiben wird. Was wir allerdings tun können ist, darauf hinzuarbeiten, daß in einer Beziehung ein höheres Niveau an Ehrlichkeit und offener Kommunikation entsteht, denn das ist die einzige Grundlage, auf der sich Vertrauen entwickeln kann. Rosa tat das Gegenteil. Das Rigide und Ausschließliche ihres Ultimatums (»Wenn ich dich je erwische, ist es aus zwischen uns«) forderte geradezu zum Betrug heraus, machte offene Kommunikation unmöglich und erhöhte die Wahrscheinlichkeit, daß es in Zukunft zu weiteren Affären kommen würde.

Paradoxerweise wird Monogamie eher möglich, wenn wir uns ehrlich vor Augen führen, daß es keine Garantie dafür gibt. Dann können wir offen über die Tatsache sprechen, daß auch in den besten Ehen starke Versuchungen – und Affären – vorkommen. Für Rosa und John kann es in Zukunft durchaus neue Versuchungen geben, wenn sich die Gelegenheit ergibt und die Umstände dazu einladen. Statt zu erklären: »Wenn es noch einmal passiert, werde ich nicht damit fertig«, könnte Rosa sagen: »Natürlich – es wird immer wieder Versuchungen geben, vielleicht auch für mich. Ich wünsche mir, daß wir darüber sprechen können. Und ich werde meinen Teil dazu tun, daß solche Gespräche möglich werden.«

Rosa konnte außereheliche Affären nicht billigen, weil sie Monogamie brauchte, um sich in ihrer Ehe wohl und sicher zu fühlen. Anfangs, als sie zu mir in die Beratung kam, konnte sie sich jedoch zwischen dem passiven Hinnehmen von Untreue und der radikalen Trennung keinerlei Alternativen vorstellen. Im Lauf unserer Arbeit gelang es ihr aber, John gegenüber einen neuen Standpunkt einzunehmen. Sie bat ihn, offen darüber zu sprechen, wenn er sich zu anderen Frauen hingezogen fühlte, bevor er diese Anziehung auslebte, und wenn er sexuelle Beziehungen zu anderen Frauen einging, wollte sie das direkt von ihm hören. Sie sagte ihm: »Natürlich wäre es furchtbar für mich, das zu erfahren. Aber ich würde mich nicht sofort von dir trennen, sondern darauf schauen, daß wir uns mit dem Problem auseinandersetzen und versuchen, Klarheit zu schaffen, so daß wir vernünftig entscheiden können, wie wir dann weiter verfahren wollen. Wenn ich entdecken würde, daß du eine Affäre hast und sie mir verheimlichst, wäre unsere Ehe in weitaus größerer Gefahr.«

Es besteht ein großer Unterschied zwischen dem Androhen von Konsequenzen für den Fall, daß der Partner eine Affäre hat, und der Forderung, in der Beziehung grundlegende Offenheit zu etablieren – nicht nur über gegenwärtige und künftige sexuelle Verlockungen, sondern über alle emotionalen Probleme, die unsere Beziehungen beeinflussen. Vertrauen entwickelt sich nur, wenn wir unsere Partner – und uns selbst – wirklich kennen und wenn beide Seiten das Engagement aufbringen, auf wachsende Offenheit und zunehmenden ehrlichen Austausch hinzuarbeiten. Monogamie kann weder verlangt noch einfach vorausgesetzt werden.

Aber nicht jede Offenheit ist durch den Wunsch nach mehr Nähe und nach einem höheren Niveau von authentischer Kommunikation mit der Partnerin oder dem Partner motiviert. Eine meiner Freundinnen war mit einem Mann verheiratet, der zu Anfang der Ehe seine sexuellen Phantasien über andere Frauen in lebhafter Detailtreue beschrieb. Zuerst war seine Frau eifersüchtig, aber dann fühlte sie sich zunehmend befremdet und abgestoßen. Als sie ihm das sagte, wurde er nachdenklich und erkannte, daß diese provokativen Mitteilungen seine Unsicherheit spiegelten und dazu angetan waren, Distanz zu schaffen.

Mehrere Jahre später eröffnete er seiner Frau in einem Gespräch, daß er sich sexuell immer stärker zu seiner Geschäftspartnerin hingezogen fühlte. Er war, wie er es ausdrückte, wie in einem Rausch. Es machte ihm angst, mit seiner Frau darüber zu sprechen, aber er hatte das Gefühl, es sei eine Gewissensfrage, das zu tun. Das Geständnis war durch sein Interesse motiviert, seiner Ehe Priorität einzuräumen und der berauschenden Wirkung, die Versuchungen vor allem dann haben, wenn sie geheimgehalten werden, etwas entgegenzusetzen. Er wollte die Voraussetzungen schaffen, die ihn am wenigstens geneigt machen würden, seine Gelüste auszuleben. Es war klar, daß seine Frau nach dieser Eröffnung immer wieder Fragen stellen und ihren Schmerz ausdrücken würde. Damit stellte er für sich selbst auch sicher, daß er sie einbeziehen und Rücksicht auf sie nehmen würde, selbst in Momenten, in denen er es vorziehen würde, das nicht zu tun.

Es spricht für seine Frau, daß sie die Offenheit ihres Mannes richtig deutete, als den Wunsch nämlich, die Ehe aufrechtzuerhalten und sich selbst zur Ordnung zu rufen. Also gab sie sich große Mühe, sich nicht von ihm abzuwenden, ihn nicht zu kontrollieren oder auf irgendeine andere Weise für seine Aufrichtigkeit zu bestrafen. Ihre erste, spontane Reaktion auf diese Enthüllung, aus dem Bauch heraus, war der charakteristische Kampf-oder-Flucht-Impuls, aber sie entschloß sich dennoch, mit Liebe auf ihn zuzugehen, während sie gleichzeitig ihre Angst und ihre Verletztheit ausdrückte.

Sag ich's, oder sag ich's nicht?

Das Geständnis eines sexuellen Seitensprungs hat eindeutig seinen Preis, der sofort fühlbar wird. Wenn wir es sagen, werden wir mit dem Schmerz und der Wut unseres Partners konfrontiert, mit unseren eigenen Gewissensbissen oder unserer Gewissenlosigkeit, mit einem langwierigen Prozeß des Überprüfens und des Wiederaufbaus der Intimität in der Beziehung. Wenn die Affäre weitergeht, können wir uns nicht auf die Position zurückziehen, den Kuchen behalten und ihn essen zu wollen; entweder beenden wir die Affäre oder setzen uns mit den Konsequenzen auseinander, die unsere Weigerung, das zu tun, nach sich zieht, oder wir fangen wieder an zu lügen.

Wenn wir es sagen, schaffen wir Raum für mehr Wahrhaftigkeit zwischen zwei Menschen – und damit auch die Möglichkeit, daß sich in einer Beziehung mehr Integrität, Komplexität, Tiefgang und Nähe entwickelt. Das Verbergen einer Affäre, selbst wenn sie lange zurückliegt, kurz war und unentdeckt blieb, erzeugt in einer Beziehung subtile Distanz, Desorientierung und emotionale Flachheit. Unabhängig von Fragen der Moral und des Gewissens hat das Verbergen oder Offenlegen einer Affäre sehr viel damit zu tun, wieviel Distanz wir in einer primären Beziehung haben wollen oder ertragen können. Und wenn wir sagen: »Ich kann es ihm nicht erzählen; das würde ihm zu sehr wehtun«, meinen wir eigentlich: »Ich habe keine Lust, mich mit seinem Schmerz und seiner Wut auseinanderzusetzen« – und das ist etwas ganz anderes.

Ob wir es sagen – oder ob es uns gesagt wird –, hängt auch von dem unausgesprochenen Vertrag ab, der sich zwischen Menschen, die als Paar zusammenleben, herausbildet. Vielleicht vermitteln wir wie Rosa, daß wir lieber nichts über eine Affäre wissen wollen, weil wir dieses Wissen nicht ertragen könnten. Das können wir explizit sagen oder unterschwellig vermitteln, indem wir Fragen, die darauf abzielen, mehr über unseren Partner als sexuelles Wesen zu erfahren, einfach nicht stellen.

Es ist völlig in Ordnung, dem Partner zu vermitteln, daß wir zu einem ganz bestimmten Zeitpunkt nicht die ganze Wahrheit über eine Affäre – oder irgendein anderes Problem – wissen wollen. Das offene Eingeständnis unserer Verletzlichkeit und der Wunsch, nicht mit allen Details belastet zu werden, kann ein Akt der Selbstbewahrung und des Selbstschutzes sein. Um welches Thema es sich auch handelt – wir können anderen direkt sagen, welche Informationen wir haben wollen und verkraften können. Natürlich geben wir keine Informationen preis, die Gewalt hervorrufen oder Mißhandlungen heraufbeschwören könnten.

Aber wir sollten uns darüber im klaren sein, daß langes Schweigen – nicht nur über Affären, sondern auch über alle anderen emotional schmerzhaften Probleme, die eine Beziehung beeinträchtigen – schließlich in Geheimhaltung mündet, die dann wiederum durch Lügen und Täuschungen aufrechterhalten werden muß. Unserem Partner auf die eine oder andere Weise zu vermitteln, daß er – oder sie – uns das, was schmerzt, verbergen, uns die Wahrheit ersparen solle, ist natürlich der einfachste Weg. Aber wenn wir uns auf einen solchen Vertrag einlassen, engen wir die Möglichkeiten der Aufrichtigkeit und der Verbundenheit zwischen zwei Menschen ein.

12. Kapitel

Der Körper sucht Wahrheit

Manche Leute haben Körper, die ihnen Lügen nicht durchgehen lassen, oder vielleicht sollten wir eher sagen, manche Leute *sind* Körper, die nicht lügen. Eine Freundin führt mir immer wieder vor Augen, daß wir unsere Körper sind. Wir wohnen nicht nur in ihnen wie in einem geborgten oder gemieteten Raum.

Einer meiner Freunde hat einen ehrlichen Körper – er ist eine ehrliche Haut. Er hatte ein einmaliges sexuelles Abenteuer und gestand es seiner Frau am folgenden Abend, mehr aus Notwendigkeit als aus eigenem Antrieb. Er konnte nicht schlafen, nachdem es passiert war, und weinte die halbe Nacht. Er machte seine Arbeit am nächsten Tag abwesend und automatisch und fühlte sich erschöpft und elend. »Es war wie eine seelische Grippe«, sagte er mir, als ich ihn fragte, warum er den nächsten Abend als Zeitpunkt für sein Geständnis gewählt habe. »Ich fiel einfach ins Bett und wartete, bis meine Frau fragte: ›Was ist los mit dir?‹.«

Er dachte nicht darüber nach, ob der Zeitpunkt für seine Enthüllung gut gewählt war, sondern das Ausmaß seiner eigenen Bedrängnis trieb ihn dazu, offen zu sein. Tatsächlich war der Zeitpunkt denkbar ungünstig, denn seine Schwiegermutter war gerade aus Philadelphia zu Besuch gekommen, und es war unausweichlich, daß sie in diese Privatangelegenheit hineingezogen wurde. Aber er hatte gar nicht die Wahl, über sein Tun nachzudenken oder mit der Offenlegung seines Geheimnisses zu warten. Er hätte seine Symptome nicht wegerklären können, ohne dem Betrug weitere Lügen hinzuzufügen.

Seine Frau, auch eine meiner Freundinnen, war außer sich. Ich verstand sehr gut, daß sie schockiert, wütend und verletzt war. Aber gleichzeitig konnte ich nicht umhin zu denken: »Wenn dieser Mann für die Präsidentschaft kandidierte, würde ich ihn wählen. Ich, für meinen Teil, würde nachts besser schlafen, wenn wir einen Präsidenten hätten, dessen Körper so ehrlich ist – der eine so ehrliche Haut ist.«

Ich weiß nicht, durch welche Kombination von persönlicher Integrität und biologischer Ausstattung eine seelische Grippe ausgelöst wird, oder, wenn wir mal annehmen, daß es so etwas gibt, warum der Körper meines Freundes nicht *vor* dem Seitensprung Protest anmeldete. Ich weiß aber, daß sein Körper, der sich elend und erschöpft fühlte, ihn dazu trieb, die Wahrheit zu sagen, und daß dieser Entschluß nicht primär vom Kopf her kam – genauso wie sein Körper, als er erregt war, ihn zu seiner Grenzüberschreitung angetrieben hatte.

In anderen Lebenszusammenhängen kann dieser Freund lügen wie gedruckt. Einmal bat ich ihn um Hilfe bei einem ausgeklügelten Ablenkungsmanöver, als wir in der Familie eine große Überraschungsparty für meinen Mann planten. Mein Freund schauspielerte, konspirierte und flunkerte und ließ nichts von dem Geheimnis durchsickern. Meine anfänglichen Ängste, daß sein Körper ihn verraten könnte, durch einen Kiekser in der Stimme, durch Rotwerden oder irgendein anderes Signal, erwiesen sich als völlig unbegründet, er log gekonnt. Aber das konnte er nicht, als er zu einer anderen Frau ins Bett gekrochen war.

Die meisten von uns können darauf zählen, daß unsere Körper – wie unser Unbewußtes, das durch Träume zu uns spricht – zumindest versuchen, uns zur Ehrlichkeit anzuhalten. Wenn wir uns auf Täuschungen einlassen, die unsere Wertvorstellungen vergewaltigen, bekommen wir vielleicht nicht sofort einen Anfall von seelischer Grippe oder spüren den inneren Ruck nicht unmittelbar. Aber es kann uns so ergehen wie Jane, als sie mit ihrem Arbeitskollegen eine sexuelle Affäre begann: Wir bekommen kleine, leise Signale, die im Lauf der Zeit immer lauter und auffälliger werden, wenn wir sie anfangs nicht beachten. In ähnlicher Weise signalisieren unsere Körper uns auch Täuschungen, die von anderen ausgehen, so wie Kinder zum Beispiel oft mit Ängsten, Depressionen oder anderen Symptomen auf ein Familiengeheimnis reagieren.

Moustakas Schilderung seiner Erfahrungen mit Encounter-Gruppen zeigt, wie unsere Körper uns – bildlich gesprochen – beim Kragen packen können, wenn unsere Verhaltensweisen mit unseren wahren Überzeugungen und Wertvorstellungen nicht übereinstimmen. Moustakas wurde, wie Sie sich erinnern werden, von Kollegen ermutigt, einen aggressiveren und konfrontativeren Führungsstil in Gruppen zu erproben. Aber als er damit experimentierte, auf den Widerständen von anderen herumzuhämmern, gab sein Körper ihm selbst einen ordentlichen Tritt, unter anderem in Form von Magenschmerzen, Kopfschmerzen und Appetitverlust. Schließlich konnte er diese drastischen Signale, daß zumindest für ihn mit diesem Stil der Gruppenleitung etwas nicht stimmte, nicht mehr ignorieren.

Unsere Körper reagieren auf unsere Täuschungsmanöver, sogar auf eine einzige Lüge, insbesondere wenn wir deswegen in innere Konflikte geraten oder uns schuldig fühlen. Diese Körpersignale geben auch anderen, die mit uns in Beziehung stehen, wichtige nonverbale Botschaften. Als ich das letzte Mal bewußt log, drehte ich beim Sprechen reflexartig den Kopf zur Seite, in dem Wissen, daß mein Gesichtsausdruck mich verraten könnte. Ich erkenne meine Körpersignale, und ich verlasse mich auf meine Fähigkeit, die Körpersignale anderer zu lesen, um Täuschungen zu entdecken, so wie wir es alle tun. Ich registriere das, was wir gewöhnlich die Körpersprache nennen. Ich bemerke offensichtliche Widersprüche, wenn zum Beispiel meine Klientin sagt, sie sei nicht wütend, aber wütend aussieht. Ich nehme subtile Störungen wahr, so, wenn mein Mann sagt, er höre zu, ich aber spüre, daß er abgelenkt ist. Wenn mir jemand in Worten das eine sagt und mein unterschwelliges Wissen mir etwas anderes eingibt, vertraue ich stärker auf die Wahrnehmungen meines Körpers als auf die Worte, die ich höre.

Es ist nicht verwunderlich, daß unsere Körper die Lügen und Widersprüche anderer registrieren. Es ist auch nicht verwunderlich, daß wir mit erkennbaren physiologischen Veränderungen reagieren, wenn wir mit vollem Bewußtsein unehrlich sind. Viel bemerkenswerter ist, daß die Täuschungen, die wir vor uns selbst verleugnen, oder die Lügen, die wir leben, Alarmsignale aussenden, auf die der Körper reagiert. In meinem eigenen Leben kam es zu Wendepunkten, wenn mein Körper revoltierte, um mich von einem falschen Weg abzubringen. An einige dieser Fälle kann ich mich besonders lebhaft erinnern.

Der Körper protestiert

Zu Beginn meiner Berufslaufbahn arbeitete ich in einer psychiatrischen Klinik und gehörte zu einem interdisziplinären Team. Ich war unglücklich und fühlte mich dort fehl am Platz. Man hatte mir aber gesagt, meine Fähigkeiten als Psychologin würden in diesem speziellen Team gebraucht, und ich sei zur Mitarbeit verpflichtet. Also redete ich mir selbst gut zu und sagte mir, daß dabei zu bleiben das Vernünftige und Richtige sei. Ich verdoppelte meine Anstrengungen, mir Gehör zu verschaffen, aber ich hatte das Gefühl, in diesem Arbeitsfeld ineffektiv zu sein.

Während der Arbeitsbesprechungen stand ich zunehmend unter Spannung, aber so war das Leben nun einmal, sagte ich mir. Schließlich hatte niemand den absolut perfekten Job. Ich fand mit dem leitenden Psychiater keine gemeinsame Basis, weder auf der theoretischen noch auf der persönlichen Ebene, aber ich führte mir vor Augen, daß Meinungsverschiedenheiten eine Herausforderung darstellen und daß sie zu den Tatsachen des Lebens gehören. Dann begann ich, während der Arbeitsbesprechungen einzunicken. Ich mußte permanent gegen die Schläfrigkeit ankämpfen, und es fiel mir ungemein schwer, aufmerksam und bei der Sache zu bleiben. Paradoxerweise ist diese Art der Schläfrigkeit selbst ein »Weckruf«, und schließlich kam die Botschaft bei mir an. Mitten in diese krisenhafte Zeit fiel eine ärztliche Diagnose, die den Verdacht auf eine sehr schwere Krankheit erweckte. Glücklicherweise erwies sich die Diagnose als falscher Alarm, aber sie gab mir den Anstoß, einen Ausweg aus meinem Dilemma zu suchen. Ich wurde erfinderisch und fand eine berufliche Alternative für mich, obwohl ich vorher geglaubt hatte, es gäbe keine.

An einem früheren Wendepunkt meines Lebens gab mein Körper mir in drastischer Form zu verstehen, daß ich dabei war, einen folgenschweren Fehler zu machen. Ich stand kurz vor dem Abschluß meines Studiums in klinischer Psychologie und lebte in einer Wohnung auf der Upper West Side in New York. Ich sehnte mich nach Liebe und nach der Ehe und ging eine feste Beziehung mit einem Kommilitonen ein, der alle meine Wunschvorstellungen in bezug auf einen Lebenspartner erfüllte. Er war intelligent, lustig, ehrgeizig, lieb, integer – ein rundum wundervoller Mensch. Wir hatten ähnliche Interessen, vom Gitarrespielen bis hin zu unserer Leidenschaft für Psychologie. Aber leidenschaftliche Liebe empfand ich nicht für ihn, ja nicht einmal Verliebtheit. Damals war ich mir nicht darüber im klaren, wie bedeutend oder unbedeutend das war.

Er war ein phantastischer Kumpel, und im Bett fühlte ich mich wohl mit ihm. Ich weiß nicht, ob mein Mangel an Leidenschaft auf die Körperchemie oder auf die Umstände zurückzuführen war. Mein Freund und ich hatten ein gemeinsames Vorleben, das sich in der East 9th Street in Brooklyn abgespielt hatte. Ich war damals ein Teenager, und er war mit dem älteren Bruder meiner Freundin Marla befreundet. Wir vier hatten im Haus von Marlas Eltern immer zusammgehockt. Jetzt konnte ich diese alten Bilder und Eindrücke nicht von dem Mann und der Frau, die wir geworden waren, trennen. Aber ich glaubte, ich müsse mich darum bemühen, denn ich sah in meiner Umgebung keinen Mann, der mir besser gefiel.

Ich war nie eine unentschlossene Person, schon gar nicht in Gefühlsdingen. Ich verstand zum ersten Mal in meinem Leben, wie qualvoll es ist, permanent in einem Zustand der Ambivalenz und der Verwirrung zu sein. Sollte ich mich nun von ihm trennen oder ihn heiraten? Ich wollte beiden Entscheidungen aus dem Weg gehen – aus den falschen Gründen. An der Columbia-Universität hatte ich eine Reihe von attraktiven Männern kennengelernt, die leidenschaftlichere und romantischere Gefühle in mir erweckten. Aber nachdem ich einige Male mit ihnen ausgegangen war oder sie näher kennengelernt hatte, fand ich, daß keiner »ein guter Fang« war, wie ich es damals ausdrückte.

Ich tat, was ich nur konnte, um mir Klarheit zu verschaffen. Ich sprach mit zahllosen Leuten und holte ihre Meinungen und Ratschläge ein. Ich wog das Pro und Kontra ab. Ich versuchte, die Zukunft mit diesem Mann zu imaginieren und mir vorzustellen, wie es im schlimmsten denkbaren Fall ausgehen könnte. Ich versuchte auch, still und meditativ auf die »Weisheit meines Herzens« zu lauschen. Aber mit meinen Gefühlen ging es immer noch auf und ab.

Schließlich erreichte ich einen Punkt, an dem ich die Situation nicht mehr ertragen konnte. Nachdem ich alles sorgfältig erwogen hatte, entschied ich mich dafür, ihn zu heiraten. Ich beschloß, mich nicht weiter umzuschauen, sondern mich mit meinem ganzen Engagement in die Beziehung hineinzugeben. Und ich glaubte, daß ich, nach allen objektiven Kriterien, damit die richtige Wahl träfe. Meine Vernunft, meine rationalen Erwägungen drängten mich dazu, bei diesem Mann zu bleiben und »an der Beziehung zu arbeiten«. In jener Nacht schlief ich erleichtert ein.

Aber als ich am nächsten Morgen erwachte, war ich so depressiv, daß ich nicht aus dem Bett hochkam. Ich hatte mich noch nie so depressiv gefühlt, und vor allem nicht in dieser speziellen Weise. Es war lähmend, aber es hielt nicht den ganzen Tag an. Es dauerte genau so lange, bis ich die Botschaft verstand. Mein Körper sagte nein.

Mein Körper warnte mich vor Selbstbetrug und Verstellung. Er entlarvte das, was ich mir selbst als die Wahrheit vor Augen zu führen versuchte, als falsch: »Leidenschaft ist flüchtig und verschwindet früher oder später ohnehin aus einer Beziehung«; »In allen Beziehungen muß man Kompromisse machen«; »Meine Chancen, einen Besseren zu finden, sind gering«; »Es gibt keine vollkommenen Ehen.« Ich belog mich selbst. Da ich nicht in die Zukunft schauen konnte, wußte ich auch nicht, welche Entscheidung sich im Endeffekt als das Beste für mich erweisen würde. Aber den Mangel an Leidenschaft oder Verliebtheit einfach so hinzunehmen war ein zu großer Kompromiß.

Als ich an diesem Morgen schwer und wie gelähmt im Bett lag, wußte ich, daß ich meinen Freund nie heiraten würde. Dennoch hatte ich, aus welchen Gründen auch immer, nicht die Kraft, die Integrität oder den Willen, die Beziehung an diesem Punkt zu beenden oder auch nur offen mit ihm über meine Erkenntnis zu sprechen. Statt dessen verhielt ich mich so ambivalent, ja so launisch und enervierend, daß bald darauf das Unvermeidliche eintrat: Er lernte eine wundervolle Frau kennen, die ihn rückhaltlos liebte, und heiratete sie.

Der Körper, der vom Unbewußten geleitet wird, kann eine primäre Quelle individueller Wahrheit und Selbsterkenntnis sein. Wir halten uns an diese Quelle der Weisheit, weil die Fähigkeit zur Selbsttäuschung in unserer Spezies außerordentlich stark ausgebildet ist. Besonders wir Frauen werden in unserer Sozialisation dazu angeleitet, uns zu verstellen, uns zu fügen und unsere schlechten Kompromisse »das Leben« zu nennen. Unsere Körper lassen sich nicht so leicht zum Narren halten.

Interpretieren, was »aus dem Bauch kommt«

»Der Körper strebt nach Wahrheit«, sage ich zu einer Freundin.

»Der Körper führt uns in die Irre«, antwortet sie.

Wir wissen, daß wir beide recht haben, also fangen wir an, unsere Vorstellungen weiter zu differenzieren. Wir kommen zu dem Schluß, daß der Körper nach Wahrheit strebt und uns ein Signal sendet. Aber diese Signale zu entschlüsseln, zu interpretieren und zu entscheiden, wie wir nun weiter vorgehen sollen, ist ein ganz anderes Problem.

Meine Freundin, ebenfalls Psychologin und Psychotherapeutin, hinterfragt die Art, wie ich meine Erfahrungen interpretiere. Wir sprechen zuerst über das Beispiel meiner Schläfrigkeit bei Arbeitsbesprechungen als Reaktion auf meine unbefriedigende Arbeitssituation. Sie erzählt mir ein eigenes Erlebnis, das schon mehrere Jahre zurückliegt: Sie wurde immer schläfrig, wenn eine bestimmte Klientin über sexuellen Mißbrauch sprach. Später entdeckte meine Freundin verdrängte Erinnerungen an sexuellen Mißbrauch in ihrem eigenen Leben, die denen ihrer Klientin ähnlich waren, das heißt, beide Frauen waren als Kleinkinder mißbraucht worden, während sie von ihren Vätern gebadet wurden. Schläfrigkeit – wie auch wiederholt auftretende Kopfschmerzen und ähnliche Symptome – signalisiert, daß wir uns einem unbewußten Konflikt stellen und nicht einfach aus dem Feld gehen sollen, sagt meine Freundin.

Sie stellt auch meine Interpretation der lähmenden Depression in Frage, die mich überfiel, nachdem ich mich zu dem Kompromiß entschloß, zu heiraten, obwohl ich keine Leidenschaft empfand.

»Wer weiß«, fragt sie, »vielleicht bedeutete die Depression, daß du Probleme mit Intimität hattest, Angst vor Verbindlich-

keit. Vielleicht war deine Depression ein Signal, daß du Therapie brauchtest, um herauszufinden, was dich davon abhielt,
stärker und leidenschaftlicher zu reagieren.«

Vor Problemen, die Liebe oder Arbeit betreffen, bin ich nie
davongerannt. Ich sage ihr einfach: »Ich weiß es.« Das heißt, ich
wußte in beiden Fällen, was ich tun mußte.

Dann sprechen wir über Sybil, eine Kollegin, die in Kalifor-
nien lebt. Sybil ist zweiunddreißig und hat metastasierenden
Brustkrebs. Meine Freundin sagt, daß Sybil ein Leben der
Selbstverleugnung führt, daß sie ihre wahren Reaktionen,
Wünsche und Einschätzungen immer zurückhält. Sie fragt sich,
ob Sybil Krankheit oder Tod als Ausweg aus einer unhaltbaren
Familiensituation gewählt hat, die sie nicht ertragen, aber auch
nicht verlassen kann. Meine Freundin sagt: »Ich arbeite oft mit
Brustkrebspatientinnen. Sie können ihre Selbstheilungskräfte
nicht aktivieren, solange sie nicht herausgefunden haben, wel-
che Bedeutung die Krankheit in ihrem Leben hat.«

Ich reagiere mit heftigem Widerspruch auf die Art, wie meine
Freundin Sybils Krankheit interpretiert. Ich bezweifle durchaus
nicht, daß es zwischen unserer seelischen und unserer physischen Gesundheit Verbindungen gibt. Wenn wir nicht in Übereinstimmung mit uns selbst leben, ein unwahrhaftiges Leben
führen, können unsere Körper uns sehr wohl durch Krankheit
oder physische Störungen signalisieren, daß etwas im argen
liegt. Wenn unsere Beziehungen gefährdet sind oder unser eigenes Selbst gefährdet ist, bleibt unser Immunsystem vielleicht
auch nicht ungeschoren. Zweifellos können unsere Körper nur
widerstandsfähiger werden, wenn wir ein bewußtes Leben führen, das mit viel Liebe, Weisheit, Wahrhaftigkeit, Mut und Risikobereitschaft verbunden ist.

Aber ich bin auch überzeugt, daß Sybil, die ich nur kurz kennenlernte, ihren Krebs nicht selbst verursacht hat. Ich glaube
nicht daran, daß Menschen, die an einer lebensbedrohenden
Krankheit leiden, nicht wahrhaftig genug gelebt haben. Es ist
zweifellos gut und unserem Wohlbefinden förderlich, wenn wir
unserem eigenen Weg folgen, aber das ist noch lange keine Garantie, daß wir von Krebs verschont bleiben oder sein Metasta-
sieren verhindern können. Ich führe meiner Freundin vor
Augen, daß aalglatte, schleimige, unehrliche Leute massenhaft

ihr übellauniges, zähes Greisenalter erreichen, während eine alarmierend hohe Zahl von vitalen, liebevollen Frauen auch weiterhin zu früh an Brustkrebs sterben werden. Aus meiner Sicht sind es der Profit-Wahnsinn und die Menschenverachtung unserer Gesellschaften und nicht Persönlichkeitsdefizite, die unter jungen Menschen zu einer erschreckenden Zunahme von Krebserkrankungen führen. Es ist unsere Umwelt, nicht unsere Seele, die dringend einer Reinigung bedarf, sage ich ihr.

Trotz unserer unterschiedlichen Einstellungen stimmen meine Freundin und ich in einem Hauptpunkt überein. Der Körper gibt uns Signale, sagt uns aber nicht, wie wir die Signale interpretieren sollen. Es gibt dafür kein Handbuch und keine Karte. Wir kommen beide zu dem vorläufigen Schluß, daß der Körper uns nicht irreführt. Wenn wir genauer sein wollen, müssen wir eher sagen, daß wir seine Botschaften mißdeuten. Wir versteigen uns in unseren Analysen, oder wir geben überhaupt nicht acht.

Wir wissen, was wahr ist, wenn wir mit unseren Körpern in Kontakt sind, oder, präziser, wenn wir unsere Körper sind. Wir nehmen die Botschaften unseres Körpers von einem Augenblick auf den anderen so automatisch auf oder so instinktiv wie eine Katze, daß wir überhaupt nicht darüber nachdenken. Wir wissen durch unsere Körper, wann wir uns hinsetzen oder aufstehen möchten, wann wir ein Restaurant verlassen möchten. Wir wissen durch unsere Körper, ob wir jemandem in den Armen liegen oder uns einfach zusammenrollen und schlafen möchten. Wir wissen durch unsere Körper, ob wir aus einer bestimmten Interaktion engergiegeladen, hochgestimmt und inspiriert hervorgehen oder ob das Gegenteil zutrifft.

Das, was wir »aus dem Bauch heraus« fühlen, ist der direkteste Weg zur klaren Selbstwahrnehmung und zur individuellen Wahrheit. Wir sagen »Ich langweile mich« oder »Ich will allein sein«. Wir sagen »Ich liebe sie« oder »Ich traue ihr einfach nicht«. Wir sagen »Ich habe furchtbare Angst«. All das erfahren wir durch den Körper.

Dennoch verlieren wir manchmal den Kontakt zu dem, was wir fühlen, oder deuten es falsch, insbesondere wenn es uns zu überschwemmen droht oder in unserem Leben große Wellen schlägt. Manchmal sind wir nicht fähig oder nicht bereit, unsere elementarsten Reaktionen beim Namen zu nennen. »Nein, ich bin nicht wütend«, sagen wir, während wir die unakzeptablen Wutgefühle in Tränen und Verletztheit umwandeln. Oder wir machen genau das Umgekehrte. Aber selbst wenn wir die Dinge beim Namen nennen (»Ja, ich bin wütend«), sind Emotionen nur der Ansatzpunkt. Wir müssen trotzdem über Gefühle nachdenken, sie entschlüsseln und entscheiden, was unser nächster Schritt sein wird. Im Kern des Strebens nach Wahrheit liegt die Schwierigkeit, die elementaren Wahrheiten des Körpers von den konditionierten Reflexen zu unterscheiden, die ebenfalls im Körper gespeichert sind und die uns irreführen.

Vom Umgang mit Wut

Wut ist im Körper ein Signal, das Aufmerksamkeit und Respekt verdient. Vielleicht tun wir mehr oder geben mehr, als wir unbelastet tun oder geben können. Vielleicht schaffen wir es nicht, klarzustellen, was wir von einer Beziehung erwarten oder in einer Beziehung zu tolerieren bereit sind. Oder unser Verhalten steht im Widerspruch zu den Überzeugungen, die wir vertreten, das heißt, wir sagen, daß wir mit diesem oder jenem nicht leben können, aber dann arrangieren wir uns doch weiterhin damit. Wut hat einen Sinn; sie kann uns dazu inspirieren, unsere eigenen Wahrheiten zu definieren und im Interesse unseres eigenen Selbst auf neue, couragierte Weise zu handeln.

Aber das Gegenteil kommt genauso häufig vor. Wut schafft eine Tunnelperspektive, die uns geneigt macht, sehr eng und rigide zu sehen, was wahr ist und wessen Wahrheit zählt. Wut sagt uns wie jedes andere starke Gefühl, daß etwas aus den Fugen geraten ist, aber sie sagt uns nicht, *wo* die wirklichen Probleme liegen, mit *wem* diese Probleme zusammenhängen oder wie wir am besten vorgehen sollen. Wenn wir wütend sind und unter Spannung stehen, sind wir oft überzeugt, daß es nur eine Wahrheit gibt – die unsere – und daß wir die andere Person überzeugen müssen, die Dinge auf unsere Art zu sehen.

Wut kann unser Engagement stärken und unsere Klarsicht schärfen, kann sie aber auch verwässern und vernebeln. Wenn wir einen anderen Menschen wütend attackieren in dem Glauben, die Wahrheit auf unserer Seite zu haben, verschlimmern wir oft die Situation, die wir klären wollten. Wenn die Angstspannung steigt, spalten Menschen sich in feindliche Lager auf und verlieren die Fähigkeit, beide Seiten oder eher noch alle vier oder fünf Seiten eines Problems zu sehen. Die Fähigkeit zur Empathie und zu kreativen Problemlösungen, die die Bedürfnisse aller berücksichtigen, wird eingeschränkt. Das emotionale Klima wird zunehmend spannungsvoll, und das sorgt dafür, daß alle Beteiligten immer größere Schwierigkeiten haben, ihre eigenen Wahrheiten mitzuteilen, einander zuzuhören oder es auch nur noch miteinander in demselben Zimmer auszuhalten. Wutausbrüche lösen selten das Problem, von dem die Wut herstammt, und sie schaffen auch nicht notwendigerweise mehr Raum für Wahrhaftigkeit. Wenn wir es mit Wut – oder irgendeiner anderen Form von emotionaler Hochspannung – zu tun haben, fällt es uns schwer, angstgetriebene Emotionalität von authentischen Gefühlen zu unterscheiden und uns unsere nächsten Schritte zu überlegen.

Wut zu entschlüsseln oder sie überhaupt zu fühlen erfordert ein Gespür für das, was wir beanspruchen können und was uns möglich ist. Es geht nicht nur darum, mit unseren Körpern »in Kontakt zu kommen«, sondern wir müssen auch einen Kontext schaffen, der diese Wahrnehmungen möglich macht und in dem unsere Reaktionen ernst genommen werden. Für die meisten von uns bleibt die persönliche Erfahrung namenlos, wenn wir dafür kein offenes Ohr finden, wenn es für unsere elementarsten Gefühle keine kulturelle Legitimation gibt.

Ein Mädchen in meiner High School in Brooklyn machte oft Theater um Dinge, die nebensächlich zu sein schienen. Judy konnte einfach keine Ruhe geben: »Warum ist Gott männlich?« »Warum gibt sie ihren Namen auf und läßt sich Mrs. John Smith nennen?« »Warum spricht sie von sich selbst als ›Mädchen‹ und versucht, ihr Alter zu verheimlichen?« Wir fanden, daß Judy übertrieb und immer aus einer Mücke einen Elefanten machte. Ich glaube nicht, daß Judy damals bewußt Gesellschaftskritik übte; sie suchte einfach Bestätigung für ihre elementaren »Bauch-Reaktionen«. Ich kann mir vorstellen, daß sie Sexismus genau fühlte, ohne ihn benennen zu können, in derselben Weise, wie ein Afroamerikaner Rassismus fühlte, wenn die Leute ihn einen »farbigen Jungen« nannten oder ihm sagten, er solle sich im Bus hinten hinsetzen. Aber damals gab es das Wort »Sexismus« nicht, und wir anderen waren im Koma. In einer Welt von Schlafwandlern wach zu sein ist vermutlich immer schwierig. Judy wurde wie ein Kind behandelt, oder wie eine Frau: Sie war da, sie war sichtbar, aber sie wurde nicht wirklich wahrgenommen.

Jetzt, drei Jahrzehnte später, reagiert mein Körper wie ein Radargerät auf Sexismus. Ich registriere ihn irgendwo im Solarplexus, bevor ich Worte finde, um zu erklären, was nicht stimmt, oder um meine Irritation zu rechtfertigen. Heute wird die feministische Analyse, die bei mir im Bauch beginnt, beachtet, ernst genommen und von Frauen aufmerksam verfolgt. Ich habe das Privileg, Teil einer außergewöhnlichen Bewegung von Frauen zu sein, die wie Judy die Verhältnisse hinterfragen, überprüfen und neu überdenken und nichts als gegeben hinnehmen. Manche Frauen sagen immer noch »Ich? – Nein, ich bin nicht wütend«, oder »Das ist doch völlig unerheblich«, aber die meisten von uns äußern sich ganz anders.

Ich frage mich, was aus Judy wurde, die keine Bestätigung oder Unterstützung, ja nicht einmal ein offenes Ohr fand.

Angstgefühle und Furcht

Ängste verlangen – wie Wut – nach Interpretation. Die wahre Bedeutung von Angstgefühlen kann unklar verdeckt sein wie die Bedeutung anderer Körperbotschaften. Ja, die Ängste fühlen wir deutlich. Aber wo liegt eigentlich die Gefahr? In der Vergangenheit oder in der Gegenwart? Sind die Ängste real oder phantasiert? Sollten wir sie beiseite schieben oder versuchen, sie zu ignorieren? Empfinden wir Angstgefühle, weil wir einen kühnen Vorstoß in ein unbekanntes Territorium unternehmen oder weil wir dabei sind, eine Dummheit zu machen? Wem nützen unsere Ängste, oder wer wird dadurch geschützt?

Angstgefühle sind der Motor für andere Emotionen. Wenn die Angstspannung hoch ist, neigen wir mehr als sonst dazu, vor Wut zu explodieren oder uns Hals über Kopf zu verlieben. Oder wir fühlen uns einfach beklemmt und bedroht. Ebenso wie Wut kann uns auch Angst zum Handeln antreiben, aber genausooft wirken Ängste wie ein Stoppschild oder ein blinkendes Warnlicht, das sagt: »Achtung, Gefahr! Nicht weitergehen!«

Ich habe durch Erfahrung – so nennen wir unsere vergangenen Fehler – gelernt, einen bestimmten Typus von Angst oder Spannung zu erkennen und zu beachten wie ein Warnsignal oder Stoppschild. Mein Körper signalisiert mir, daß ich anhalten muß, weil ich von der Spur abgekommen bin. Vielleicht sollte ich einen Brief nicht abschicken, mit einem Anruf warten, mich auf ein bestimmtes Gespräch nicht einlassen. Angst zwingt mich zu gründlicherem Nachdenken.

Wenn ich Angst spüre, werde ich angespannt. Vielleicht fühle ich den Drang, eine Freundin mit der Wahrheit zu konfrontieren, oder, präziser ausgedrückt, ihr zu sagen, was sie falsch macht. Aber ich habe gelernt zu warten, wenn ich solche Empfindungen habe, und zu schauen, ob das Bedürfnis am nächsten oder übernächsten Tag noch genauso stark ist. Gewöhnlich löst die Spannung sich, weil sie durch meinen eigenen Streß verursacht wurde. Warten gibt mir auch die Möglichkeit, mehr intuitive Klarheit darüber zu erlangen, wie ich die Dinge, die ich sagen will, ausdrücken kann, oder ob es sich überhaupt lohnt.

Ich habe gelernt, daß ich unerträglich bin, wenn ich Freundinnen und Freunden unaufgefordert zu dem Zeitpunkt, an dem ich mich am meisten dazu gedrängt fühle, »Wahrheiten« sage. Ich unterscheide auch zwischen unterschiedlichen Arten der emotionalen Spannung oder Intensität. Es gibt einen in meinem Körper spürbaren Unterschied zwischen der angstvollen, diffusen, unzentrierten Spannung und der gebündelten Spannung der Leidenschaft, dem Feuer der Seele, das meinen Freundschaften und meiner Arbeit Energie und Schwung verleiht.

Manchmal fühle ich mich ängstlich und beschließe, es zu ignorieren. Wenn Ängste *immer* ein Warnsignal oder Stoppschild wären, würde ich nie zur Mammographie gehen, aufs Podium steigen, um einen Vortrag zu halten, oder sagen, was ich denke, wenn mir das Herz klopft. Es gibt viele Gelegenheiten, bei denen ich ängstlich oder furchtsam bin und einfach beschließe, mich dadurch nicht an dem, was ich tun muß, hindern zu lassen.

Es gab ein Jahr, in dem ich Todesangst vorm Fliegen oder

vielmehr vorm Abstürzen hatte und dennoch in zahllosen Flugzeugen saß und kreuz und quer durchs ganze Land flog. Wellen von Angst rollten über mich hinweg, wenn ich mir vorstellte, wie das Flugzeug auf dem Boden aufprallte und in Flammen aufging. Diese Angstphantasien begannen schon Tage vor dem Abflug, aber ich flog so viel, daß die Angst sich schließlich legte. Eine andere Therapeutin, die ähnliche Erfahrungen hat, kommentierte dazu: »Wenn Leute dir sagen, daß sie keine Flugzeuge benutzen, weil sie Angst vorm Fliegen haben, glaub' ihnen nicht! Sie fliegen nicht, weil sie keine Flugtickets kaufen.«

Wir müssen unsere Ängste respektieren und achtgeben, was unsere Körper uns damit sagen wollen. Aber wir müssen uns der Angst nicht unterwerfen. Angst ist der schlimmste Feind der Frauen. Und es ist kein Zufall, daß man uns beibringt, Angst zu haben. Angst dient dazu, uns Frauen zu lähmen, uns klein zu halten; sie saugt unsere Energie und Aufmerksamkeit von wichtiger Arbeit ab, sie schränkt unsere Kreativität und unsere Phantasie ein. Angst hält uns in der Enge des Gewohnten fest. Sie bringt uns zum Schweigen. Und wenn wir immer nur warten, bis wir ohne Angst sind, therapiert, analysiert, in Ordnung gebracht – dann haben wir irgendwann zu lange gewartet.

Audre Lorde spricht in ihrem Buch *The Cancer Journals* (»Die Krebs-Tagebücher«) mit großer Eindringlichkeit über dieses Thema: »Eines ist mir klar: Wenn ich warte, bis ich keine Angst mehr habe, zu handeln, zu schreiben, zu sprechen, zu sein, wird es darauf hinauslaufen, daß ich kryptische Botschaften aus dem Jenseits sende, auf einem Ouija-Brett. Wenn ich es wage, stark zu sein, meine Kraft im Dienst meiner Mission einzusetzen, dann wird es weniger wichtig, ob ich Angst habe oder nicht.« Audre Lorde führt uns vor Augen, daß wir der Angst nicht erlauben dürfen, uns zu lähmen und zum Schweigen zu bringen, denn das uns auferlegte Schweigen über unser Leben und unsere Erfahrungen war immer das Werkzeug der Isolation und des Machtverlusts.

Lorde nimmt nicht für sich in Anspruch, die Angst vollkommen überwunden zu haben. In der Schilderung ihrer Reaktionen auf die Krise der Brustkrebserkrankung teilt sie uns mit, daß die Angst eine unwillkommene und unerwünschte Gefährtin bleibt. Aber sie weigert sich, sich der Angst zu beugen oder ihre Energien im Kampf gegen die Angst zu verzetteln. Die Krebserkrankung machte Lorde sogar noch eindringlicher klar, daß es für uns Frauen notwendig ist, unser Schweigen zu brechen, unsere Wahrheiten zu überprüfen und auszudrücken. Sie ermahnt uns, zu arbeiten und uns zu äußern, wenn wir Angst haben, genauso wie wir arbeiten und sprechen, wenn wir müde sind: »Denn wir wurden dazu erzogen, mehr Respekt vor der Angst zu haben als vor unseren Bedürfnissen nach Sprache und Sinnfindung, und während wir schweigend auf den letztendlichen Luxus der Furchtlosigkeit warten, wird das Gewicht dieses Schweigens uns erdrücken.«

Unser Schweigen, so führt Lorde uns vor Augen, gibt uns keinen Schutz. Wir Frauen können ein Leben lang schweigen um unserer Sicherheit willen, und letzten Endes müssen wir doch sterben. Unsere Unsichtbarkeit in der persönlichen und der politischen Sphäre hilft uns vielleicht, uns weniger verletzlich zu fühlen, nimmt uns aber auf lange Sicht nicht die Angst. Lorde schreibt: »Wir können in ewiger Stummheit in unseren Eckchen sitzen, während unsere Schwestern und unser eigenes Selbst verschlissen werden, während unsere Kinder verdreht und zerstört werden, während unsere Erde vergiftet wird; wir können stumm wie Steine in unseren sicheren Winkeln hocken, und wir werden dennoch nicht weniger Angst haben.«

Der Körper reagiert auf Angst nicht unmittelbar mit einer Aufwallung von Mut. Vielmehr suchen wir Trost und Beruhigung, wenn wir ängstlich sind, und das heißt, wir tun das, was uns als Reflex eingeprägt und vertraut ist. Wenn wir unseren »natürlichen Impulsen«, wie wir unsere Konditionierung oft nennen, folgen, lullt uns das in einen seelischen Schlafzustand ein; wir schalten auf Autopilot, und die obersten Prioritäten in unserem Leben sind Sicherheit und Ruhe, statt Wahrheit und Ehre.

Dr. Sonia Johnson ist eine landesweit bekannte Rednerin und Autorin, die einmal für das Amt der Präsidentin der Vereinigten Staaten kandidierte. Sie ließ es nie zu, daß die Macht ihrer Ängste sie an ihrem leidenschaftlichen Streben nach der Entdeckung ihrer eigenen Wahrheiten hinderte. Im Gegenteil: Sie interpretierte ihre erdrückendsten Angsterfahrungen als Beweis dafür, daß sie sich an den tiefsten Schichten der patriarchalen

Tabus zu schaffen machte. Während sie daran arbeitete, die Zwiebelhäute der Indoktrination eine nach der anderen von sich abzustreifen, wurde sie den Impulsen gegenüber, die auf den ersten Blick täuschend natürlich, behaglich, sicher und richtig erschienen, besonders mißtrauisch. Sie lernte schon früh in ihrem feministischen Leben, daß die ersten Emotionen, die sie in einem bestimmten Augenblick in sich wahrnahm, nicht ihre authentischen Gefühle waren. Und in ihrem Bemühen, zwischen ihrer Konditionierung und ihren wahren Gefühlen zu unterscheiden, drang sie immer wieder in fremde, einsame, unbekannte Territorien vor, ganz gleich, wie stark die Angst war, die sie dabei erfüllte.

Ich habe großen Respekt vor Sonias Mut, ins kalte Wasser zu springen und eine radikal neue Vision weiblicher Realität zu entwerfen. Ihr couragiertes Infragestellen all dessen, was das Patriarchat uns als »wahr« und »real« hinstellte, führte sie auf einen überaus bemerkenswerten individuellen Erkenntnisweg, den sie in ihren Büchern überzeugend darlegt. Im Prozeß des Entwerfens und Entdeckens dessen, was in ihr selbst am authentischsten und lebendigsten ist, wandte sie sich von Beziehungen und von Sexualität ab, zumindest in der Form, wie wir anderen (Homo- und Heterosexuelle) diese definieren. Heute könnte Sonia nicht mehr zu ihren früheren Überzeugungen zurückkehren; sie passen ihr nicht mehr, wie Kinderkleider, aus denen sie herausgewachsen ist.

Sonia hat sich von ihrem patriarchal konditionierten Bewußtsein so weit entfernt, daß die meisten, die mit diesem großen Sprung konfrontiert sind, nervös werden. Selbst einige meiner radikalfeministischen Freundinnen sind zu dem Schluß gekommen, daß sie »völlig ausgerastet« sei. Sonia würde dem vielleicht freudig zustimmen, denn sie wies schon früh darauf hin, daß die Wahrheit im Patriarchat umgedreht wurde und daß wir erst den Verstand verlieren müssen, um wirklich zu uns zu kommen und im wahren Sinn gesund zu werden. Als ich sie in den Bergen von Neu Mexico besuchte, stellte ich fest, daß sie alles andere als verrückt ist. Eher empfand ich Ehrfurcht und Liebe angesichts der kühnen Experimente von authentischem Leben, die dort, an jenem magischen Ort, unter Frauen stattfanden.

Aber ich habe nicht weniger Respekt für Frauen, die sich auf

ihren eigenen Wegen der Wahrhaftigkeit und der Selbstentdek-
kung langsamer und vorsichtiger voranbewegen. Vielleicht ist
das so, weil ich selbst eine der Langsameren bin. Ich glaube, daß
der Weg, den wir in unserem Leben nehmen, wichtiger ist als die
Geschwindigkeit, mit der wir auf diesem Weg voranschreiten.
Die Grundlagenarbeit für die Entwicklung von Wahrhaftigkeit
ist für jene unter uns, die sowohl ihr eigenes Selbst als auch ihre
Beziehungen erhalten wollen, gewöhnlich ein langsamer Prozeß. Unsere Körper protestieren nicht nur gegen Täuschung,
sondern warnen uns auch vor den Gefahren überstürzter Aufrichtigkeit.

Den Widerstand respektieren

Maria suchte meine Hilfe zu einer Zeit, in der sie in einem tiefen
Dilemma steckte, bei dem es um Aufrichtigkeit ging. Sie hatte
ihren Eltern nicht gesagt, daß sie seit fast zwei Jahren mit einem
Afroamerikaner in einer festen Liebesbeziehung lebte. Cyrill,
ihr Partner, verlor die Geduld. Zuerst hatte er Maria ermutigt,
ihren Eltern die Wahrheit zu sagen. Dann drängte er darauf.
Jetzt stellte er ein Ultimatum: »Sag' es ihnen, oder es ist aus zwischen uns!« An diesem Krisenpunkt kam Maria zu mir in die
Beratung.

Als Cyrill Kritik an Maria übte, weil sie seine Existenz und
ihre Beziehung vor ihrer Familie geheimhielt, nickte Maria nur
und sagte nichts zu ihrer Verteidigung. Sie sagte, sie hasse sich
selbst für ihre Feigheit, und dennoch bringe sie es einfach nicht
über sich, ihren Eltern die Wahrheit zu sagen, weil sie ihre Ab-
lehnung fürchte. Cyrill argumentierte, wenn Marias Eltern ihre
Tochter ablehnten, seien sie all die Sorge nicht wert, und Akzeptanz, die auf Täuschung aufgebaut sei, habe ohnehin keine
Bedeutung.

Marias Schweigen stand im Widerspruch zu ihren eigenen
Wertvorstellungen. Trotzdem fühlte sie sich handlungsunfähig.
Einen Monat zuvor hatte sie ihre Eltern besucht, in der Absicht,
ihnen von Cyrill zu erzählen. Aber ihr wurde so elend zumute,
daß sie ihren Plan nicht in die Tat umsetzte. Ihr Körper rebel-
lierte immer wieder – nicht gegen die Täuschung, sondern gegen die Offenlegung ihres Geheimnisses. Als sie einmal nur in

ihrer Phantasie ein Gespräch mit ihrer Mutter vor sich ablaufen ließ, in dem sie von ihrer Liebe zu Cyrill und ihrer Absicht, ihn zu heiraten, erzählte, bekam sie krampfartige Rückenschmerzen.

Maria meinte, daß sie ihren Widerstand niederkämpfen müsse. Sie verglich sich zu ihren Ungunsten mit Cyrill, der sich nicht versteckte, obwohl seine Eltern mit vehementem Widerstand darauf reagierten, daß ihr Sohn eine Frau gewählt hatte, die nicht ihrer ethnischen Gruppe und Kultur angehörte. Trotzdem trat Maria auf der Stelle. Dann, als wir ein Genogramm von Marias Familie erstellten und uns klarmachten, wie Familienmitglieder im Lauf der Generationen mit Unterschieden und Abweichungen umgegangen waren, begann Marias »aus dem Bauch heraus« gefühlter Widerstand Sinn zu ergeben.

Familien haben unterschiedliche Muster im Umgang mit Ängsten und emotionalen Spannungen. Über vier Generationen hinweg hatte Marias Familie ein vorherrschendes Muster entwickelt, unter Streß mit Beziehungen zu verfahren: Man brach den Kontakt ab. Viele Familienmitglieder hatten Verbindungen abgebrochen, wenn Meinungsverschiedenheiten zutage traten. Wenn man aufeinander wütend war, sprach man während der nächsten Jahrhunderte nicht mehr miteinander.

Die angegebenen »Gründe« für das Abbrechen der Kontakte gingen über das ganze Spektrum vom Heiligen bis zum Absurden. Marias irische Großeltern zum Beispiel erlaubten ihrer Tochter nie mehr, ihr Haus zu betreten, nachdem sie einen Nicht-Katholiken geheiratet hatte und zur Konfession ihres Mannes konvertiert war. Die Geschwister ihres Vaters sprachen nicht mehr miteinander, nachdem sie sich über die Verteilung des geringen Erbes, das ihre Mutter hinterlassen hatte, nicht einigen konnten. Marias Onkel mütterlicherseits brachen nach einer Fehde über gemeinsam begonnene Geschäfte den Kontakt zueinander ab. Mehrere Cousinen und Cousins ersten Grades hatten sich nie kennengelernt, weil ihre Eltern miteinander verfeindet waren. Vergebung stellte in der Familie keinen hohen Wert dar. Wenn einem etwas Übles angetan wurde, vergaß man es nicht. Eine bekannte Familientherapeutin, selbst Irin, nannte dies im Scherz das »irische Rache-Syndrom«.

Cyrills Familie hatte, wie die meisten Familien, ebenfalls

Schwierigkeiten im Umgang mit Unterschieden. Aber obwohl es unter Familienmitgliedern zu Wutausbrüchen und Szenen kam, wurden die emotionalen Verbindungen nicht abgebrochen. Am Ende galt immer, daß Blut dicker sei als Wasser. Wer zur Familie gehörte, war und blieb Familienmitglied, auch wenn mit Klatsch und Mißbilligung über die verrückten Verwandten nicht gespart wurde. Soweit Cyrill wußte, war kein Familienmitglied je wegen eines Konflikts oder einer Meinungsverschiedenheit aus der Familie ausgestoßen worden.

Maria und Cyrill waren beide mit einer rassistischen Gesellschaft konfrontiert. Und beide würden sich mit den Reaktionen ihrer jeweiligen Freundes- und Kollegenkreise auf ihre Beziehung auseinandersetzen müssen. Aber sie waren nicht mit derselben Familie konfrontiert. Wie konnte Maria sich der Herausforderung stellen, die Wahrheit zu sagen, angesichts der familiären Tradition des Abbrechens von Beziehungen? Das war ihre Schwierigkeit. So wie ich es sah, signalisierte ihr Körper ihr, langsam und mit großer Umsicht vorzugehen.

Und das tat sie auch. Maria bewegte sich im Tempo eines schmelzenden Gletschers voran, aber sie bewegte sich. Sie legte das Fundament für Wahrhaftigkeit, indem sie zunächst den Kontakt zu beiden Eltern intensivierte. Bevor sie ihnen von Cyrill erzählte, brachte sie immer wieder Gespräche darüber in Gang, wie unterschiedliche Haltungen und Einstellungen in der Familie bewältigt wurden. Sie fragte nach Verwandten, die ausgeschlossen worden waren oder denen die »Mitgliedschaft« in der Familie verweigert wurde, weil sie andere Wertvorstellungen hatten oder sich anders verhielten. Sie sagte ihren Eltern, wie schmerzlich es für sie wäre, wenn ein Familienmitglied ihre Existenz ignorieren würde.

Vor allem führte Maria alle diese Gespräche mit Liebe und aus einer emotionalen Einstellung heraus, die von Vorwürfen oder Schuldzuweisungen frei war. Obwohl sie auf Akzeptanz hoffte, war sie nicht mehr so ängstlich darauf fixiert, daß ihre Verwandten sich änderten oder in einer bestimmten Weise reagierten. Als sie ihren Eltern dann tatsächlich von Cyrill erzählte, zwei Monate nach unserer ersten Sitzung, fühlte sie sich gut dabei, weil sie ihren Anteil an dem Prozeß auf eine solide, eindeutige Weise einbrachte. Sie bekam nicht die Akzeptanz, die sie sich erhofft hatte, aber sie wurde auch nicht aus ihrer Familie ausgestoßen. Als ich in dieser Weise mit Maria arbeitete, wollte ich nicht, daß sie sich ihren Ängsten beugte. Ich wünschte mir allerdings, daß sie ihre Ängste respektierte. Der Körper, der mit dem Unbewußten in enger Beziehung steht, verfügt über eine besondere Weisheit, was die Wahl des richtigen Zeitpunkts angeht. Wenn wir zuviel Angstspannung in uns aufnehmen, müssen wir gewöhnlich innehalten oder andere Pläne entwerfen.

Der Körper speichert die Wahrheit

Der Körper sucht nicht nur Wahrheit – auch hier wieder im Unterschied zu momentaner Ehrlichkeit zu verstehen –, sondern er speichert die Wahrheit auch, um es einmal so auszudrücken. Wenn wir bereit sind, gibt der Körper uns Hinweise auf schmerzhafte Wahrheiten, die wir aus unserem wachen Bewußtsein verdrängt haben. Viele von uns erhalten das kostbare Geschenk des Erinnerns zuerst durch den Körper.

Nehmen wir das Problem des frühen sexuellen Mißbrauchs und wie wir zuerst an die Erinnerungen herankommen: Eine Freundin erlebte einen »Tornado«, der sich durch ihre Brust nach oben bewegte, eine intensive Körpererfahrung, die überraschend über sie hereinbrach, als sie ein Buch über Inzest durchblätterte. Diese physische Reaktion war ihre erste bewußte Erinnerung an eine traumatische Mißbrauchserfahrung, die sich in einem Zug ereignete, als sie vier Jahre alt war. Eine andere Freundin begann im Lauf ihrer Psychoanalyse »Erstickungsgefühle« in der Kehle zu empfinden, begleitet von Schluckschwierigkeiten. Gleichzeitig mit ihren Träumen, einer anderen Hauptquelle der Wahrheit und des intuitiven Wissens, vermittelte ihr Körper ihr allmählich die Erinnerung an eine traumatische Kindheitserfahrung: Sie war von einem Onkel oral mißbraucht worden.

Der Körper vergißt nicht. Es ist nicht ungewöhnlich, daß Menschen bei Bewegungs- oder Atemübungen, Tiefenmassage oder anderen Arten von Körperarbeit an traumatische Erinnerungen herankommen. Das Körper-Unbewußte »weiß« mit tiefer Sicherheit, welche Wahrheiten wir zu einem bestimmten Zeitpunkt verarbeiten können und in welcher Dosierung. Die

Rückkehr der Erinnerung – zusammen mit den authentischen Gefühlen, die mit dem frühen Trauma verbunden waren – markiert den Anfang von Transformation und Heilung. Wenn wir uns zum Beispiel an einen Vorfall von sexuellem Mißbrauch erinnern, können wir den Ereignissen unseres vergangenen und gegenwärtigen Lebens mehr Sinn entnehmen, denn wir sehen unsere Welt und uns selbst mit neuer Klarheit. Das Geschenk der Erinnerung erhalten wir gewöhnlich nicht zuerst dadurch, daß wir »über die Probleme nachdenken«, obwohl Nachdenken wichtig ist, wenn wir herauszufinden versuchen, wie wir neues Wissen verarbeiten können und wie wir dann weitergehen.

Natürlich sind unser Geist-Unbewußtes und unser Körper-Unbewußtes nicht wirklich getrennte Bereiche. Zugegeben, manchmal erfahren wir sie als getrennt, wie in den Beispielen, die ich anführte, für Situationen, in denen der rationale Verstand »Los!« sagt, und das Körper-Unbewußte sagt »Nein!«. Wir können sogar unterschiedliche Wege des Wissens erfahren und beschreiben, so als wären wir eine Zusammensetzung verschiedener Seelen oder Selbstaspekte, die in unterschiedlichen Sphären zu Haus sind.

Ich frage zum Beispiel eine Bekannte danach, wie sie an ihre tiefsten Wahrheiten herankommt, und sie erzählt mir von ihrem intuitiven Selbst, ihrem intellektuellen Selbst, ihrem spirituellen Selbst und ihrer Körperweisheit. Sie spricht auch über »die weise Frau in mir«, das »innere Kind«, über ihre »maskulinen« und »femininen« Selbstaspekte. Diese Unterscheidungen können hilfreich sein, aber sie sind nicht real. Die Kategorien, die wir aufstellen, spiegeln unser begrenztes Verständnis der unendlich komplexen und mysteriösen Wege wider, auf denen wir unser Selbst erfahren und unsere Wahrheiten finden, fühlen und aufnehmen.

Liebe und Verbundenheit

Leider gibt es keine Decodierungs-Handbücher für die Entschlüsselung von Körpersignalen. Natürlich können wir die Botschaften unseres Körpers in ruhigen, meditativen Momenten besser »lesen« als in spannungsgeladenen, hektischen Zeiten. Und wir sind auch nur dann mit unseren Körpern auf einer

Wellenlänge, wenn wir sie wirklich lieben und würdigen. Mit einem Feind können wir keine frei fließende Kommunikation haben. Entfremdung von unseren Körpern führt dahin, daß wir selbst elementare Signale wie Hunger und grundlegende Bedürfnisse, die sich auf Körperkontakt beziehen, ignorieren. Die wenigsten von uns essen, wenn sie hungrig sind, hören auf zu essen, wenn sie nicht mehr hungrig sind, oder erkennen überhaupt, was der Körper signalisiert. Vielmehr sind zahllose Frauen im Teufelskreis von nutzlosen Abmagerungskuren und Selbstverachtung gefangen. Unsere Sexualität ist in ähnlicher Weise mit emotionalem Gepäck befrachtet. Viele von uns haben Schwierigkeiten damit, im Hier und Jetzt zu bleiben und zu fühlen, was sie fühlen – oder eben nicht fühlen. Statt dessen treiben wir unsere Körper vielleicht zur Erregung oder zum Orgasmus an. Unsere Aufmerksamkeit verschiebt sich darauf, wie wir aussehen, was der Partner denkt, ob wir zu lange brauchen, um heiß zu werden, zu kommen, oder was auch immer.

Seit etwa einem Jahr habe ich damit experimentiert, auf die Botschaften meines Körpers zu lauschen, sie zu würdigen, und mich nicht zu etwas zu zwingen, was ich in diesem Augenblick nicht fühle. Ich kann nicht eigentlich von Erfolg mit diesen Experimenten sprechen, sondern eher von der tiefen Einsicht in die vielfach übereinandergelagerten Schichten weiblicher Konditionierung, die uns Frauen von einer wirklich liebenden respektvollen Verbundenheit mit unserem Körper-Selbst fernhält und somit auch von einem tieferen Wissen um unsere Kraft und unsere individuellen Wahrheiten.

Als Frauen werden wir dazu erzogen, unsere Körper zu hassen und uns von ihnen abzuspalten. Auf meinem Schreibtisch liegt zum Beispiel eine ganzseitige Anzeige, die für zwei Schönheitskliniken mit vollem Service wirbt. Das Bild zeigt eine attraktive junge Blondine in rosa Dessous, die eine einzelne Rose in der Hand hält. »Das Leben wird schöner, wenn Sie schöner werden«, lautet der Slogan, und der Anzeigentext lädt Frauen zum »natürlichen«(!) Prozeß der Verschönerung durch plastische Chirurgie ein. Das »Verschönerungsprogramm« bietet unter anderem Bruststraffung, -vergrößerung und -verkleinerung, Nasen- und Ohrenkorrektur, Gesichts-, Stirn- und Hals-Lifting, Korrektur der Augenlider, Kinnstraffung und Absaugen von Körperfett am Bauch, an den Oberschenkeln oder Hüften, um uns Frauen mit der »Schönheit, dem Selbstvertrauen und der Gesundheit« (ja, wirklich: »Gesundheit«) auszustatten, die wir der Außenwelt gegenüber ausstrahlen möchten.

Es hat keinen besonderen Sinn, die Industrie der plastischen Chirurgie, die Kosmetikindustrie, die Diätindustrie, die Modeindustrie oder die Pornoindustrie herauszugreifen und als Quelle des Übels festzumachen. Alles, was wir darüber lernen, »eine wirkliche Frau zu sein«, »wie andere Frauen zu sein« oder »den Männern zu gefallen«, geht mit massiven Formen von Täuschung, Verheimlichung und Selbstverrat einher, was letztlich zu Scham, Entfremdung und Abspaltung von unserem Körper-Selbst führt und sogar zur Verleugnung unseres Standorts im Lebenszyklus. Ist es nicht aberwitzig, daß man uns beibringt, unser Alter zu verschweigen, zu verleugnen oder Witze darüber zu machen? Warum sollte irgendeine von uns sich tatsächlich darauf einlassen, die Zahl der Jahre, die sie gelebt hat, zu verheimlichen und so die absurde Vorstellung weiterzutransportieren, daß Altern etwas Beschämendes oder Minderwertiges sei? Ist Altern nicht ein Teil des menschlichen Lebens?

Es ist nicht nur möglich, sondern für uns alle völlig natürlich, unsere Körper zu lieben und uns schön zu finden, ganz gleich wie unterschiedlich wir aussehen, wie alt, invalid oder kampfgezeichnet wir sind. Ich liebe Audre Lordes Schilderung, wie sie sich nach ihrer Brustamputation gegen eine Brustplastik entscheidet und beschließt, als stolze, einbrüstige Schwarze Kriegerin in die Welt hinauszugehen; wie sie zu der Kraft findet, die aus ihrer eigenen Wahrnehmung ihres Körpers kommt; wie sie den Mut aufbringt, in Frage zu stellen, was wir als normal zu betrachten gelernt haben, das heißt, was wir für die richtige Farbe, Körperform, Größe oder Anzahl von Brüsten halten. Ich bin auch beeindruckt von einer Vision, die sie vor mehr als zehn Jahren beschrieb, von einer Armee einbrüstiger Frauen, die nach Washington vor den Kongreß ziehen und verlangen, daß der Gebrauch krebserzeugender fettspeichernder Hormone bei der Rindermast gesetzlich geächtet wird.

Es geht nicht um einzelne Dinge, die wir tun: Kleidung und Schuhe zu tragen, die unbequem sind und unseren Bewegungsspielraum einengen, unser graues Haar, unsere Falten, unsere natürlichen Körpergerüche zu überdecken, zu küssen und zu umarmen, wenn wir keine Verbundenheit und kein Verlangen empfinden, zu essen, wenn wir nicht hungrig sind. Keine einzelne dieser Verhaltensweisen in ihrer Alltäglichkeit ist als solche ein großes Problem. Aber wenn wir das alles zusammennehmen und das größere Bild betrachten, die zahllosen Mittel und Wege, durch die man uns beibringt, daß wir nicht uns selbst gehören, dann sehen wir eine totale Erosion der Verbundenheit mit unserem Körper-Selbst, der Liebe zu unseren Körpern und dessen, wofür diese Liebe und Verbundenheit stehen. Wir alle sind die Produkte einer Kultur, aber wir sind auch Gestalterinnen von Kultur. Hier stehen wir vor der ältesten und wesentlichsten aller feministischen Herausforderungen: einen Kontext zu schaffen, in dem wir unsere Bedürfnisse und unsere Ästhetik authentischer definieren können und mit unseren Körpern und der Art, wie wir sie benutzen wollen, wirklich in Kontakt sein können.

13. Kapitel

Könnte mein wahres Ich sich bitte melden?!

Pat Parker, eine Dichterin voller Humor und leidenschaftlichem Engagement, sagte einmal einer Freundin, sie warte auf die Revolution, die ihr erlaube, alle Teile ihrer Persönlichkeit mitzunehmen, wohin sie auch immer gehe, und »nicht einem davon sagen zu müssen: ›Nein, du mußt heute abend zu Haus bleiben, du wirst unwillkommen sein, denn ich gehe zu einer Party unter Weißen, wo ich eine Lesbe sein kann, aber keine Schwarze. Oder ich gehe zu einer Lesung afroamerikanischer Literatur, und die Hälfte aller Anwesenden ist anti-homosexuell.‹«

Parker, die 1989 starb, verbrachte ihr Leben nicht damit, sich zurückzulehnen und auf eine solche Revolution zu warten. Zusammen mit zahllosen anderen Frauen machte sie diese Revolution. »Wenn ich als schwarze Dichterin angekündigt werde, lese ich Lesbengedichte«, sagte sie einmal. Die meisten von uns sind nicht so kühn, aber mit dem, was Parker über die Selbstaspekte sagt, die sie zu Hause lassen muß, können wir uns wahrscheinlich alle identifizieren.

Es ist nicht so, daß Frauen ermahnt würden, wichtige Aspekte ihres Selbst zu verschweigen oder zu verbergen. Ganz im Gegenteil: Wir sind überall von Expertenmeinungen umgeben, die uns ermutigen, unser »wahres Selbst« auszudrücken, ganz gleich, wieviel Wut oder Mißbilligung von seiten anderer wir damit hervorrufen. Solche Ratschläge, die ich manchmal auch selbst erteilt habe, sind sowohl gerechtfertigt als auch absurd. Sie sind gerechtfertigt, weil es unbestreitbar eine gute Idee ist, wahrhaftiger zu leben. Das Diktat »Sei du selbst« ist ein kulturelles Klischee, dem man durchaus zustimmen kann, und außerdem ist auch niemand sonst für diesen Job qualifiziert, wie eine Freundin spöttelt. Es gibt zweifellos Augenblicke, in denen wir den Mut aufbringen müssen, unsere Überzeugungen klarzustellen und zu vertreten, selbst wenn wir danach das Gefühl haben, isoliert und einsam zu sein. Und es würde uns auch sicher allen guttun, uns weniger an andere anzupassen und mehr auf unsere eigene innere Stimme zu hören. Aber der Rat »Sei du selbst« – und die Aufforderung, das wahre Selbst unabhängig vom Kontext und von den Reaktionen anderer zu vertreten – ist ebenso absurd, wie er gültig ist. Zunächst einmal sind wir alle Beziehungswesen, die Zustimmung und Bestätigung von Menschen brauchen, die uns wichtig sind. Unser Wunsch, gewürdigt zu werden und dazuzugehören, spiegelt keine exzessive Abhängigkeit wider, sondern er ist Ausdruck eines grundlegenden, dauerhaften menschlichen Bedürfnisses.

Außerdem gibt es kein in sich geschlossenes, endgültiges wahres Selbst, das wir der Welt zeigen oder verbergen können. Vielmehr definieren und erweitern die Besonderheiten unserer jeweiligen Situation das, was wir in uns selbst als echt und authentisch betrachten. Im menschlichen Leben kommt nie der Moment, in dem das Selbst fertig oder fest etabliert ist. Es kommen immer wieder neue Situationen, die umdefinieren, wer wir sind. Es ist nicht nur die Frage, was wir anderen *präsentieren*, sondern auch, wer wir in veränderten Kontexten *werden*.

Nehmen wir zum Beispiel den Arbeitsplatz. Die Geschichte von Angela und Jane führt uns vor Augen, daß Menschen nicht einfach ihr wahres Selbst in den Beruf hineintragen. Arbeitsplätze und ihre Bedingungen erzeugen auch Persönlichkeiten. Denken Sie daran, daß Angela sich in einer Arbeitssituation, die wenig Entwicklungsmöglichkeiten bot, wie eine Frau verhielt (verbindlich, an Menschen orientiert und ohne Ehrgeiz). Aber als ihr wirtschaftlicher Aufstieg und Statusgewinn geboten wurden, benahm sie sich eher wie ein Mann.

Männer in »Sackgassen-Jobs« nähern sich in ähnlicher Weise dem weiblichen Stereotyp an. Die Soziologin Rosabeth Moss Kanter wies darauf hin, daß Männer in Jobs, die wenig oder keine Entwicklungsmöglichkeiten bieten, »ihre Ambitionen einschränken, in Aktivitäten außerhalb der Berufsarbeit Befriedigung suchen, Fluchtphantasien entwickeln, ihre Berufsentwicklung unterbrechen ... und gesellige Gruppen von Gleichen begründen, in denen zwischenmenschliche Beziehungen vor anderen Aspekten der Arbeit Vorrang haben«. Viele Geschlechterunterschiede, die wir für naturgegeben oder wahr hielten, lösen sich auf oder kehren sich sogar in ihr Gegenteil um, wenn der Kontext sich verändert. Wir können das komplizierte Gewebe von Situation und Selbst nie entwirren, weil das Selbst nicht in Isolation existiert. Zum Beispiel sind die weiblichen Merkmale, Qualitäten und Verhaltensweisen, die als die typischen Stärken und Schwächen unseres Geschlechts identifiziert wurden, identisch mit jenen Charakteristika, die wir in untergeordneten, unterdrückten, entmachteten Gruppen finden. Was beobachten oder bewerten wir dann also wirklich, wenn wir ein Merkmal oder eine Verhaltensweise als »männlich« oder »weiblich« definieren? Erst nachdem wir unsere Situation verändert haben oder jemand anders sie für uns verändert, erkennen wir, wie bemerkenswert kontextabhängig unser wahres Selbst – ob männlich oder weiblich – sein kann.

Ein Seminar auf dem Fluß

In einem Anfall von Dummheit oder Mut akzeptierte ich eine Einladung, zusammen mit einer Gruppe von Kollegen ein Managerseminar über das Verständnis menschlicher Verhaltensweisen abzuhalten. Ich hatte vorher schon Erfahrung mit Managerseminaren, als Referentin und als Leiterin kleiner Trainingsgruppen, also war mir diese Art von Arbeit nicht neu. Dieses spezielle Seminar sollte allerdings nicht auf dem mir vertrauten Gelände des Menninger-Kongreßzentrums stattfinden. Vielmehr war geplant, den einwöchigen Manager-Workshop mit Wildwasserfahrten auf dem Yampa- und dem Green River in Utah und Colorado zu verbinden, ein Vorhaben, das vom Outward Bond Programm des Staates Colorado unterstützt wurde. Eine Kerntruppe der Menninger-Stiftung hatte schon mehrfach solche Flußfahrt-Seminare geleitet, und einige Mitarbeiter waren bereits regelrechte Wildwasser-Veteranen. Aber für mich war es das erste Mal.

Ob zu Wasser oder zu Lande – Frauen in hohen Manager-Positionen sind ein zahlenmäßig geringer Posten. Dies stellte unsere Seminarleitung vor ein Dilemma, denn wir mußten über

die Zusammensetzung der kleinen Diskussionsgruppen entscheiden, die zweimal täglich zusammenkommen sollten; das
gehörte zu den zentralen Aspekten der Workshop-Erfahrung.
Da die männlichen Teilnehmer bei weitem überwogen, waren
die Alternativen für die Gruppenzusammensetzung begrenzt.
Wir konnten in jede Gruppe eine Frau oder zwei Frauen einstreuen. Oder wir konnten zwei gemischte Gruppen und vier
rein männliche Gruppen bilden. Oder wir konnten alle Frauen
in einer kleinen Gruppe zusammenfassen. Ich sprach mich für
die letzte Option aus und erbot mich – als einzige Frau in der
Seminarleitung – diese Gruppe zu übernehmen. Die erste Lösung – eine Frau oder zwei Frauen in jeder Männergruppe –
lehnte ich ab, weil ich wegen der negativen Auswirkungen des
Alibistatus Bedenken hatte. Von Alibistatus beziehungsweise
Alibipersonen sprechen wir, wenn Angehörige von Minderheiten in Organisationen oder Gruppen bewußt in eine prestige-
trächtige Position plaziert werden, um den Anschein von Chancengleichheit zu erwecken, obwohl es für dieses Ziel kein echtes
Interesse gibt. Alibistatus bezieht sich jedoch auch auf die bloße
Tatsache des zahlenmäßigen Unterrepräsentiertseins, unabhängig davon, wie es dazu kam oder warum es aufrechterhalten
wird. Die negativen Auswirkungen des Alibistatus müssen nicht
unbedingt die zweifelhaften Absichten der Führung widerspiegeln, sind aber in jedem Fall die Folge der unausgewogenen
Gruppenzusammensetzung. In unausgewogenen Gruppen, in
denen ein bestimmter Mitgliedtypus bei weitem überwiegt, sind
die »seltenen« Individuen die Alibipersonen.

Die Handvoll Frauen, die an dem Flußfahrt-Seminar teilnahmen, waren in ihren Arbeitsumgebungen Alibipersonen. Genau
wie sie war auch ich innerhalb der Menninger-Mitarbeiter-
gruppe die Alibifrau. Wenn wir alle Frauen in einer kleinen
Gruppe zusammenfaßten, argumentierte ich, könnten wir ihnen einen gemeinsamen Kontext geben, in dem sie nicht weiterhin das voraussehbare Schicksal von Alibipersonen innerhalb
der Gruppe zu erleiden hatten.

Worin besteht ein solches Schicksal? Rosabeth Moss Kanter
schildert in ihren Arbeiten über den Alibistatus dasselbe, was
auch ich am Verhalten der zahlenmäßig Unterrepräsentierten
beobachtete. Alibipersonen haben in der Regel das Gefühl,

mehr als andere leisten zu müssen, während sie gleichzeitig dazu neigen, im Hintergrund zu bleiben und ihre Erfolge herunterzuspielen. Die Angst vor öffentlichem Hervortreten, die sich bei den zahlenmäßig Unterrepräsentierten so häufig manifestiert, ist ein weiterer Schlüssel zum Verständnis des »Angst-vor-Erfolg-Syndroms«, das wir bei Frauen und anderen an den Rand gedrängten Gruppen beobachten. Bei den zahlenmäßig Unterrepräsentierten kommt es gewöhnlich dahin, daß sie konformistisch werden und sich Stereotypen anpassen – oder daß sie sich im Kampf gegen Stereotypen zu weit aus dem Fenster lehnen. In beiden Fällen schließt der Aufwand an Wachsamkeit und Anstrengung gewöhnlich die Option aus, sich zu entspannen und sich dem eigenen Selbst gemäß zu verhalten.

Alibipersonen zeigen in aller Regel exzessive Loyalität gegenüber der dominanten Gruppenkultur und bilden keine Allianzen mit anderen Alibipersonen, durch die sie in der Gruppe an Einfluß gewinnen könnten. Die zahlenmäßig Unterrepräsentierten sind unfähig, untereinander effektive Unterstützungssysteme zu etablieren, und stoßen bei Ihresgleichen auf Widerstand, wenn sie den Versuch unternehmen (»Ich habe einfach nicht das Bedürfnis, mich mit den anderen Frauen zu treffen«; »Was werden die Leute denken, wenn sie alle Schwarzen einmal in der Woche beim Lunch zusammenhocken sehen?«).

Letztlich unterminieren Alibipersonen die dominante Gruppenkultur nicht, sondern festigen sie eher. In einer asymmetrischen Gruppe kommt übertriebenes Macho-Gehabe zum Beispiel häufiger vor und wird eher toleriert als in einer Gruppe, in der Frauen entweder völlig abwesend oder gut repräsentiert sind. Umgekehrt kann es auch so sein, daß die Mitglieder der dominanten Gruppe sorgfältig darauf achten, was sie in Anwesenheit der Alibipersonen sagen. Sowohl das Macho-Gehabe als auch die »Nicht-vor-den-Damen«-Haltung sind Mittel, Männlichkeit hervorzuheben und die Frauen zu isolieren.

Die Alibipersonen selbst tragen unwissentlich dazu bei, den Status quo zu erhalten, statt ihn anzugreifen. Wenn Frauen in Alibizahlen in männliches Gruppenleben einbezogen werden – zum Beispiel in den amerikanischen Elite-Medizinhochschulen oder beim Militär –, werden sie nicht als Individuen betrachtet, sondern als Vertreterinnen ihrer Gattung. Der immense Druck,

»so hart zu sein wie ein Kerl« oder nichts zu tun, was »aus dem Rahmen fällt«, macht es diesen Frauen schwer, andere Frauen zu unterstützen oder sich mit anderen Frauen zu identifizieren. Außerdem erhöhen die Befriedigung, die es mit sich bringt, als etwas Besonderes betrachtet zu werden, und das Privileg, eine Position innezuhaben, die Mitgliedern der eigenen Gruppe vorher unzugänglich war, den Konformitätsdruck noch mehr.

Wenn die Zahlenverhältnisse in der Gruppe sich jedoch verändern, werden Alibipersonen zu einer Minderheit und haben die Möglichkeit, sich anders zu verhalten. Angehörige von Minderheiten können untereinander Verbündete finden, Koalitionen bilden und schließlich die Kultur der gesamten Gruppe beeinflussen. Ausgewogene Gruppen erlegen ihren Mitgliedern die geringsten Beschränkungen auf und bieten die größten Chancen, daß Menschen sich natürlich verhalten können und objektiv gesehen werden. Wenn Gruppen in einen ausgewogenen Zustand übergehen, können ihre Mitglieder sich als Individuen aufeinander beziehen, statt als Repräsentanten eines bestimmten Typus oder einer bestimmten Art. Kanters Arbeit zeigt, daß Alibipersonen sich der Zwänge und Beschränkungen, die mit dem Alibistatus einhergehen, erst bewußt werden, nachdem die relativen Zahlen sich verschoben haben und sie keine Alibipersonen mehr sind.

Ein so simpler Faktor wie die zahlenmäßige Repräsentanz hat also einen tiefgreifenden Einfluß auf unsere Erfahrungen im Gruppenleben und in der Welt von Organisationen und Unternehmen und bestimmt darüber, wieviel von unserem wahren Selbst wir wahrnehmen und ausdrücken können.

Aber meine Bedenken in bezug auf die negativen Auswirkungen des Alibistatus waren nicht der einzige Grund dafür, daß ich bestrebt war, bei dem Flußfahrt-Seminar eine reine Frauengruppe zu etablieren. Ich weiß, daß Frauengruppen für Frauen eine große Hilfe sind, sich selbst mit Phantasie und ohne Zwänge zu definieren, und ich hatte viel Erfahrung sowohl als Beraterin als auch als Mitglied solcher Gruppen. Auch die Männer würden in einer reinen Männergruppe mehr Gelegenheit haben – sie selbst zu sein – als in einer Gruppe mit einer Frau unter lauter Männern.

Der Seminarleiter stimmte der gleichgeschlechtlichen Gruppenzusammensetzung zu, und ich war zufrieden. Dabei vergaß ich, daß Alibipersonen sich mit der Mehrheitskultur identifizieren, und nahm so fälschlich an, daß die Workshop-Teilnehmerinnen meinen Enthusiasmus teilen würden.

Unbeschreiblich weiblich?

Der Widerstand, dem ich begegnete, als meine kleine Gruppe zum ersten Mal zusammenkam, traf mich völlig unvorbereitet. Die Frauen fühlten sich wie eine niedrigere Kaste, der man den Zugang zum wirklichen Geschehen verweigerte, und verlangten zu wissen, wie es zu diesem Akt der Absonderung gekommen war. Die Männer waren zufrieden, daß sie unter sich sein konnten, aber die Frauen fühlten sich ghettoisiert. In ihren negativen Äußerungen über die Zusammensetzung unserer Gruppe lag implizit eine Aufwertung der Männer und eine Abwertung der Frauen.

Als ich während einer abendlichen Arbeitsbesprechung mit der Seminarleitung von meiner Gruppenerfahrung erzählte, waren meine Kollegen nicht überrascht. Natürlich ziehen Frauen gewöhnlich die Gesellschaft von Männern vor. Haben Frauen sich in bezug auf sexistische Einstellungen nicht immer wie Komplizinnen verhalten und ihre eigenen Aktivitäten im Vergleich zu dem, was Männer tun, als minderwertig eingestuft? Aus dieser Perspektive betrachtet verhielten die Frauen sich schlicht und einfach »wie Frauen«. Das war nichts Besonderes.

Aber drückte sich in der Abwehrhaltung meiner Gruppe eher das Geschlechtstypische oder eher der Alibistatus der Frauen aus? War das, was ich beobachtete, bei Frauen natürlich und unveränderlich, oder stand ich vor dem Resultat eines unnatürlichen Kontexts, eben der zahlenmäßigen Unterrepräsentation?

Vergleichen wir das Flußfahrt-Seminar mit einer anderen Aktivität, einem feministischen Kongreß etwa, wo die Frauen keinen Alibistatus haben, sondern die aktiven Gestalterinnen der Gruppenkultur sind und die Leitfiguren, die in dieser Kultur den Ton angeben. Was geschieht, wenn Alibipersonen zu Dominierenden werden?

Hier ist ein Beispiel: Meine Freundin und Kollegin Marianne

Ault-Riché und ich leiteten als Team von 1984 bis 1990 die jähr-
lich stattfindenden nationalen Frauenkongresse im Menninger-
Zentrum. Da kleine Diskussionsgruppen zum Programm gehörten, kämpften Marianne und ich in all diesen Jahren immer
wieder mit dem Dilemma der Gruppenzusammensetzung. Wie
sollten wir die Handvoll Alibipersonen – in diesem Fall Männer –, die an den Kongressen teilnahmen, auf die Gruppen ver-
teilen?

Da wir mit der Literatur über Alibistatus und Alibifunktion
vertraut waren, achteten wir darauf, nicht weniger als drei Männer zusammen in einer Diskussionsgruppe zu plazieren. Bei unserem ersten Kongreß gab es zwei gemischte Gruppen und vier
reine Frauengruppen. Beschwerden kamen vor allem von den
Frauen aus den gemischten Gruppen; sie waren wütend und
enttäuscht, daß sie nicht an den reinen Frauengruppen teilneh-
men konnten. Bei den beiden nächsten Kongressen faßten wir
alle Männer in einer kleinen Gruppe zusammen, die von zwei
männlichen Assistenten geleitet wurde. Diesmal waren die
Frauen zufrieden, aber die Männer beklagten sich bitterlich.
Obwohl in der Kongreßbroschüre klargestellt worden war, daß
es gleichgeschlechtliche Diskussionsgruppen geben würde,
fühlten die Männer sich einmütig betrogen, an den Rand gedrängt und von den eigentlichen Lernerlebnissen und emotionalen Erfahrungen des Kongresses ausgeschlossen. Wie aufgrund ihrer Position als zahlenmäßig Unterrepräsentierte zu
erwarten war, verhielten sich die Männer beim feministischen
Kongreß genauso wie die Frauen beim Flußfahrt-Seminar.

Aus meiner Sicht verhielten die Frauen beim Flußfahrt-Seminar sich nicht »wie Frauen«. Sie verhielten sich vielmehr, wie
Menschen sich in einem bestimmten Kontext verhalten: Sie waren die zahlenmäßig Unterrepräsentierten, »ihre Art« hatte keinerlei Macht inne – die Managerseminare wurden von Männern initiiert und geleitet –, und ihre Gruppenleiterin war das
neueste Mitglied des Mitarbeiterstabs und außerdem am ängst-
lichsten und am wenigsten kompetent, was Wildwasserfahrten
anging. Die Mitglieder meiner kleinen Gruppe überwanden
ihre anfängliche Enttäuschung und veränderten ihr Verhalten
tatsächlich. Aber wir können die Auswirkungen des Alibistatus
nie völlig überwinden. Die Alibipersonen selbst beklagen sich

gewöhnlich nicht, sondern fühlen sich sogar geehrt, zur Gruppe der Dominierenden zu gehören. Aber wir können uns nicht einmal annähernd vorstellen, wie das natürliche Gruppenverhalten von Alibipersonen aussieht, ehe die relativen Zahlenverhältnisse sich ändern und der Alibistatus aufgehoben ist.

Der Alibistatus ist nur eine der zahlreichen Variablen, die Einfluß darauf haben, wie natürlich wir uns in Gruppen verhalten und was wir in bezug auf uns selbst und auf andere als wahr oder real betrachten. Es ist jedoch durchaus keine neue, aufregende Entdeckung, daß wir permanent durch den Kontext und die Umstände beeinflußt werden – durch Macht oder Machtlosigkeit. Warum also auf dem Offensichtlichen herumreiten? Die meisten von uns erkennen nicht, wie tief wir einander beeinflussen und wie größere Systeme uns beeinflussen. Statt dessen lernen wir, in den Begriffen individueller Merkmale zu denken, so als wären Individuen von den Beziehungssystemen, innerhalb derer sie agieren, trennbar. Natürlich verfügen wir über Selbstaspekte, die relativ stabil und dauerhaft sind, voraussehbar oder sogar rigide festgelegt. Und natürlich gibt es Selbstaspekte, die auch unter Beziehungsdruck nicht zur Disposition stehen. Wir haben jedoch kein endgültiges wahres Selbst, das wir unserer bewußten Wahl gemäß entweder verbergen oder anderen offenlegen können. Vielmehr haben wir vielfältige Potentiale und Möglichkeiten, die durch unterschiedliche Situationen wachgerufen, unterdrückt, begünstigt oder behindert werden und die in unterschiedlichen Situationen mehr oder minder positive oder negative Wertungen erfahren.

Worauf kommt es an?

Als ich auf dem Fluß war, lernte ich, wie es sich anfühlt, die ängstlichste und am wenigsten kompetente Person in einer Arbeitsgruppe zu sein. Ich hatte mich ohne jegliche Vorerfahrung mit Wildwasserfahrten und Camping bereiterklärt, bei diesem Unternehmen mitzumachen, und hatte absolut keine Ahnung, welchen Mut und welche Fertigkeiten das Floßfahren über Stromschnellen und das Leben in der Wildnis erfordern. Besonders unvorbereitet traf mich die Erkenntnis, wie langsam ich im Vergleich zu den anderen Teilnehmerinnen lernte, die mehr Erfahrung hatten als ich und auch weitaus geschickter waren.

Ich hatte mit allem Schwierigkeiten: das Floß startklar zu machen, die Ausrüstung festzuzurren und die Kommandos nicht zu verwechseln, die ich ausrufen mußte, um meine Gruppe sicher über die Stromschnellen zu steuern, wenn ich an der Reihe war, am Steuerruder zu sitzen. Als die Zeit voranschritt und die Wildnis zu meiner »realen Welt« wurde, stellte ich mir vor, wie es wohl wäre, mein Leben in diesem Umfeld zu verbringen. Wie würden mein Selbstbild und mein Selbstwertgefühl sich in diesem Kontext verändern? In meinem vertrauten Umfeld wurden meine Fähigkeiten anerkannt und durch materiellen Erfolg belohnt, während der physischen Kraft und den damit verbundenen Fertigkeiten gewöhnlich ein geringerer Wert zugeschrieben wurde. In der Wildnis kehrten sich diese Werte ins Gegenteil um: Meine individuellen Talente waren für das Überleben in dieser Umwelt irrelevant und erschienen in der Tat völlig überflüssig. Während ich versuchte, im Freien Feuer zu machen, Taue zu verknoten oder meine Angst in den Griff zu bekommen, dachte ich darüber nach, wie eng unsere Definition dessen »worauf es ankommt« an Zeit und Ort gebunden ist. Meine Gefühle der Unzulänglichkeit führten mir vor Augen, wie schwierig es sein kann, uns selbst Wert beizumessen, wenn unsere speziellen Talente und Fähigkeiten nicht das sind, was zählt. Natürlich könnte man argumentieren, daß ich den Kontext nicht berücksichtigte, wenn ich mich für das Leben in der Wildnis hoffnungslos ungeeignet fühlte. Eine Freundin, die Wildwasserfahrten für Frauen organisiert und leitet, versicherte mir, daß ich unter den richtigen Bedingungen sowohl das Zutrauen zu mir selbst als auch die notwendigen Fertigkeiten für das Navigieren des Floßes lernen könnte. Mich überzeugte das nicht, aber ich vermute, daß ich mit einiger Übung besser zurechtkommen würde, als ich denke, und schlechter, als sie es sich vorstellt. Jedenfalls weiß ich, daß mir dieses Zutrauen und diese Fertigkeiten nicht in den Schoß fallen würden.

Meine Wildwasser-Erfahrung – ähnlich wie mein Gespräch mit Sue über meine Dankesrede anläßlich der Preisverleihung –

brachte mich zum Nachdenken darüber, was wichtig ist und wer darüber bestimmt, was wichtig ist. In der Wildnis ist geschicktes Tun weitaus wichtiger als geübtes Reden oder Schreiben; das liegt auf der Hand. Aber wer bestimmt in unserem Alltagsleben über die relative Bedeutung unserer Talente, Interessen und Fertigkeiten? Wer entscheidet darüber, wessen Arbeit Beachtung verdient und großzügig entlohnt wird und wessen Arbeit nicht?

Wir alle verinnerlichen die Wertvorstellungen der dominanten Gruppe in bezug darauf, was zählt und was nicht; sie werden uns durch die Familie und die Kultur vermittelt. Um nur ein Beispiel anzuführen: Wir zweifeln an unserer Intelligenz, ohne zu hinterfragen, wer definierte, was als Intelligenz zu verstehen ist, wer von dieser Definition profitiert und welche anderen Definitionen möglich wären. Eine spezielle Sichtweise – die von einer bestimmten Gruppe von Menschen entwickelt wurde – wird so dargestellt, als repräsentiere sie das Universelle oder sei für die gesamte Menschheit verbindlich.

In der Generation meiner Mutter sehe ich zum Beispiel zahllose Frauen, die ihre bemerkenswerte Intelligenz herabsetzen oder anzweifeln, weil sie sich nie fragten: »Wer sagt das eigentlich?« Wer sagt, daß ein Mann, der mathematische Probleme lösen kann, aber nicht bemerkt, daß im Zimmer jemand weint, brillant ist? Wer sagt, daß die Fähigkeit, die Nuancen sozialer Interaktionen zu erfassen, weniger wert ist und geringere Intelligenz verrät als die Fähigkeit, die Grundprinzipien des Maschinenbaus zu begreifen? Wer sagt, daß die komplexen Fähigkeiten, in denen Frauen sich traditionell auszeichnen, ein Zeichen für Intuition und nicht für Intelligenz sind?

Intelligenz umfaßt mehr Faktoren, als wir je quantifizieren können. Intelligenz schließt so komplexe Talente ein wie die Fähigkeit zur Freundschaft, zur Einfühlung, zum Gewahrsein, zu Fürsorge, Wachsamkeit und emotionaler Präsenz in der Welt. Aber die Konstruktion der standardisierten Intelligenztests – wie die Konstruktion des größten Teils unserer Realität – erzählt eine ganz andere Geschichte: eine Geschichte der ethnischen, der klassenbezogenen und der geschlechtsbezogenen Vorurteile. Es gibt keine universellen, letzten, ausschließlichen Wahrheiten darüber, was Intelligenz ausmacht. Und individuelle Intelligenz kann durch ein so knochentrockenes und schlichtes Konzept wie den I.Q. nie erfaßt werden.

Wie erweitern wir also unsere Erkenntnismöglichkeiten in bezug darauf, was über uns selbst und unsere Welt wahr ist? Nur wenn wir erkennen, wie partiell, subjektiv und kontextabhängig unser Wissen ist, können wir darauf hoffen, es allmählich zu erweitern. Nur wenn wir verstehen, daß eine sehr kleine Gruppe Privilegierter definiert hat, was für uns alle als wahr und real gelten soll, können wir anfangen, den vielen unterschiedlichen Stimmen (unsere eigene eingeschlossen) zu lauschen, die zu ignorieren man uns gelehrt hat. Nur wenn wir menschliches Verhalten im Kontext sehen, wenn wir uns in neue Kontexte hineinbegeben und in alten Kontexten neue Verhaltensweisen erproben, können wir uns einer komplexeren Wahrheit über uns selbst und andere annähern.

Wer definiert die Wahrheit – und für wen?

Die zweite Welle der Frauenbewegung in den USA begann mit weißen Mittelschichtfrauen, die für die Erkenntnis wach wurden, daß weiße euroamerikanische Männer die Natur der Phänomene definierten, darunter auch die Natur der Frauen und der Gattung Mensch als solcher. Doch erstaunlicherweise – vielleicht ist das auch wieder nicht verwunderlich – wiederholte der moderne Feminismus die alten Irrtümer und verfiel in die alten Fehler. Als neue Wahrheiten über Frauen entdeckt und entworfen wurden, brachten die Stimmen der dominanten Frauen eine Vielfalt anderer weiblicher Stimmen und Geschichten zum Schweigen, genauso wie ihre Stimmen und Geschichten von den dominanten Männern zum Schweigen gebracht worden waren.

Wir müssen keine feministischen Wissenschaftlerinnen sein, um wahrzunehmen, daß Frauen sich voneinander unterscheiden durch ihr Alter, ihre ethnische Zugehörigkeit, die soziale Schicht, aus der sie herkommen, Behinderungen, denen sie unterliegen, durch ihre sexuelle Orientierung und andere Faktoren, die in ihrer Kombination die Brille einfärben, durch die wir die Welt sehen, oder den Ausgangspunkt schaffen, von dem aus wir definieren, was real oder wahr ist. Es ist weniger offensichtlich, auf welche Weise dominante Stimmen andere zum Schweigen bringen und sich den Anschein geben, das Wahre und Reale für alle zu definieren. Es stehen auch nicht notwendigerweise diskriminierende Absichten dahinter, wenn Frauen die authentischen Stimmen anderer Frauen auslöschen oder sich selbst auf Kosten anderer erhöhen. Der Prozeß kann unbewußt und verdeckt sein; oft drückt er sich darin aus, wer einbezogen wird, in welchem Verhältnis und wer wen beachtet. Fehler, die mit dem Ausschließen Unsichtbarer und mit dem Alibistatus der Unterrepräsentierten zu tun haben, wurzeln tief, wie meine eigenen Erfahrungen zeigen.

Als Marianne Ault-Riché und ich den ersten Frauenkongreß an der Menninger-Klinik organisierten, war es unser Ziel, einen sicheren Raum für feministische Kritik und für den Austausch von Erfahrungen zu schaffen. Wir wußten, daß die Freiheit, offen und ehrlich zu sprechen, von einer Kongreßsituation abhing, die sich radikal von patriarchalen Strukturen abgrenzte. Unser erster Kongreß stand unter dem Motto »Frauen im Kontext«. Die folgenden Kongresse waren um Themenkomplexe wie »Frauen und Selbstwert« und »Mütter und Töchter« zentriert. Marianne und ich waren stolz darauf, daß es uns gelungen war, an unserem Arbeitsplatz eine erfolgreiche Serie feministischer Kongresse abzuhalten. Unsere Begeisterung über unsere eigenen Erfolge legte sich jedoch bald. Frauen aus Minoritätengruppen fingen an, die weiße, heterosexuelle Mittelschichtausrichtung der Kongresse zu kritisieren. Anfangs reagierte ich defensiv und sagte mir: »Aber wir *sind* eine weiße Institution«, oder »Ich kenne wirklich keine farbigen Frauen, die über dieses Thema referieren könnten«, oder »Wird das Niveau der Kongresse nicht darunter leiden, wenn wir versuchen, Sprecherinnen aus jeder ethnischen oder religiösen Gruppe und aus jeder gesellschaftlichen Schicht einzuladen?« Das sind dieselben Argumente, die privilegierte Männer benutzen, um Frauen auszuschließen, aber diese Parallele fiel uns nicht auf. In ähnlicher Weise waren Marianne und ich uns des Problems der Alibimänner bei einem feministischen Kongreß bewußt, aber das Dilemma der Alibifrauen innerhalb einer Mehrheit von Frauen erkannten wir nicht. Ich erinnere mich, daß ich mich bei Marianne beklagte, es könne doch wohl nicht von uns erwartet werden, für den Hintergrund *jeder* Frau den geeigneten Spielraum zu schaffen. Reichte es nicht, daß wir Afroamerikanerinnen und Lesbierinnen in die Kongreßleitung hineingenommen hatten? Wie sollten wir es anstellen, die gesamte ethnische und soziale Vielfalt weiblicher Erfahrung zu berücksichtigen, die lateinamerikanischen, puertorikanischen, kubanischen, mexikanisch-amerikanischen, asiatischen Frauen, die alten, die armen, die behinderten Frauen zu hören? Die Liste war endlos. Bei einem so ungemein breiten Spektrum konnte ich keine Vorteile erkennen, sondern mir nur Probleme vorstellen.

Tatsächlich ist nicht das mindeste dagegen einzuwenden, daß Menschen mit demselben Hintergrund zusammenkommen, um Wissen auszutauschen und zu vermitteln und ihre eigenen Wahrheiten zu artikulieren. Das heißt, es ist so lange nichts dagegen einzuwenden, wie sie nicht vorgeben, außer sich selbst auch noch andere zu repräsentieren. Klares Denken und Wahrhaftigkeit setzen voraus, wie die Philosophin Elisabeth Kamarck Minnich betont, daß wir unsere Quellen oder Referenzgruppen klar benennen. Das hatten Marianne und ich unterlassen. Bei unseren Kongressen ging es in der Tat nicht um Frauen; sie waren vielmehr ziemlich exklusive Veranstaltungen, über Frauen und für Frauen, die genau denselben Hintergrund hatten wie wir, und von solchen Frauen organisiert.

Wenn wir eine Tagung über »Afroamerikanische Mütter und Töchter« besuchen, wissen wir, daß der Gegenstand der Tagung partiell und klar eingegrenzt ist. Es steht nicht der Anspruch dahinter, Wahrheiten für die gesamte weibliche Menschheit zu formulieren. Allein durch das vorangestellte Wort »Afroamerikanisch« wird die Existenz anderer Frauen anerkannt, deren Erfahrungen vielleicht anders, aber nicht weniger bedeutsam sind. In ihrer Einführungsrede zu unserem letzten Kongreß sagte Marianne: »Wir hätten unseren ersten Kongreß unter das Motto ›Weiße heterosexuelle Mittelschichtfrauen im Kontext‹ stellen sollen.«

Es geht nicht darum, die menschliche Familie in endlose Kategorien und Unterkategorien aufzuteilen. Vielmehr scheitern wir, wie Minnich in ihrem Buch *Transforming Knowledge* (»Wissen umwandeln«)erläutert, in unserem Streben nach Wahrhaftigkeit (oder nach Demokratie), wenn wir vorgeben, daß eine Gruppe die gesamte Vielfalt der Menschheit repräsentiert, wenn eine Gruppe Allgemeinverbindlichkeit oder Universalität für sich in Anspruch nimmt.

Zugegeben, es hört sich komisch an, wenn die Dominierenden sich selbst mit vorangestellten Kennzeichnungen versehen (»Gestern abend habe ich einen unglaublich charmanten weißen heterosexuellen Bankmanager kennengelernt«), denn Dominierende – ganz gleich, weshalb sie Dominierende sind: aufgrund ihres Geschlechts, ihrer ethnischen Zugehörigkeit, ihrer Hautfarbe, ihrer Schichtzugehörigkeit, ihrer Kultur, ihres zahlenmäßigen Überwiegens oder aller dieser Merkmale zusammengenommen – betrachten sich selbst und ihre Erfahrungen als das Ganze, Reale, Allgemeine, Wahre und Wichtige.

Die Broschüre, die auf meinem Schreibtisch liegt, kündigt ein bevorstehendes Forum über »Schwarze Schriftstellerinnen bei der Arbeit« an. Wenn das Forum sich auf männliche Weiße bezöge, würde das Motto »Schriftsteller bei der Arbeit« lauten. Wie Minnich anmerkt, erhöht sich die Anzahl der Präfixe oder Kennzeichnungen, je weiter wir uns in der traditionellen gesellschaftlichen Hierarchie nach unten bewegen. Eine Studentin kann »Frauenstudien« betreiben oder die »Geschichte der schwarzen Frauen« erforschen oder sich mit der »Geschichte der schwarzen Frauen in der dritten Welt« befassen. Aber wie steht es mit dem privilegierten weißen Euroamerikaner? Seine Geschichte ist schlicht »Geschichte«. Seine schriftstellerische Arbeit ist einfach »Literatur«. Er braucht als einziger keine weiteren Kennzeichnungen. Er ist der Mensch an sich, das Definitionszentrum, derjenige, dessen spezielle und partielle Wahrheiten generalisiert werden und die Bedeutung des Ganzen annehmen. Die mit Präfixen und Kennzeichnungen versehenen Gruppen hingegen sind die Alternativen, die Nicht-Traditionellen, die Sonderbereiche, was implizit immer »weniger als . . .« bedeutet. Obwohl diese Gruppen zusammengenommen die Majorität der Menschheit bilden – wie Frauen mittlerweile an amerikanischen Hochschulen und Universitäten die Majorität darstellen –, wird angenommen, daß es genügt, hie und da einige spezielle Kurse anzubieten oder die eine oder andere Arbeit von Minoritätenangehörigen oder Frauen in ein sonst unverändertes Curriculum einzustreuen.

Marianne und ich hatten diesen Fehler unwissentlich wiederholt. Wir waren in der irrigen Vorstellung befangen, das Einstreuen einiger Minoritätenstimmen in eine in ihrer Struktur sonst unveränderte Tagung würde alle zufriedenstellen. Als wir dann schließlich einen umfassenden Frauenkongreß leiteten und den Frauen, deren Geschichte und Erfahrungen lange unterdrückt wurden, wirklich Raum gaben, sich zu äußern, fühlte ich mich geängstigt und bedroht. Wir fielen uns nicht in die Arme, und es kam keine Stimmung der Frauensolidarität auf. Vielmehr kam es zu grundlegenden Differenzen; unter anderem wurde an uns als Leiterinnen des Kongresses Kritik geübt. Einige Fauen warfen die Frage auf, ob ein Kongreß, der in einer weißen Institution abgehalten und von zwei weißen Amerikanerinnen geleitet wurde, wirklich dem Prinzip der Chancengleichheit gerecht werde. Andere mißtrauten den Motiven weißer Frauen, die schwarzen Frauen und anderen Minoritätenangehörigen in ihrem Kongreß Raum gaben. In Übereinstimmung mit den Ergebnissen der Forschung über Alibistatus und Alibifunktion kam diese wichtige Kritik nicht zutage und wäre wohl auch nicht gehört worden, bevor farbige Frauen in einer bedeutenden Anzahl unter uns vertreten waren. Ich lernte im Verlauf dieses Kongresses mehr über mich selbst – wenn auch durch meine Fehler – als bei allen vorangegangenen. Und ich gewann tiefere Einsicht in die Tatsache, daß Wahrhaftigkeit nicht nur eine Frage der individuellen Erkenntnis oder Zivilcourage ist. Wahrhaftigkeit ist in erster Linie eine Frage des Kontexts. Denn der Kontext bestimmt nicht nur, welche Wahrheiten wir zu äußern wagen, sondern auch, welche Wahrheiten über uns selbst wir entdecken und wahrnehmen können.

Wahrhaftigkeit erfordert weitaus mehr als Ehrlichkeit und gute Absichten, wie sie im konventionellen Sinn definiert werden. Wahrhaftigkeit fordert uns auch ab, unsere habituellen Reaktionsweisen und Denkmuster abzulegen, so daß wir uns einer erweiterten Sicht der Realität annähern können, die vielschichtig, komplex, gerecht und genau ist. Der Prozeß der Wahrhaftigkeit verlangt von uns, mit anderen Frauen im Dialog zu bleiben, Frauen, die uns gleichen, und Frauen, die sich radikal von uns unterscheiden. Und er verlangt, daß der Kontext, in dem dieser Dialog stattfindet, ein sicherer Raum ist, wo jede sie selbst sein kann, wo keine Frau das Gefühl hat, einen Aspekt ihrer selbst – das Afrikanisch-Amerikanische, das Jüdische, das Lesbische – zurückhalten zu müssen.

Ist »Frau« eine Kategorie?

Können wir überhaupt von »weiblicher Erfahrung« im generellen Sinn sprechen? Gibt es Wahrheiten über Frauen, die für uns alle gültig sind? Vielleicht ist es zu früh, allgemeingültige Aussagen machen zu wollen. Als die Familientherapeutin Rachel Hare-Mustin sich als Kind bei ihrer Mutter beklagte »Alle hassen mich!«, sagte ihre Mutter: »Du hast noch nicht alle kennengelernt!« Auch wir haben noch nicht von allen Frauen gehört, nicht einmal von den Repräsentantinnen aller Kategorien von Frauen.

Natürlich verallgemeinern wir. Wir brauchen das verallgemeinernde »wir« und »uns«, wie mein eigener Gebrauch (und Mißbrauch) des kollektiven und undifferenzierten »wir« illustriert. Über »uns« zu reden schafft Verbindung, Solidarität, Zugehörigkeit und Gruppenidentität. Wenn wir die Vorstellung von weiblicher Erfahrung als etwas Allgemeingültigem akzeptieren, trägt uns das über Scham- und Schuldgefühle hinaus, befreit uns von der Pathologisierung weitverbreiteter Probleme, die ihre Wurzeln in der Unterdrückung haben. Wenn *wir* Generalisierungen über *uns* aussprechen (»Black is beautiful«), senden wir Botschaften aus, die genauer sind und mehr Kraft und Antrieb geben, als wenn *sie* Generalisierungen über uns äußern. Das trifft besonders dann zu, wenn »sie« die dominante Gruppe sind. In der Geschichte dominanter und untergeordneter Gruppen dienen die Wahrheiten, die Dominierende über Untergeordnete äußern, grundsätzlich dazu, den Status quo zu rechtfertigen und aufrechtzuerhalten.

Generalisierungen über Gruppen – Frauen, Iren, Methodisten, Erstgeborene, Grundschullehrerinnen – sind dann nützlich, wenn sie uns helfen, die speziellen Blickwinkel und Perspektiven wahrzunehmen, durch die unterschiedliche Kategorien von Menschen die Welt betrachten. Gleichzeitig können wir mit den Generalisierungen, die wir äußern und hören, gar nicht vorsichtig genug sein. Von wem kommt die Verallgemeinerung? Auf welcher Grundlage wird sie vorgenommen? Wer profitiert davon, und wer wird dadurch entmachtet? Wer wird mit Präfixen versehen und wer nicht? Generalisierungen sind besonders gefährlich, wenn sie für sich in Anspruch nehmen, für Individuen, die den über ihre Art geäußerten Allgemeinplätzen entsprechen oder auch nicht, festzulegen, was richtig und falsch, gut und schlecht, normal oder unnatürlich ist. Generalisierungen sind Geschichten, zu denen wir werden, wenn wir sie glauben. »Sei vorsichtig mit den Geschichten, die du erzählst«, warnt ein Psychologe, »denn du wirst sicherlich von ihnen gelebt werden.«

Wir müssen auch wachsam dafür sein, daß Generalisierungen die Tendenz innewohnt, die Erfahrung anderer Menschen auszulöschen. Bei einer Flugreise entdeckte ich einmal einen berühmten Sprinter und bat ihn um ein Autogramm für meinen jüngeren Sohn. Er ging freundlich auf meine Bitte ein und schrieb: »Für Ben; lauf für Jesus!« Meine Familie ist jüdisch; ich war verblüfft, sowohl darüber, daß dieser Mann bei anderen mit einer solchen Selbstverständlichkeit das christliche Bekenntnis voraussetzte, als auch über meine eigene Unfähigkeit, direkt zu reagieren und die Sache richtigzustellen. Später bedauerte ich, daß ich nicht den Mut aufgebracht hatte, ihm zu sagen, daß wir eine jüdische Familie sind, und ihn um ein anderes Autogramm zu bitten.

Dominante Gruppen ohne Präfix neigen zu derselben Denkweise wie dieser Sportler. Ich kenne das bei mir selbst, wenn auch in subtileren Formen. Kurz nach dieser Erfahrung hielt ich in einer Stadt an der Westküste einen Vortrag, dem ich den Titel »Mütter und Töchter: Die schwierige Bindung« gab. Bei der anschließenden Diskussion hob eine Afroamerikanerin die Hand und erklärte, auf ihre Erfahrungen treffe das, was ich gesagt hatte, nicht zu, und für schwarze Frauen im allgemeinen sei es mit Sicherheit erst recht nicht gültig. Ich sagte ihr ganz offen, ich hätte kaum Erfahrung mit schwarzen Müttern und Töchtern. Sie antwortete: »Also gut, wenn Sie über weiße Mütter und Töchter sprechen, warum kündigen Sie das nicht von vornherein so an?«

Ich war defensiv und fühlte mich durch diese öffentliche Kritik aus dem Konzept gebracht. Später dachte ich darüber nach, wie mutig es von dieser Frau war, vor einem überwiegend weißen Publikum diese Kritik zu äußern. Ich erinnerte mich auch an meine Flugzeug-Begegnung mit dem Sportler, und mir wurde klar, daß sie recht hatte. Wie oft am Tag, fragte ich mich, sind Gruppen wie lesbische Frauen und behinderte Frauen wohl mit genau dieser Erfahrung konfrontiert? Wie oft konstruiere ich Generalisierungen über Frauen, die die Existenz einer gesamten Gruppe negieren? Wie konnte ich mich mit dem dominanten Denken verbünden, obwohl ich, als Frau, genau weiß, wie es ist, von Dominierenden belehrt zu werden, deren Generalisierungen entweder nicht auf mich zutreffen oder meine Existenz ignorieren?

Was kann unser Anteil bei der Schaffung einer Welt mit mehr Spielraum sein, in der mehr Frauen authentischer sprechen und authentisches Wissen sammeln können? Jene unter uns, die privilegiert genug sind, ein Programm ohne Präfix (zum Beispiel »Mutterschaft in den neunziger Jahren«) zusammenzustellen, können ihre Privilegien entsprechend nutzen. Wenn wir ein Gremium von Dominierenden sind, können wir uns selbst klar kennzeichnen (»Wir sprechen zu Ihnen aus der Sicht von weißen verheirateten Mittelschichtmüttern – einer Perspektive unter vielen anderen«). Oder besser noch: Wir können nichtausgrenzende Programme entwerfen oder Freiräume für Vielfalt schaffen. Das ist eine schwierige Aufgabe, denn in aller Regel fühlen wir uns am wohlsten, wenn wir mit »Leuten wie uns« zusammenhocken.

In dem Maß, in dem es uns gelingt, Spielraum für die reiche Vielfalt weiblicher Stimmen und Geschichten zu schaffen, können wir die universellen Bande, die uns als Frauen miteinander vereinigen, besser identifizieren. Eine solche Einheit kann nicht durch das Verschweigen, Unterdrücken und Ignorieren von Unterschieden zustande kommen, sondern vielmehr durch die Anerkennung und das Feiern von Unterschieden. Die Wahrheiten, die wir dann über das Ich und das Wir konstruieren, werden komplexer, umfassender, differenzierter und authentisch sein – so, wie auch unsere Art zu leben.

Epilog

Wenn der Löwe schreiben lernt

Es gibt eine Geschichte über einen kleinen Jungen, der sich wunderte, wie Tarzan all die wilden Tiere des Dschungels bezwingen konnte, darunter auch den mächtigen Löwen. Die Mutter sagt: »Mein Sohn, du wirst eine ganz andere Geschichte erfahren, wenn der Löwe schreiben lernt.« Zwei wichtige Lektionen sind in ihrer Antwort enthalten. Erstens gibt es immer mehr als eine Version der Wahrheit. Zweitens: Der mit der Schreibfeder – Freudsche Symbolik beabsichtigt – hat die Macht der Definition und kann eine Geschichte erzählen, die für vollständig, wahr und allgemeingültig gehalten wird.

Das Leben einer Frau ist von dem zentralen Interesse bestimmt, ihre eigenen Wahrheiten zu entdecken, auszusprechen und zu leben, kein Leben mehr zu führen, das von anderen diktiert und definiert wird – das heißt, kein Leben mehr in der Geschichte einer anderen Person zu leben. Ich hoffe, ich habe meine Leserinnen dazu inspiriert, über die vielen Gesichter der Täuschung in unserem Leben nachzudenken und sich mit den Lügen, Geheimnissen und Tabus auseinanderzusetzen – unseren eigenen und denen der anderen –, die uns beeinträchtigen. Ich hoffe auch, daß die Leserin etwas über den langsamen, holprigen Prozeß der Wahrhaftigkeit gelernt hat. Wahrhaftigkeit ist, wie Frieden, ein Phänomen, das nicht einfach passiert, das nicht plötzlich unter uns ausbricht. Vielmehr müssen wir Strategien entwickeln, planen, zielstrebig darauf hinarbeiten.

Das Streben nach Wahrhaftigkeit ist ein Kernelement unserer tiefsten Sehnsüchte nach Nähe. Die Dichterin Adrienne Rich spricht dieses Problem in ihren Notizen über Frauen, Ehre und Lügen an. Es geht nicht darum, schreibt sie, daß wir alles sagen müssen oder alles auf einmal sagen müssen; ja wir müssen uns nicht einmal im voraus über alles im klaren sein, was wir sagen sollten. Aber als eine ehrenhafte Beziehung, das führt sie uns vor Augen, kann nur die gelten, in der wir uns kontinuierlich bemühen, die Wahrhaftigkeit zwischen uns, das Leben zwischen uns zu erweitern. Für eine Frau ist es zweifellos schmerzhaft und anstrengend, in einer Kultur, die nur die männliche Erfahrung gelten läßt, ihre eigenen Wahrheiten zu entdecken und offenzulegen, aber Überzeugungen, die es wert sind, vertreten zu werden, und Beziehungen, die es wert sind, gelebt zu werden, fordern uns diesen harten Weg ab.

Den harten Weg zu gehen heißt für Frauen, allem ins Gesicht zu schlagen, was uns vorgeschrieben wurde im Hinblick auf Entfaltungsmöglichkeiten und den Platz im Leben – von »damenhaftem Benehmen« ganz zu schweigen. Den harten Weg zu gehen heißt auch, gegen den Ausschluß von Frauen aus dem öffentlichen Leben zu kämpfen. Wenn wir uns darauf einlassen, zu Objekten gemacht, verkleinert und in die Unsichtbarkeit verbannt zu werden, verlieren wir jede Klarheit, Wahrhaftigkeit und Ehre. Als dominante Gruppe haben Männer für sich selbst eine große Zahl entmenschlichender Kräfte entwickelt, die sie daran hindern, aus einem authentischen Zentrum heraus zu reagieren und zu leben. Es gibt jedoch viele Formen der Täuschung oder Verstellung, auf die Männer sich nicht einlassen. Kein Mann würde beispielsweise vorgeben, er fühle sich durch Wörter wie »sie« oder »Präsidentin« wirklich miteingeschlossen. Männer würden nicht so tun, als ob die Werke des weiblichen Geschlechts die Menschheit repräsentierten. Männer würden auch nicht in die Lage kommen, nicht zu merken, wenn sie von einem bestimmten Ereignis, Themenbereich oder Diskurs ausgeschlossen werden. Tatsächlich haben die meisten Männer eher das gegenteilige Problem: Sie nehmen an, daß sie ausgeschlossen sind, sobald von Frauen die Rede ist. »Warum schreiben Sie Bücher für Frauen?« werde ich von Männern oft gefragt, »warum schließen Sie Männer aus?«

Wahrhaftigkeit und Ungleichheit können nicht zusammengehen. Unsere Vision der Wahrheit ist tief verdunkelt – durch den Verlust vielfältiger Vorstellungen und Äußerungen, die dem Phänomen, das wir »Realität« nennen, Komplexität, Struktur und Tiefe geben. Daher genügt es nicht, wenn wir aufhören, einander zu belügen, aufhören, die Tatsachen zu verheimlichen. Es ist auch notwendig, daß wir einander einbeziehen und Raum für jene Stimmen schaffen, die lange unterdrückt wurden – die unterdrückten Anteile des eigenen Selbst eingeschlossen. In dieser Zeit, in diesem speziellen historischen Moment eine ehrliche Frau zu sein bedeutet unter anderem: Wir entscheiden frei darüber, ob das, was andere zu unserer Wahrheit erklären oder wovon sie beharrlich behaupten, daß es zu unserem Besten sei, auf uns zutrifft oder nicht.

Wir lauschen mit engagiertem Interesse unseren eigenen Erfahrungen und den Geschichten anderer Frauen und beachten die Äußerungen jener Männer, von denen wir gelernt haben, daß sie nicht zählen. Wir begreifen die Untrennbarkeit des Persönlichen und des Politischen, denn Betrug und Doppelzüngigkeit ufern aus, wenn bestimmte Gruppen und Individuen die Macht haben, ihre eigenen Wahrheiten zu erhöhen, indem sie die Wahrheiten anderer als nebensächlich erklären, zum Schweigen bringen oder ausrotten.

Wir Frauen machen die Hälfte der Weltbevölkerung aus; dennoch haben wir als Gruppe praktisch keine ökonomische oder politische Macht und keine soziale Autorität. Man hat uns gelehrt, so zu tun, als ob unsere besonderen Rollen als Ehefrauen von Männern und Mütter von Kindern diese Tatsache irgendwie rechtfertigten, sie tolerierbar oder sogar natürlich machten. Wenn Frauen in jedem Aspekt der Sprache, der Politik und der Kultur vollständig vertreten sind, wird die Welt eine andere Vorstellung davon haben, was wahr und was wichtig ist.

Im Kampf um persönliche und politische Integrität gibt es kein Ausruhen. Wenn die Angstspannung hoch ist und die Ressourcen knapp erscheinen, werden einige Individuen und Gruppen immer auf Kosten anderer handeln. Aber wir können uns nach jener unverwirklichten Welt, in der alle Frauen, alle Menschen, alles Leben geachtet und respektiert werden, sehnen und auf sie hinarbeiten. Auf eine Welt hinzuarbeiten, die Vielfalt, Komplexität, Gleichheit und Verbundenheit ehrt, heißt, den Weg der Wahrhaftigkeit für alle verbreitern.

Danksagungen

»Was Frauen verschweigen« ist der letzte Teil einer Trilogie. Anders als seine Vorgänger fällt dieses Buch nicht in die Kategorie der »Selbsthilfebücher«. Ich ging mit dem Vorsatz an die Arbeit, eher zum Nachdenken zu provozieren als Leitlinien aufzuzeigen und Vorschläge zu unterbreiten, obwohl ich dort, wo ich glaube, daß es einen richtigen oder besseren Weg gibt, die Dinge anzugehen, auch in bezug auf das konkrete Handeln ausführlicher geworden bin.

Bei der Arbeit an diesem Buch entdeckte ich sehr bald, daß ich mein Terrain nicht begrenzen wollte. Ich genoß es immens, ein Thema zu haben, das so umfangreich, vielschichtig, veränderlich und subjektiv ist wie die menschliche Existenz selbst. Meine Leserinnen finden also keine ordentliche, erschöpfende Abhandlung des Themas vor und keine wasserdichten Argumente für ein Denken, das in eine ganz bestimmte Richtung geht. Ich hoffe vielmehr, daß der Text Ihnen einen Stoß gibt, Sie ein bißchen aufrüttelt und dazu antreibt, über ein reiches Spektrum von Themen nachzudenken, und daß Sie sich am Ende für den labyrinthischen Weg entschädigt fühlen.

Ein Buch, das sich mit einem so umfangreichen Themenkomplex beschäftigt, verpflichtet auch in umfangreichem Maß zu Dank. Ich kann leider nicht alle Menschen nennen, die im Lauf der vielen Jahre zu meiner Arbeit beigetragen haben. Am frischesten in Erinnerung sind mir die vielen Freundinnen und Freunde, die mir großzügig ihre Zeit und ihre Talente zur Verfügung stellten, während dieses Buch entstand:

Meine liebe Freundin Jeffrey Ann Goudie feuerte mich an und heiterte mich auf, von der ersten bis zur letzten Seite. Über Händchenhalten im richtigen Augenblick hinaus gab sie mir während der gesamten Arbeit wertvolle Anregungen. Auch ihr Mann, Thomas Fox Averill, las das gesamte Skript und half mir durch seine konstruktive Kritik. Es ist ein Segen, mit zwei so wundervollen Menschen befreundet zu sein, die selbst schriftstellerisch tätig sind und wertvolle Zeit von ihren eigenen Projekten abzogen, um mir Unterstützung und Hilfe zu geben.

Dieses Buch verdankt seine Existenz meiner Managerin Jo-Lyne Worley, die mich von meinem angekündigten Rückzug in den Ruhestand abbrachte (womit es mir doch nicht wirklich ernst war) und mich davon überzeugte, daß das Beste noch kommen würde. Ihre beständige treue Freundschaft, ihr beharrlicher Glaube an meine Arbeit und ihre ruhige, bemerkenswerte Kompetenz, alles zu organisieren, erlaubten mir, dieses Buch anzufangen und zu beenden. Sie hat mein Leben in der vielfältigsten Weise erweitert, bereichert und strukturiert.

Meine guten Freundinnen und Freunde in Topeka sahen das gesamte Skript oder Teile davon durch, gaben wertvolle kritische Hinweise, diskutierten mit mir über mein Thema, ermunterten mich und halfen in der einen oder anderen Weise weiter. Ich danke Emily Kofron, deren Arbeit und Präsenz in der Welt mich immer wieder inspirieren. Mein besonderer Dank gilt auch Ellen Safir, Nancy Maxwell, Marianne Ault-Riché und Judith Koontz. Außerhalb der Topeka-Gemeinschaft fand ich Hilfe bei Harris E. Weberman und Sherry Levy-Reiner, die frühere Versionen des Skripts durchsahen. Zahllose Frauen, die ich informell interviewte, gaben mir rückhaltlos ehrliche Antworten auf unbarmherzige Fragen nach Täuschung und Wahrhaftigkeit in ihrem Privatleben.

Dies ist mein drittes Buch, das durch die Hände von Janet Goldstein geht, meiner immer weiser werdenden, hervorragenden Lektorin bei HarperCollins. Sie hat die Gabe, sofort zu bemerken, wenn etwas »danebengegangen« ist, und das seltene Talent, kleine Vorschläge zu unterbreiten, die große Veränderungen bewirken. Ich danke Ann Adelman für ihr gründliches Korrekturlesen und den anderen Mitarbeiterinnen und Mitarbeitern bei HarperCollins für ihre hervorragende Arbeit bei der Herstellung und Werbung für alle meine Bücher. Heutzutage ist es ein Privileg, einen Verlag gefunden zu haben, bei dem ich mich zu Hause fühle. Ich möchte auch Karen Wald, Lisa Liebman, Stephanie von Hirschberg und den anderen Mitarbeiterinnen der Zeitschrift *New Woman* danken; ich habe das Vergnügen, dort eine monatliche Ratgeberkolumne schreiben zu dürfen.

Ich habe das Glück, einem außergewöhnlichen und ständig wachsenden Netzwerk von feministischen Freundinnen und Kolleginnen anzugehören. Mein besonderer Dank gilt Holly Near und Jeane Maracek für ihr sorgfältiges, kritisches Eingehen auf jedes Kapitel, Patricia Klein Frithiof dafür, daß sie mich in meiner Arbeit ermutigte und sie in Schweden bekanntmachte, Sonia Johnson und Jean Tait für ihre Liebe und ihr großzügiges Vermitteln von Ideen und Inspirationen, Mollie Katzen für ihre begeisterte Reaktion auf die letzte Fassung des Skripts. Die Menninger-Klinik gab mir eine solide Basis, von der aus ich arbeiten kann. Peter Novotny unterstützte meine Projekte von Anfang an, und auch andere gaben mir im Lauf der Jahre organisatorische Unterstützung, was mir ermöglichte, meine schriftstellerische und meine klinische Arbeit miteinander zu verbinden. Besonderen Dank schulde ich Mary Ann Clifft, deren sorgfältiges und gründliches Redigieren unübertroffen ist. Ich danke auch den Mitarbeiterinnen und Mitarbeitern der Menninger-Bibliothek und besonders Eleanor Bell für ihre Hilfe bei den Anmerkungen.

Carolyn Conger, einer Lehrerin im besten Sinn des Wortes, bin ich zutiefst dankbar. Ihre Fähigkeit, Einsicht wachzurufen und andere zum Kontakt mit ihrem inneren Wissen und Selbstwert anzuleiten, ist wahrhaft bemerkenswert. Sie lehrte mich, Wahrheit aus einem anderen Blickwinkel zu sehen.

Mein Mann Steve Lerner ist neben allem anderen seit einem Vierteljahrhundert ein wertvoller Freund und Kollege. Von ihm und mit ihm habe ich viel über das Thema dieses Buches gelernt. Ich bin ihm dankbar für seine Liebe, seine Ermutigung und seinen unerschütterlichen Glauben an meine Arbeit. Er hat meinem Leben mehr bereichernde Impulse gegeben, als ich je beschreiben kann.

Autorinnen und Autoren erklären oft, daß ihre Bücher Produkte der Ideen vieler Menschen seien und daß sie die intellektuellen Anregungen, die sie anderen verdanken, nie angemessen würdigen können. Nie zuvor habe ich das als so wahr empfunden. Da mein Thema ein Herzstück sowohl der feministischen Theorie als auch meiner psychotherapeutischen Praxis ist, sind meine gesamte berufliche Ausbildung und meine »Lehrzeit« als Feministin an der Entstehung dieses Buches beteiligt. Es ist schwierig, wenn nicht unmöglich, die Quellen aller Ideen und Anregungen anzugeben. Obwohl ich in den Anmerkungen mein Bestes getan habe, auf alle, denen ich intellektuell etwas schulde, zu verweisen, bitte ich für die unvermeidlichen Auslassungen im voraus um Vergebung. Einige Leute, auf deren Arbeit ich mich gestützt habe, möchte ich namentlich nennen: Sissela Bok schrieb zwei wichtige Bücher über die ethischen Implikationen von Geheimhaltung und Lügen. Pauline Barth stellte mir den Titel des 5. Kapitels zur Verfügung. Ich stehe tief in der Schuld von Carolyn Heilbrun, Peggy McIntosh, Evan Imber-Black und Peggy Papp, Peggy Vaughan, Rosabeth Moss Kanter und Elisabeth Kamarck Minnich und Audre Lorde, Sonia Johnson und Jean Tait. Besonders danke ich Adrienne Rich für ihre Texte *Of Woman Born* und *Lies, Secrets and Silence,* die für mein Thema eine Schlüsselbedeutung hatten. Ich liebe die Art, wie Rich die Wahrheit sagt und über die Wahrheit schreibt: prägnant, zwingend, kompromißlos und leidenschaftlich. Meine Dankbarkeit für ihre brillante Arbeit (zu der unter anderem dreizehn Lyrikbände gehören) ist Teil einer größeren Dankesschuld der intellektuellen Revolution gegenüber, die durch die feministische Bewegung herbeigeführt wurde. Ohne die Präsenz einer feministischen Gemeinschaft in meinem Leben würde ich in der Dunkelheit herumtasten oder mich lahm und zahm mit einer Stimme äußern, die nicht meine eigene ist.

Von meiner ungemein talentierten Freundin Marianne Ault-Riché, die mich großzügig in zwei ihrer wichtigsten Projekte einbezog – die Kommunikations-Workshops in Topeka und den »Frauen-im-Kontext«-Kongreß bei der Menninger-Stiftung – habe ich sehr viel gelernt. Auch Elizabeth Kamarck Minnich möchte ich danken für ihre aufschlußreiche, progressive und hoffnungsvolle Vision von Demokratie, und ihrem Mann Si Kahn, der diese Vision durch sein Organisationstalent und seine Musik am Leben erhält.

Ich stützte mich beim Schreiben dieses Buches in besonderem Maß auf meine Erfahrungen als klinische Psychologin und Psychotherapeutin. Während meiner Ausbildung hatte ich hervorragende Lehrerinnen und Lehrer in Psychoanalyse und der Familiensystem-Theorie. Mein besonderer Dank gilt Katherine Glenn Kent, die mir in den vielen Jahren unserer Freundschaft half, systematisch zu denken und das Bowen-Familienmodell in mein Leben und meine Arbeit zu integrieren. Ihr Einfluß spiegelt sich in diesem Buch, ebenso wie die wegweisende Arbeit Murray Bowens. Außerdem habe ich Stephanie Ferrara für einen hervorragenden Artikel über Täuschung zu danken, den ich für meine Arbeit verwendete. Natürlich bedeutet meine Adaptation der Ideen anderer nicht grundsätzlich, daß diese mit meinen Theorien einverstanden sind. Die Autorinnen, denen ich danke, teilen nicht alle meine Auffassungen und stimmen nicht notwendigerweise allen meinen Schlußfolgerungen zu. In letzter Instanz bin nur ich allein für dieses Buch verantwortlich.

Viele feministische Psychotherapeutinnen haben mein Leben bereichert, angefangen mit meiner Freundin Teresa Bernardez, die sich im Bereich der Psychotherapie als erste auf das Thema Wut konzentrierte. Jean Baker Millers klassischer Text *Towards a New Psychology of Woman* zeigt die Verbindung zwischen der Unterdrückung von Frauen und dem Dilemma der Suche nach Authentizität und Wahrheit auf. Ich danke ihr für diese bedeutende Arbeit und alles, was aus ihrer Pionierleistung resultierte.

Für Hilfe und liebevolle Unterstützung danke ich außerdem: Susan Kraus, Joanie Shoemaker, Georgia Kolias, Jo-Ann Krestan, Claudia Bepko, Elaine Prostak Berland, Jennifer Nell Hofer, Betty Hoppes, Patricia Speilberg Hyland, Nancy Jehl, Doris Jane Chediak, meiner Frauengruppe und meiner langjährigen weisen und witzigen Weggefährtin Carol Tavris. Mein Dank und meine Liebe gelten meinen Eltern Rose und Archie Goldhor, meiner Schwester Susan Goldhor und meinen lieben Söhnen Matt und Ben Lerner. Und schließlich danke ich meinen

Leserinnen, die mich immer wieder mit Botschaften der Zuneigung, der Dankbarkeit und der konstruktiven Kritik erfreuen.

Außer bei Freundinnen und Familienmitgliedern, die ihre Erlaubnis gaben, namentlich in diesem Buch genannt zu werden,
veränderte ich die Namen und identifizierenden Charakteristika von erwähnten Personen, um ihre Privatsphäre zu schützen.

Anmerkungen

1. Tony und die Marsmenschen

S. 9 – Ich danke Marla Beth Isaacs für unsere Freundschaft, die seit unserem ersten Schuljahr besteht.

2. Täuschung und Wahrheit

S. 17 – Auf der Grundlage der Theorien Murray Bowens verfaßte Stephanie Ferrara einen hervorragenden Artikel, der menschliche Täuschung im Kontext der Täuschung in der Natur diskutiert: *Deception in Nature and Family,* in: Midwest Symposium on Family Systems Theory and Therapy, Mai 1991.

S. 18 – Die Beispiele für Täuschung in der Natur sind dem St. Louis Post-Dispatch, Section D vom 12. März 1991, S. 1 entnommen.

Zu den zitierten Expertinnen und Experten, die einen biokulturellen Ansatz in der Erklärung von Täuschung vertreten, gehören der Theologe Loyal Rue, die Molekularbiologin Ursula Goodenough und der Anthropologe Robert Sussman.

S. dazu auch: Robert Trivers – *Social Evolution.* Menlo Park; Calif., 1985 und: R.W. Mitchell and Nicholas S. Thompson (Hg.) – *Deception: Perspectives on Human and Nonhuman Deceit.* Albany, 1986.

S. 18 – Vicky Hearne – *Adams Task.* New York, 1987.

Hearne – Englischlehrerin, Dichterin und professionelle Tiertrainerin – schrieb ein bemerkenswertes Buch über Begegnungen zwischen Mensch und Tier, das mit einer Diskussion der anthropomorphisierenden, moralisch beladenen Sprache der Tiertrainer und der widersprüchlichen Welt des intellektuellen und akademischen Diskurses beginnt.

3. Das Richtige tun

S. 25/26 – Robert Wolk and Arthur Henley: *The Right to Lie.* New York, 1970, S. 172–173.

S. 29 – s. Peter Breggins Artikel über das Hill/Thomas-Hearing: *Abuses of Priviledge.* Tikkun 7, Nr. 1 (1992), S. 17–22. June Gordon: *Can I Get a Witness?* Progressive, Dezember 1991, S. 12–13. s. auch: Toni Morrison (Hg.) – *Race-ing Justice, En-Gendering Power: Essays on Anita Hill, Clarence Thomas and the Construction of Social Reality.* New York, 1992.

S. 29 – Zur Frage der ethisch-philosophischen Betrachtung des Lügens s. Sissela-Bok – *Lying: Moral Choice in Public and Private Life.* New York, 1978.

S. 32 – Paul Ekman – Weshalb Lügen kurze Beine haben. Über Täuschungen und deren Aufdeckung im privaten und öffentlichen Leben. Berlin, 1989. Die Nachricht stammt aus dem San Francisco Chronicle, 9. Januar 1982. S. 1.

S. 35–38 – Die Psychiaterin Nanette Gartrell und viele andere haben meine Wahrnehmung in bezug auf Homophobie geschärft. Über die Freiheit, selbst zu wählen, wen wir lieben wollen, habe ich viel aus den Arbeiten von Minnie Bruce Pratt, Barbara Smith, Audre Lorde, Adrienne Rich, Suzanne Pharr, Holly Near und June Gordon gelernt.

4. Im Namen der Privatsphäre

S. 43 – Die Philosophin Sissela Bok definiert Geheimhaltung als absichtliches Verbergen und Privatheit als »den Zustand des Geschütztseins vor unerwünschter Aufmerksamkeit und unerwünschtem Zugang zu unserer körperlichen Sphäre und zu persönlichen Informationen«. Ich bin ihr besonders dankbar für ihre sorgfältigen Definitionen, Unterscheidungen und Ausführungen über die Sprache des Verbergens. s. Bok – *Secrets: On the Ethics of Concealment and Revelation.* New York, 1989, S. 10–11.

Der Unterschied zwischen Privatheit und Geheimhaltung wird in der familientherapeutischen Literatur angesprochen. Mark Karpel unterscheidet zwischen Privatheit und Geheimhaltung anhand der Relevanz der Information für die Person, der sie vorenthalten wird: Karpel – *Family Secrets: I. Conceptual and Ethical Issues in the Realtional Context. II. Ethical and Practical Considerations in Therapeutic Management.* in: Family Process 19, 1980. S. 295–306.

S. auch: Evan Imber-Black (Hg.) – *Secrets in Families and Family Therapy.* New York, 1993.

S. 45 – Über »Wahrheit« und die Abtreibungs-Kontroverse s.: Harriet Goldhor Lerner – *Whose Truth Counts.* in: New Woman, Oktober 1991, S. 34

S. 46 – über »Flucht-Distanz und »soziale Distanz« s.: Edward O. Wilson – *Sociobiology.* Cambridge, Mass., 1980, Kap 12. s. auch: Bok, Secrets, a.a.O.

S. 46 – s.: Alida Brill – *Nobody's Business: The Paradoxes of Privacy.* New York, 1990. In ihrem Prolog schreibt Brill: »Privatheit wird Ihnen von anderen zugestanden durch ihren Anstand, ihr Verständnis, ihr mitfühlendes Verhalten, durch die Gesetze des Landes. Sie existiert nur, wenn andere sie zulassen – Privatheit ist ein Gewährungsrecht.« Brill widmet sich mit besonderer Aufmerksamkeit den Problemen der Privatsphäre bei entmachteten Gruppen und spricht gesellschaftliche Paradoxien in bezug auf Privatheit an, in den Bereichen der Fortpflanzung, der sexuellen Orientierung und der Freiheit, über das eigene Sterben zu entscheiden.

S. 50 – Zu Familengeheimnissen s. die Anmerkungen zum 10. Kapitel

S. 53 – Neben der Geschlechtszugehörigkeit beeinflussen Schichtzugehörigkeit, ethnischer Hintergrund und Kultur die Überzeugungen darüber, was geheimgehalten werden muß oder der Privatsphäre angehört. s. Anm. zum 10. Kap.

S. 54 – Viele Feministinnen befaßten sich mit dem Zusammenhang zwischen dem Schweigen/der Privatheit von Frauen und dem Patriarchat: Robin Morgan – *The Politics of Silence.* in: The Word of a Woman: Feminist Dispatches 1968–1991, New York, Norton, 1992, und: Tillie-Olsen – *Silences.* New York, 1978. Besonders verpflichtet fühle ich mich Adrienne Richs Arbeit – *On Lies, Secrets and Silence; Selected Prose.* 1966–1978. New York, 1979; s. darin vor allem den Essay: *Women and Honor: Some Notes on Lying.* 1975, S. 185–194. Mit derselben Reverenz möchte ich die Bücher Audre Lordes nennen, u. a.: Auf Leben und Tod. Krebstagebuch. Berlin, 1984; und: *Sister Outsider.* Freedom, Calif., 1984.

S. auch: Deborah Tannen – Du kannst mich einfach nicht verstehen. Warum Männer und Frauen aneinander vorbeireden. Hamburg, 1991; und: D. Tannen and M. Saville-Troike (Hg.) – *Perspectives on Silence.* Norwood, N.J., 1990.

S. weiterhin: Joan Laird – *Women's Secrets – Women's Silences.* in: Imber-Black – *Secrets in Families and Family Therapy.* a.a.O.

S. 56 – Adrienne Rich schrieb 1975: »Wenn eine Frau die Wahrheit sagt, schafft sie Möglichkeiten für mehr Wahrheit in ihrer Umgebung.« in: *On Lies, Secrets, and Silence.* a.a.O.

5. Die seltsame Sache mit der geheimen Körperöffnung

S. 57 – Pauline Bart and Diana Scully – *A Funny Thing Happened on the Way to the Orifice: Women in Gynecology Textbooks.* in: American Journal of Sociology 78/4, 1973, S. 1045–1050.

S. 57–61 – Über Verstellung und das Schützen von Männern s. Harriet Goldhor Lerner – Das mißdeutete Geschlecht. Kreuz Verlag; Zürich, 1991.

S. 58 – Arlene Dahl – *Always Ask a Man.* Englewood Cliffs, N.J., 1965. Über weibliche Stärke, die in der Adoleszenz unterschwellig wird, s. Carol Gilligan/Nona Lyons/Trudy Hanmer (Hg.) – *Making Connections: The Relational World of Adolescent Girls at Emma Willard School.* Cambridge, Mass., 1990, und: C. Gilligan/A.G. Rogers/D.L. Tolman (Hg.) – *Women, Girls and Psychotherapy: Reframing Resistance.* New York, 1991; außerdem: C. Gilligan – Die andere Stimme. Lebenskonflikte und Moral der Frau. München, 1991.

S. 61 – Carolyn Heilbrun schreibt: »Vielleicht können Frauen erst im Alter, erst wenn sie über fünfzig sind, aufhören, feminine Transvestiten zu sein, und die Gelegenheit ergreifen, ihre teuersten Prinzipien in bezug auf Weiblichkeit umzudrehen.« in: Heilbrun – *Writing a Woman's Life.* New York, 1988. S. 126.

S. 61–64 – Über die falsche Benennung der weiblichen Genitalien s. Harriet Goldhor Lerner – Das mißdeutete Geschlecht, a.a.O. »Und was haben kleine Mädchen« erschien zuerst in: New Directions for Women, Mai/Juni 1990, S. 10, und New Woman, Feb. 1991, S. 110–111.

Alice Walkers Roman: *Possessing the Secret of Joy*. New York, 1991, beschäftigt sich mit der katastrophalen Prozedur der genitalen Verstümmelung. Die Widmung lautet:»Der makellosen Vulva mit Zärtlichkeit und Respekt«. s. dazu auch: Audre Lorde – *Sister Outsider*. a.a.O. S. 120. s. außerdem: Robin Morgan/Gloria Steinem – *The International Crime of Genital Multilation*. in: G. Steinem – *Outrageous Acts and Every Day Rebellions*. New York, 1983, S. 292–300, und: Steinem – *Revolution from Within: A Book of Self-Esteem*. Boston, 1992, S. 356–357.

S. 62 – Zitat aus K. Taylor – *Almost Twelve*. Wheaton, III., 1972.

S. Thomas Laqueur – Auf den Leib geschrieben. Die Inszenierung der Geschlechter von der Antike bis Freud. Frankfurt, 1992.

S. 66–69 – Über das Vortäuschen von Orgasmen und das verzerrte Verhältnis zur Sexualität bei Frauen s. A. Rich – *Women and Honor*, a.a.O. und Rich – *Of Woman Born*. New York, 1976; außerdem ihren Artikel *Compulsory Heterosexuality and Lesbian Existence*, in: Signs: Journal of Women in Culture and Society, 5/4, 1980, S. 631–660.

S. auch: Sonia Johnson – *Wildfire: Igniting the She/Volution*. Estancia, N. Mex., 1991.

S. 66 – Über gynäkologische Texte s. Scully/Bart – *A Funny Thing . . .*, a.a.O.

S. 68/69 – Virginia Woolf – Ein Zimmer für sich allein. Frankfurt, 1992.

S. 69–75 – S. Carolyn Heilbrun – *Writing a Woman's Life*, a.a.O., insbesondere ihre Ausführungen über Bewußtseinsbildung und die Notwendigkeit, daß Frauen in Gruppen authentische Erfahrungen austauschen, um die gängigen Fiktionen über weibliche Erfahrung zu bekämpfen. S. auch Teresa De Laurentius – *Alice Doesn't: Feminism, Semiotics, Cinema*. Bloomington, Ind., 1984, S. 186.

Ich habe seit 1976 an Frauengruppen teilgenommen. Frauengruppen kosten nichts und jede Frau kann eine begründen. S. dazu H. Goldhor Lerner – *Getting a Women's Group Started*. in: New Woman, März 1992, S. 30. S. auch Gloria Steinem – *Helping Ourselves to Revolution*. in: Ms, November/Dezember 1992, S. 24–29. Steinem, die praktische Hinweise zur Begründung von Frauengruppen gibt, merkt an:»Wenn zwei weiße männliche Alkoholiker ein Netzwerk von kostenlosen, frei zugänglichen Gruppen ohne hierarchische Leitung begründen konnten, können wir das auch.«

S. 71 – Judith Lewis Herman – *Trauma and Recovery*. New York, 1992, S. 29.

S. 72 – C. Heilbrun schreibt in *Writing a Woman's Life:*»Es wird erst dann Erzählungen über das Leben von Frauen geben, wenn Frauen aufhören, ihr Leben isoliert voneinander in den Häusern und den Geschichten von Männern zu verbringen.« (S. 47).

S. 72/73 – Über Mutterschaft als Institution und Erfahrung s. Adrienne Rich – *Of Woman Born*, a.a.O. und: Jessie Bernard – *The Future of Marriage*. New York, 1973; außerdem: J. Bernard – *The Future of Motherhood*. New York, 1974.

Über weibliche Depression als Protest gegen die »heiligen Pflichten« der

Frau s. Rich – *Of Woman Born*, und Lerner – Das mißdeutete Geschlecht, a.a.O.

S. 73 – Postmoderne Auffassungen stellen die Existenz einer »objektiven Wahrheit« in Frage und sehen Interpretation in der Therapie als das Bevorzugen einer Bedeutung oder Geschichte (gewöhnlich der mit der dominanten Kultur übereinstimmenden) vor einer anderen. S. dazu Rachel Hare-Mustin/Jeanne Maracek (Hg.) – *Making a Difference: Psychology and the Construction of Gender*. New Haven, Conn., 1990, S. 22–64.

Die psychotherapeutische Literatur spiegelt ein wachsendes Interesse an der »erzählerischen Perspektive«, was menschliche Probleme angeht. Laut George S. Howard erscheint Identität aus dieser Sicht als Frage der Konstruktion der Lebensgeschichte; Psychopathologie ergibt sich aus dem Scheitern solcher Konstruktionen, und Psychotherapie ist gewissermaßen Übung in »Geschichtenreparatur«. Howard – *Culture Tales: A Narrative Approach to Thinking, Cross-Cultural Psychology and Psychotherapy*. in: American Psychologist, März 1991, S. 187. S. auch: James Gustafson – *Self-Delight in a Harsh World: The Main Stories of Individual, Marital and Family Psychotherapy*. New York, 1992.

S. 74 – Audre Lorde – *Sister Outsider*, a.a.O. Zur feministischen Revision traditioneller Auffassungen von Weiblichkeit s. auch: Jean Baker Miller – *Toward a New Psychology of Women*. Boston 1986, und: J. Jordan/A. Kaplan/J. Baker Miller/I. Stiver/J. Surrey – *Women's Growth in Connection: Writing from the Stone Center*. New York, 1991.

Weiterhin: Das Frauenprojekt in der Familiensystem-Therapie, s. M. Walters/B. Carter/P. Papp/O. Silverstein – *The Invisible web: Gender Patterns in Family Relationships*. New York, 1988; s. auch Lerner – Das mißdeutete Geschlecht, a.a.O.

Mein Dank gilt Rachel Hare-Mustin für ihre Pionierarbeit in feministischer Familientherapie.

6. Wir sind die Geschichten, die wir erzählen

Ich beziehe mich in diesem Kapitel auf zwei wichtige Artikel von Peggy McIntosh – *Feeling Like a Fraud, Part One*. In: Work in Progress, The Stone Center Working Paper Series, Nr. 18, 1985, und: *Feeling Like a Fraud, Part Two*. ebda Nr. 37, 1989.

S. 77 – S. Carol Tavris – *The Mismeasure of Woman*. New York, 1992; s. auch: Hare-Mustin/Maracek – *Making a Difference*, a.a.O.

S. 79 – Der ethnische Hintergrund ist wie die Geschlechtszugehörigkeit ein Schlüsselfaktor, der bestimmt, wieviel wir in bezug auf Erfolg und Leistung offenlegen oder verhüllen. S. dazu die Pionierarbeit über ethnische Zugehörigkeit und Familientherapie von Monica McGoldrick.

S. 80–84 – Über das Auslöschen von Ehrgeiz, Abenteuer und Leistung in den Lebensgeschichten von Frauen s. Heilbrun – *Writing a Woman's Life*, a.a.O.

S. 82/83 – Über Erfolgsangst und Selbstzweifel im Beruf bei Frauen s. McIntosh, Heilbrun, Baker Miller; außerdem: Rosabeth Moss Kanter – *Men and Women of the Corporation.* New York, 1977. S. auch Lerner – Das mißdeutete Geschlecht und Irene Stiver – *Work Inhibitions in Women.* Work in Progress, The Stone Center Working Paper Series, Nr. 3, 1982.

S. 87/88 – Zit. McIntosh – *Feeling Like a Fraud, Part One,* a.a.O. S. 5.

S. 89 – Die Vorstellung, daß »krasser Individualismus«, »Eigenständigkeit« und Unabhängigkeit die Kennzeichen von Reife oder geistiger Gesundheit seien, wurde durch neue Theorien über die weibliche Entwicklung, die auf Verbundenheit und Kontext beruht, in Frage gestellt. Die Arbeiten Jean Baker Millers, Carol Gilligans, Peggy McIntoshs und die Publikationen des Stone Centers spiegeln diese neue Perspektive.

Die Fähigkeit zu Verbundenheit und Kooperation ist für Männer nicht weniger wichtig. S. Alfie Kohn – Mit vereinten Kräften. Warum Kooperation der Konkurrenz überlegen ist. Weinheim, 1989; und: Mark Gerzon – *A Choice of Heroes: The Changing Faces of American Manhood.* Boston, 1992.

S. 91 – Über »Sackgassenjobs« s. R. Moss Kanter – *Men and Women of the Corporation,* a.a.O.

7. Unser familiäres Erbe

S. 95 – Aus Liz (Elizabeth Sprague) Hoffmeisters selbstveröffentlichtem Buch: *The Crawdad Nest,* Topeka, Kansas, 1976.

S. 99 – Zit. aus Carter/Papp/Silverstein/Walters – *The Women's Project in Family Therapy Monograph Series.* Bd. 1/1; Washington D.C., 1983, S. 16.

S. 100–104 – Ich beziehe mich hier auf Jerry Lewis und andere, die früh begannen, Familienstrukturen zu erforschen. Besonders bin ich der Arbeit Murray Bowens, des Begründers der Bowen Familien-System-Theorie verpflichtet, der im Oktober 1990 im Alter von 77 Jahren starb. Bowen beschrieb als erster emotionales Verhalten aus einer Generationen übergreifenden Sichtweise heraus und entwickelte die Konzeptionen der emotionalen Reaktivität, der Dreieckskonstellationen, der emotionalen Abspaltung und der Differenzierung des Selbst. Bowen und seine Kollegen, insbesondere Jack Bradt, leisteten auch Pionierarbeit in bezug auf die Verwendung des Familien-Genogramms. Trotz wichtiger Unterschiede in unseren Weltanschauungen stütze ich mich in meiner gesamten Arbeit auf Bowens Theorien. S. dazu Michael Kerr – *Family Systems Theory and Therapy.* in: Alan Gurman/David Knistern (Hg.) – *Handbook of Family Therapy.* New York, 1981, S. 226–264.

S. auch: Stephanie Ferrara – *Deception in Nature and the Family.* Minneapolis, Minn., 1992 und: Roberta Gilbert – *Extraordinary Relationships,* ebda.

Besonders bin ich Katherine Glenn Kent verpflichtet; ihre Anregungen und Beiträge erweiterten mein Verständnis des Prozesses der Wahrhaftigkeit in Familien immens. Auch mein Verständnis der Theorie Bowens verdanke ich ihren Lehren und den zahllosen Gesprächen, die wir in den Jahren unserer Freundschaft führten.

Über die emotionalen Herausforderungen des Familienlebens im Zusammenhang mit der Geschlechterproblematik s. außerdem: B. Carter/M. McGoldrick (Hg.) – *The Changing Family Life Cycle.* Boston, 1988; M. McGoldrick/C. Anderson/F. Walsh (Hg.) – Feministische Familentherapie in Theorie und Praxis. Freiburg, 1991. Walters/Carter/ Papp/Silverstein – *The Invisible Web,* a.a.O.

Über geschlechtsspezifische Machtarrangements in Familien s. Thelma Jean Goodrich (Hg.) – Feministische Familientherapie. Frankfurt, 1991 und: Evan Imber-Black – *Women, Families, and Larger Systems.* in: Ault-Riché – *Women and Family Therapy.* Rockville, Md., 1986, S. 25–33.

S. 103 – Die Dichterin Lynn Sukenik prägte den Begriff »Matraphobie«, den auch Rich verwendet; s. Rich: Of Woman Born, a.a.O., S. 235.

S. 104/105 – Ich stütze mich auf die Einsichten Betty Carters über die Mutter-Tochter-Beziehung; was die Mutter-Tochter-Beziehung im weiteren Kontext von Kultur, Geschlecht und sozialer Schicht angeht, bin ich auch den Arbeiten von O. Silverstein, L. Silverstein, M. McGoldrick, E. Imber-Black, M. Walters, L. Braverman und vielen anderen verpflichtet.

Über die Beziehungen zwischen afrikanisch-amerikanischen Müttern und Töchtern s. Patricia Bell-Scott et al – *Double Stitch: Black Women Write about Mothers and Daughters.* Boston, 1992.

Zur feministischen Kritik der konventionellen Theorien über die Mutter-Tochter-Beziehung s. Suzanna Danuta Walters – *Lives Together, Worlds Apart: Mothers and Daughters in Popular Culture.* Berkely, 1992.

S. 105 – Über die Gefahren von Mutterschaft als »Beruf« in einer produkt-orientierten Gesellschaft s. Phillip Slater – *The Pursuit of Loneliness: American Culture at the Breaking Point.* Boston, 1970; was dieses Thema angeht, bin ich auch der Arbeit von Robert Seidenberg und Anthony Kowalski verpflichtet.

S. 106/107 – Geschichte der Holocaust-Überlebenden aus einer Tonbandaufzeichnung der Annual National Women's Studies Convention, Fourth Plenary, National Women's Studies Association: *Feminist Jewish Women's Voices: Diversity and Community.*

S. 108–112 – Geschichten unserer Mütter; Leitfaden zur Anbahnung von Kommunikation mit Familienmitgliedern s. Lerner – Wohin mit meiner Wut. Kreuz Verlag, Zürich, 1987, und: Lerner – Zärtliches Tempo. Kreuz Verlag, Zürich, 1990.

S. 110 – Unerwartete Todesfälle, insbesondere der Tod von Kindern, sind für Familien besonders schwer zu bewältigen. Die Fakten und Gefühle im Zusammenhang mit dem Todesfall werden häufig verdrängt. Ich danke meiner Freundin Elizabeth Rosen, Krankenschwester und Hebamme, deren Arbeit in diesem Bereich mich sehr inspiriert hat. S. auch: F. Walsh/M. McGoldrick (Hg.) – *Living Beyond Loss: Death in the Family.* New York, 1991, und: Freda Herz Brown – *The Impact of Death and Serious Illness on the Family Life Cycle.* in: Carter/McGoldrick (Hg.) – *The Changing Fa-*

mily Life Cycle, a.a.O. außerdem: Sue Chance – *Stronger than Death.* New York, 1992

8. Ehrlichkeit gegen Wahrheit

S. 113 – Holly Near ist eine Wegbereiterin des feministischen und politischen Engagements in der Musik und eine Frau, die nie zögerte, ihre eigenen Wahrheiten zu äußern, zu singen und zu leben. S. auch ihre Autobiographie: *Fire in the Rain, Singing in the Storm.* New York, 1990.

S. 115 – Clark Moustakas – *Loneliness and Love.* Engelwood Cliffs, N.J., 1972, S. 109.

S. 117–120 – Die Unterscheidung zwischen Reflexion und angstgetriebenem Reagieren ist ein zentrales Element der Bowen-Familien-System-Theorie und -Therapie.

S. 123 – Definition von »Ehrlichkeit«: *The American Heritage Dictionary;* Boston, Houghton Mifflin, 1985, S. 620

9. Das Spiel der Verstellung

S. 132–136 – Die Konzeption des »Überfunktionierens« und »Unterfunktionierens« wird in der Bowen-Familien-System-Theorie ausgeführt. S. dazu: Claudia Bepko/Jo-Ann Krestan – Das Superfrauen-Syndrom. Vom weiblichen Zwang, es allen recht zu machen. Frankfurt, 1991.

S. 144 – Zum Problem der Adoption s. Anmerkungen zum 10. Kap.

S. 144–148 – Das zyklische Muster des Bedrängens und Distanzierens wurde in der familientherapeutischen Literatur so oft beschrieben, daß es schwierig ist, die Ursprünge dieser Idee festzustellen. Philip Guerin und Katherine Guerin schrieben schon 1976 darüber. Auch das Konzept der Dreieckskonstellation ist ein zentrales Element der Familien-System-Theorie; Bowen beschrieb es ausführlich.

Teile der Geschichten über Jen und Michelle erschienen in »New Woman« im Juli und im Dezember 1992: Lerner – *My Mother-in-Low Is Driving Me Crazy;* und *He Won't Make a Commitment.*

S. 148 – Goethezitat und Paraphrase: W. Brugh Joy – *Joy's Way.* Los Angeles, 1979. S. 63.

10. Familiengeheimnisse: Eine Störung im Energiefeld

In diesem Kapitel stütze ich mich besonders auf E. Imber-Black (Hg.) – *Secrets in Families and Family Therapy,* a.a.O.; Imber-Black geht ausführlich auf den weiteren Kontext ein, in den Familiengeheimnisse eingebettet sind.

S. 149 – Über Geheimnisse zwischen Eltern und Kindern: s. Peggy Papp – *The Worm in the Bud: Secrets between Parents and Children.* in: Imber-Black – *Secrets in Families,* a.a.O.

S. 150 – Zur Definition »Familiengeheimnis« s. Imber-Black – *Secrets in Families* a.a.O. und Karpel – *Family Secrets*. a.a.O.

S. 151 – Zu Scham, Stigma, Geheimhaltung im gesellschaftlichen Kontext s. Imber-Black – *Secrets in Families,* a.a.O.

Zu Geheimhaltung, Stigma und AIDS s. Gillian Walker – *In the Midst of Winter: Systemic Therapy with Families, Couples and Individuals with AIDS Infection.* New York, 1991, Kap. 8; s. auch Imber-Black – *Secrets in Families,* a.a.O.

S. 155 – s. Peggy Papp in: Imber-Black – *Secrets in Families,* a.a.O.

S. 157 – Über den Stellenwert von Familiengeheimnissen s. Janine Roberts – *On Trainees and Training: Safety, Secrets and Revelation.* in: Imber-Black – *Secrets in Families,* a.a.O.

S. 158 – Letty Cottin Pogrebin – *Deborah, Golda and Me.* New York, 1991, S. 13.

S. 162 – Alarmsignale: Peggy Papp beschreibt Agieren oder auffälliges Verhalten bei Kindern und Heranwachsenden als Versuch, die Familie durch ein Alarmsignal auf ein Familiengeheimnis aufmerksam zu machen; s. Papp in: Imber-Black – *Secrets in Families,* a.a.O.

S. 163–165 – Der Familientherapeut Edwin Friedman vertritt die Auffassung, daß alle Familiengeheimnisse negative Wirkungen auf die Familie ausübten und grundsätzlich offengelegt werden sollten. Andere Familientherapeutinnen und -therapeuten (s. Imber-Black) betonen, daß Familiengeheimnisse pathologisch, aber auch von hohem sozial adaptivem Wert sein können; sie legen Wert darauf, einzuschätzen, ob die Offenlegung des Geheimnisses sich eher schädlich oder eher heilsam auswirken würde. In bezug auf die Funktion, den Anpassungswert und den therapeutischen Umgang mit Familiengeheimnissen gehen die Meinungen weit auseinander. Therapeutinnen und Therapeuten, die sich mit Familiengeheimnissen befassen, müssen über die Problematik von ethnischer Zugehörigkeit, kulturellem Hintergrund und sozialer Schicht gut unterrichtet sein. Nancy Boyd-Franklyn weist zum Beispiel darauf hin, daß Therapeutinnen und Therapeuten, die mit afrikanisch-amerikanischen Familien arbeiten, die Geschichte der Sklaverei und des Rassismus und ihren Beitrag zur Geheimhaltung in Familien verstehen müssen. S. Boyd-Franklyn – *Racism, Secret-Keeping, and African-American Families.* in: Imber-Black – *Secrets in Families,* a.a.O.

Schriftstellerinnen wie Maxine Hong-Kingston und Amy Tan befaßten sich mit dem Thema der Geheimhaltung und des Schweigens zwischen den Generationen in asiatischen Familien. Autorinnen und Autoren aus allen marginalisierten Gruppen sprechen in ihren Arbeiten grundsätzlich die Themen Scham, Stigma, Geheimhaltung und erzwungenes Schweigen an, im Zusammenhang mit Generation, Geschlecht, sexueller Orientierung und der Geschichte der kulturellen, ethnischen und sozialen Strukturen der jeweiligen Gruppe. S. dazu: Cherri Moraga/Glora Anzaldua (Hg.) – *This Bridge Called My Back: Writings by Radical Women of Colour.* New York, 1983; Barbara Smith (Hg.) – *Home Girls: A Black Feminist Anthology.* New York, 1983; Elly Bulkin/Minnie Bruce Pratt/Barbara Smith – *Yours*

in Struggle: Three Feminist Perspectives on Anti-Semitism and Racism.
Ithaca, N.Y., 1984; Claudia Tate (Hg.) – *Black Women Writers at Work.*
New York, 1983; Pogrebin – *Deborah, Golda and Me,* a.a.O.

S. 164 – Einen guten Leitfaden für Adoptiveltern verfaßte Lois Ruskai Melina – *Making Sense of Adoption,* in: Imber-Black – Secrets in Families a.a.O.

S. 165 – Der Fall Billy: Peggy Papp, in: Imber-Black; das Beispiel für eine selektive mathematische Lernstörung: Papp, zit. aus: Deborah Donovan/ Denis McIntyre – *Healing the Hurt Child.* New York, 1990. Donovan und McIntyre merken an, daß Familiengeheimnisse bei Kindern zu kognitiven »Scheuklappen« führen, die Schulleistungen behindern.

S. 165 – Über Geheimhaltung und Sucht s. Jo-Ann Krestan/Claudia Bepko – *On Lies, Secrets, and Silence: The Multiple Levels of denial in Addictive Families;* in: Imber-Black – *Secrets in Families* a.a.O. s. auch: Krestan/Bepko – *The Responsibility Trap: A Blueprint for Treating the Alcoholic Family.* New York, 1985.

S. 167 – Desorientierung und Vulva-Tabu: s. Lerner – *Das mißdeutete Geschlecht,* a.a.O.

S. 167 – Geheimhalten des Alters: s. Lerner – *Hiding Our Age.* in: New Woman, Oktober 1992, S. 37.

S. 167 – Heidi Vanderbilt merkt in Lears Bericht über Inzest vom Februar 1992 an, daß Psychiater noch in den frühen siebziger Jahren das Vorkommen von sexuellem Mißbrauch auf 1–5 Fälle unter 1 000 000 schätzten.

Judith Lewis-Herman schreibt in ihrem Buch *Trauma and Recovery:* »In der Abwesenheit starker politischer Menschenrechtsbewegungen wird der aktive Prozeß des Zeugnis-Ablegens unweigerlich vom aktiven Prozeß des Vergessens verdrängt.« (S. 9). S. auch ihr früheres Buch: *Father-Daughter Inzest.* Cambridge, Mass., 1981.

Ich danke an dieser Stelle auch Audre Lorde, June Jordan, Susan Brownmiller und anderen feministischen Theoretikerinnen und Aktivistinnen, die Gewalt gegen Frauen und das Schweigen, das dieses Thema umgibt, zum Gegenstand der feministischen Analyse machten.

11. Die Affäre: Ein folgenschweres Geheimnis

S. 172 – Frank Pittman – Angenommen, mein Partner geht fremd . . . .
Kreuz Verlag, Stuttgart, 1991.

S. 172 – Zitat Pittman aus: *Mending Broken Ties.* in: New Woman, November 1990, S. 42.

S. 180 – s. Peggy Vaughan – *The Monogamy Myth.* New York, 1989.

S. dazu auch die radikale feministische Kritik Sonia Johnsons, die Vorstellungen von Treue und sexueller Ausschließlichkeit strikt zurückweist, an der Monogamie: ». . . die statistischen Scheinargumente, die sich darauf konzentrieren, wieviele Männer wir mit ins Bett nehmen, statt zu berücksichtigen, in welchem Zustand unsere Seelen sind und was in unseren Herzen ist, wenn wir mit ihnen schlafen.« in: *The Ship, That Sailed in the Living Room.* S. 112.

12. Der Körper sucht Wahrheit

S. 189 – Clark Moustakas – *Loneliness and Love,* a.a.O.

S. 189 – Über Techniken der Entdeckung von Täuschungen durch das Lesen von Körpersprache s. Ekman – Weshalb Lügen kurze Beine haben, a.a.O.

S. 195 – Zu Krebserkrankungen: Wir müssen offen über die Rolle von Umweltgiften bei der Verursachung von Brustkrebs und anderen Krebserkrankungen und ihrer Häufung an speziellen Orten sprechen. Das zu unterlassen wäre die tödlichste Form der Verharmlosung. Unter den vielen Menschen, die dazu beitrugen, das Bewußtsein der Öffentlichkeit für die Zusammenhänge zwischen Umweltvergiftung und Krebserkrankungen zu wecken, möchte ich besonders Jay Gould, Benjamin Goldman, Terry Tempest Williams, Rita Arditti, Tatiana Schreiber und Judith Brady nennen.

Mit meiner Freundin und Kollegin Emily Kofron führte ich viele Gespräche über psychologische Theorien im Hinblick auf die Entstehung von Krebserkrankungen. E. Kofron engagiert sich in der Krebshilfe für Brustkrebspatientinnen und hat in The Family Therapy Networker Jan./Feb. 1993 einen bedeutenden Artikel über Brustkrebs veröffentlicht. S. dazu auch: Susan Sontag – Krankheit als Metapher. Frankfurt, 1992 und Sontag – AIDS und seine Metaphern. München, 1989; außerdem Lerner – *Can We Cause Our Own Cancer?* in: New Woman, Jan. 1992, S. 28.

S. 196 – Über Frauen und Wut s. Teresa Bernardez – *Women and Anger: Conflicts with Aggression in Contemporary Women.* in: The Journal of the American Women's Medical Association 33, 1978, S. 215–219, und: Bernardez – *Women and Anger: Cultural Prohibitions and the Feminine Ideal.* Work in Progess, The Stone Center Working Paper Series, Nr. 31, 1988; außerdem Lerner – Wohin mit meiner Wut? a.a.O. S. auch Carol Tavris – Wut. Das miverstandene Gefühl. Hamburg, 1992.

S. 199 – »Erfahrung ist das Wort, das Leute benutzen, wenn sie von ihren Fehlern sprechen«; Oscar Wilde in: Lady Windermere's Fächer.

S. 200 – Flugangst: Zit. nach David Reynolds – *Even in Summer the Ice Doesn's Melt.* Teilabdruck in: Yoga Yournal, Mai/Jun. 1992, S. 55.

Reynolds ist der Begründer des »Constructive Living«, auf der Basis der japanischen Morita und Naikan Psychotherapien und hat zahlreiche Bücher veröffentlicht.

S. 200 – Audre Lorde – Auf Leben und Tod, a.a.O. Lorde, die sich selbst als »schwarze lesbische feministische Kämpferin und Dichterin« beschrieb, verfaßte den eindrucksvollsten Text über Brustkrebs und die Transformation weiblicher Angst und weiblichen Schweigens in Sprache und Aktion. S. auch Helene Davis – *Chemo-Poet and Other Poems.* Cambridge, Mass., 1989.

Audre Lorde starb am 17. November 1992 in St. Croix, Virgin Islands, nach vierzehn Jahren Kampf gegen den Brustkrebs. Sie war 58 Jahre alt. Lorde schrieb Lyrik und Essays, die in insgesamt siebzehn Bänden veröffentlicht wurden, und eine Autobiographie. Zu ihren zahlreichen Ehrungen gehören die Poet-Laureate-Würde, verliehen durch den Staat New

York 1991 und die Ehrendoktorwürde, verliehen durch Hunter College, Oberlin und Haverford College. In ihrer Arbeit, die internationale Bedeutung gewann, und mit ihren politischen Aktionen bekämpfte Lorde Rassismus, Homophobie und alle Formen von Intoleranz und Gewalt. Zu Ehren von Audre Lorde wurde eine Stiftung für schwarze Schriftstellerinnen begründet und nach ihr benannt.

S. 201 – Sonia Johnson: »Da die Wahrheit im Patriarchat umgedreht wurde, müssen wir erst durchdrehen, um im wahren Sinn des Wortes geistig gesund zu werden.« Aus dem Vorwort von: Sonia Johnson – *From Housewife to Heretic.* Albuquerque, 1981. Johnson schildert darin ihre Präsidentschaftskandidatur und andere politische und emotionale Reisen.

S. 201 – Ich danke Jean Tait und Sonia Johnson für ihre Liebe, ihre Weisheit, ihr Leben und ihr großzügiges Teilen und Mitteilen.

S. 203 – Über Verleugnung, Verdrängung, Dissoziation und die Wiederherstellung der eigenen Geschichte, der Erinnerung und der Verbundenheit bei Opfern sexueller und häuslicher Gewalt s. Herman – *Trauma and Recovery.* a.a.O. Ihr Buch befaßt sich auch mit den Traumata von Kriegsveteranen und Opfern politischen Terrors. S. auch: Ellen Bass/ Laura Davis – *The Courage to Heal.* New York, 1992.

S. 207 – Über ganzheitliches Heilen s. Deepak Chopra – *Quantum Healing: Exploring the Frontiers of Mind/Body Medicine.* New York, 1989, S. 33; s. auch Steinem – *Revolution from Within,* a.a.O., S. 197–248.

S. 208 – Über Hunger, Diät und Übergewicht s. Jane R. Hirschman/ Carol H. Munter – *Overcoming Overeating.* New York, 1988.

Bedürfnis nach Berührung: Ich beziehe mich auf Gespräche mit Sonia Johnson und Jean Tait.

S. 208 – Naomi Wolf – Der Mythos Schönheit. Reinbek, 1991. S. auch Steinem – *Revolution from Within,* a.a.O.

S. 209 – Lorde – Auf Leben und Tod, a.a.O. s. auch Marsha Saxton/ Florence Howe (Hg.) – *With Wings: An Anthology of Literature by and about Women with Disabilities.* New York, 1987.

13. Könnte mein wahres Ich sich bitte melden?!

S. 211 – Pat Parker zit. nach einer Mitteilung von Judy Grahn. S. auch Dorothy Allison – *Memorial: Pat Parker 1944–1989.* in: Out/Look, National Lesbian and Gay Quarterly, Herbst 1989.

S. 211 – s. R. Moss Kanter – *Men and Women of the Corporation,* a.a.O., S. 206–242. Kanters Untersuchungen zeigen, wie Macht, relative Chancen und Alibistatus (zahlenmäßige Unterrepräsentation) das Verhalten und die Einstellungen von Männern und Frauen am Arbeitsplatz prägen. Sie weist schlüssig nach, daß individuelle oder psychologische Modelle der Veränderung die »Frauenfrage« nicht lösen können, und bringt zwingende Argumente für die Notwendigkeit durchgreifender Reformen im Arbeitsleben (u.a. Quotierungsprogramme zur Annäherung an Chancengleichheit).

S. 212 – Zit. aus Kanter – *Men and Women of the Corporation,* a.a.O.

S. 214 – Zu Erfolgsangst bzw. der typischen Angst vor dem öffentlichen Hervortreten, das sich bei Alibipersonen zeigt, s. Kanter – *Men and Women of the Corporation*, a.a.O.

S. 214 – S. Kanter – *Men and Women of the Corporation*, a.a.O.

S. 219–222 – Über Intelligenz: Ein Teil dieses Abschnitts erschien in Lerner – *Should I Find Out about My I. Q.?*. in: New Woman, Juli 1991, S. 38.

S. 223 – Ich bin Marianne Ault-Riché für ihren Mut, ihre Phantasie und ihre Beharrlichkeit in der Durchführung der feministischen Kongreß-Serie an der Menninger Clinic (Dezember 1983 – November 1990) zutiefst verpflichtet. Wir danken beide dem Mitarbeiterstab, der uns so viele Jahre hilfreich zur Seite stand.

S. 224 – Kennzeichnungen und Präfixe: Ich beziehe mich auf die Arbeit von Elizabeht Kamarck Minnich. Sie schreibt: »Wir können kennzeichnende Präfixe oder Adjektive verwenden . . . mit der Begründung, daß akkurate Wissenschaft, ja die Wahrhaftigkeit selbst verlangt, daß wir unsere Bezugsquelle oder Bezugsgruppe angeben. Wenn eine Vorlesung oder ein Seminar sich nur mit Weißen befaßt und/oder nur von der analytischen Sichtweise ausgeht, die innerhalb einer ausschließlich weißen Tradition entwickelt wurde, sollte das durch Kennzeichnungen deutlich gemacht werden. . . . Natürlich können auch heute noch Vorlesungen mit dem Titel ›Der Mann und seine Welt‹ gehalten werden, aber jetzt als Vorlesungen, in denen die Analyse der Geschlechtsproblematik das zentrale Anliegen ist und nicht etwa auf geheimnisvolle Weise verschwindet. Allerdings sind Vorlesungen zum Thema ›Die Frau und ihre Welt‹ in diesem historischen Augenblick weitaus wichtiger.« Aus: *The Circle of the Elite to The World of the Whole.* in: C. Pearson/D. Shavlik/J. Thompson (Hg.) – *Educating the Majority.* New York, Macmillan, 1989, S. 277–293

S. dazu auch E.K. Minnich – *Transforming Knowledge.* Philadelphia, 1990, und: A. Rich – *Toward a Woman-Centered University;* wiederabgedruckt in: *On Lies, Secrets and Silence,* a.a.O., S. 125–155.

S. 227 – Zur geheimen Macht der falschen Generalisierungen s. Minnich – *Transforming Knowledge,* a.a.O.

S. 228 – Die Wahl der Geschichten, die wir erzählen: s. George S. Howard – *Culture Tales: A Narrative Approach to Thinking, Cross-Cultural Psychology, and Psychotherapy.* in: American Psychologist 46, Nr. 3, 1991, S. 187–197.

Heilbrun merkt dazu an: »Macht besteht zu großen Teilen in der Entscheidung darüber, welche Geschichten erzählt werden.« in: *Writing a Woman's Life,* a.a.O.

S. 229 – Über das Wohlfühlen in der Gruppe der Gleichen s. Bernice Johnson Reagon – *Coalition Politics: Turning the Century.* in: Smith – *Home Girls,* a.a.O., S. 356–368. Reagon, eine international anerkannte Wissenschaftlerin mit dem Spezialgebiet afrikanisch-amerikanische Sozial- und Kulturgeschichte, Begründerin des afrikanisch-amerikanischen Frauen-Musikensembles »Sweet Honey in the Rock«, führt uns vor Augen, daß Koalitionsarbeit schwierig ist und daß wir in unser kleines Dorf oder Zimmerchen zurückkehren sollten, wenn wir Sicherheitsfanatikerinnen sind und keine Leute hereinlassen wollen, die nicht »wie wir« sind.

Epilog: Wenn der Löwe schreiben lernt

S. 231 – Zit. aus Linda Webb-Watson – *The Sociology of Power.* in: Goodrich – *Women and Power,* a.a.O. S. 54

S. 231 – s. Rich – *Women and Honor.* in: *On Lies, Secrets and Silence,* a.a.O.

S. 232 – E. Kamarck Minnich weist auf die absurde Umkehrung hin, die in der Vorstellung liegt, über Frauen zu sprechen bedeute, Männer auszuschließen, während Frauen sich miteingeschlossen fühlen sollen, wenn von Männern die Rede ist.

S. 233 – Viele feministische Frauen aus Minoritätengruppen haben zu einer komplexeren, vielschichtigeren und differenzierteren Sichtweise der menschlichen Realität beigetragen. Zusätzlich zu den bereits genannten Autorinnen möchte ich mit Dankbarkeit auf die Arbeit folgender Frauen verweisen: Joy Harjo, Maya Angelou, Angela Davis, Bell Hooks, Paula Giddings, Louise Erdrich, Sandra Cisneros, Toni Morrison, Toni Cade Bambara, Paula Gunn Allen, Luisah Teish, Michelle Cliff, Mary Crow Dog, Alexis De Veaux, Paule Marshall und Mary Helen Washington. Dies ist eine höchst unvollständige Liste. Mein Dank gilt auch Barbara Smith, die gemeinsam mit Audre Lorde die Kitchen Table/Women of Colour Press begründete.

Wohin mit meiner Wut?

Mit großer Sachkenntnis begleitet uns die Autorin auf dem schwierigen Weg, Aggressionen in der Beziehung zu erkennen, ihren Gründen
auf die Spur zu kommen und die Wut zur fruchtbaren Veränderung
des eigenen Verhaltens einzusetzen – und dabei der Angst vor dem
Neuen standzuhalten. Der Lohn für die Auseinandersetzung mit unserer Wut ist ein klares Bewußtsein unser selbst und damit eine neue,
zufriedenstellendere Form von Beziehung.

Harriet Goldhor Lerner
Wohin mit meiner Wut?
Neue Beziehungsmuster für Frauen
220 Seiten, Paperback

Wut ist gut, Veränderung besser.

»Zärtliches Tempo« setzt da an, wo »Wohin mit meiner Wut« endet.
Beziehungsprobleme entstehen häufig, weil Frauen darauf verzichten,
eigene Standpunkte zu vertreten, um eine scheinbare Nähe aufrechtzuerhalten. Dadurch kommt die eigene Entwicklung zu kurz. Depression und Wut sind die Folge. Veränderung ist angesagt. Wie eine solche vor sich gehen kann, wie Frauen lernen, zu ihren Vorstellungen
und Vorhaben zu stehen, ohne dabei eine Kampfposition dem anderen gegenüber einzunehmen, zeigt die Autorin an vielen Beispielen
und typischen Situationen.

Harriet Goldhor Lerner
Zärtliches Tempo
Wie Frauen ihre Beziehungen verändern,
ohne sie zu zerstören
256 Seiten, Paperback

KREUZ: Was Menschen bewegt.

Perspektiven für eine neue Psychologie der Frau:

Abhängigkeitsgefühle, unterdrückte Wut, Depression und Selbstaufgabe sind typisch weibliche Probleme, die in diesem Buch beleuchtet werden. Kritisch in Frage gestellt werden die traditionellen Erklärungen der Psychoanalyse. Harriet Goldhor Lerner entwickelt in einer Verknüpfung psychoanalytischer, feministischer und familientherapeutischer Ansätze Perspektiven für eine neue Psychologie der Frau.

Harriet Goldhor Lerner
Das mißdeutete Geschlecht
Falsche Bilder der Weiblichkeit in Psychoanalyse
und Therapie
260 Seiten, Paperback

Zum Glück braucht's keinen älteren Mann!

Ursula Richter zeigt die besonderen Chancen dieser Form der Partnerschaft. Aus jahrelangen Forschungen und anhand von zahlreichen Interviews mit betroffenen Paaren legt sie eine spannend zu lesende Reportage vor: Sie erzählt die Geschichten dieser Paare, beleuchtet ihre Lebenswelt, die Reaktionen der Umwelt, Krisen und Konflikte. Sie berichtet von den Motiven und Ängsten der Frauen sowie von ihren Hoffnungen auf ein erfülltes Leben. Die Autorin erschließt der fast tabuisierten Liebesbeziehung reiferer Frauen zu jüngeren Männern einen Weg der Hoffnung.

Ursula Richter
Einen jüngeren Mann lieben
Neue Beziehungschancen für Frauen
210 Seiten, Paperback

KREUZ: Was Menschen bewegt.

Die Schuldgefühle der Frauen:

Die meisten Frauen fühlen sich täglich wegen irgend etwas schuldig: Symptom einer Gesellschaft, die männliche Schuld tabuisiert. Die bekannte Feministin Christa Mulack untersucht in ihrem neuen Buch die mythischen und sozialen Ursprünge der Schuldzuweisung an die Frau. Sie verteidigt die Frauen gegen den Vorwurf der Mitschuld am Patriarchat und fordert eine ganz neue weibliche Gewissensbildung.

Christa Mulack
. . . und wieder fühle ich mich schuldig
Ursachen und Lösung eines weiblichen Problems
400 Seiten, Hardcover mit Schutzumschlag

Auch Frauen mißbrauchen die Macht:

Frauen sind nicht nur Opfer. Sie mißbrauchen Macht in gleicher Weise wie Männer, wenn sie Gelegenheit dazu haben. Aber auch die indirekten und versteckten Formen weiblicher Aggression wirken zerstörerisch. Claudia Heyne: »Ein realistisches Selbstbild ist nötig, wenn der Dialog unter Frauen und zwischen Frauen und Männern auf Dauer fruchtbar sein soll.«

Claudia Heyne
Täterinnen
Offene und versteckte Aggression von Frauen
360 Seiten, Paperback

KREUZ: Was Menschen bewegt.

Wahre Männlichkeit hat Grenzen.

Männlich soll er sein, aber nicht auf Kosten der Frau. Wie man Männer erkennt, die Frauen versteckt oder offen dazu (miß)brauchen, ihre Männlichkeit aufzupolieren und ihr schwaches Ich zu stützen, zeigt dieses Buch überzeugend und mit Humor. Erst wenn sie solchen Männern nicht mehr auf den Leim gehen, sind Frauen reif genug für die Liebe eines Mannes mit Persönlichkeit.

Andrea Gysling
Der grenzenlose Mann
Über wahre und fragwürdige Männlichkeit
260 Seiten, Paperback

Die Sehnsucht der Frau nach der Frau.

Ausgehend von den neuesten Ergebnissen der Sozialforschung und eigenen Untersuchungen entwickelt die Autorin die erste tiefenpsychologische Entwicklungstheorie der weiblichen Homosexualität.

Barbara Gissrau
Die Sehnsucht der Frau nach der Frau
Das Lesbische in der weiblichen Psyche
288 Seiten, Paperback

KREUZ: Was Menschen bewegt.